高职高专公共基础课系列教材

社交礼仪
与沟通技巧
（第 2 版）

张岩松　主　编
孙彬彬　何慧鑫　副主编

清华大学出版社
北 京

内 容 简 介

本书作为反映高等职业教育教学改革最新理念的新型实用教材,是根据企事业单位日常工作中所涉及的社交礼仪规范和沟通技巧编写而成的,全书包括认识社交礼仪与沟通、形象礼仪、交往礼仪、活动礼仪、媒介沟通、职场沟通和跨文化沟通 7 章内容。每章都由学习目标、案例导入、基础知识和课后练习构成。在基础知识中穿插大量的图片、图表以及"小贴士""小案例""小故事""小幽默""课堂训练"等栏目内容,具有碎片化阅读特点,增加了本书的可读性、趣味性、指导性及可操作性。

本书既可作为高职高专各专业学生提高礼仪素养和沟通能力的教材,也可作为各企事业单位进行相关岗位培训的实用教材及各界人士的实用读物。

图书在版编目(CIP)数据

社交礼仪与沟通技巧 / 张岩松主编. -- 2 版. -- 北京 : 清华大学出版社,2025.8(2025.9重印).
(高职高专公共基础课系列教材). -- ISBN 978-7-302-69844-9

Ⅰ. C912.1

中国国家版本馆 CIP 数据核字第 2025Q4T164 号

责任编辑:李慧恬　张龙卿
封面设计:刘代书　钟明哲
责任校对:袁　芳
责任印制:杨　艳

出版发行:清华大学出版社
　　　　网　　　址:https://www.tup.com.cn,https://www.wqxuetang.com
　　　　地　　　址:北京清华大学学研大厦 A 座　　　　　　　邮　　编:100084
　　　　社 总 机:010-83470000　　　　　　　　　　　　　　邮　　购:010-62786544
　　　　投稿与读者服务:010-62776969,c-service@tup.tsinghua.edu.cn
　　　　质量反馈:010-62772015,zhiliang@tup.tsinghua.edu.cn
　　　　课件下载:https://www.tup.com.cn,010-83470410
印 装 者:三河市铭诚印务有限公司
经　　销:全国新华书店
开　　本:185mm×260mm　　　　印　张:14.5　　　　字　数:327 千字
版　　次:2020 年 4 月第 1 版　2025 年 8 月第 2 版　　　　印　次:2025 年 9 月第 2 次印刷
定　　价:49.00 元

产品编号:110301-01

　　通过对近几年用人单位招聘条件的分析与研究,我们发现"人际沟通能力""文明礼仪素养""职业道德水平""合作精神""表达能力""吃苦耐劳精神"等非专业技术能力赫然排在了用人单位招聘条件的前列,成为职业关键能力的重要组成部分和求职成功的必备因素。因此,对于大学生来说,加强礼仪素养,提高沟通能力,无论对在校期间建立一个良好的学习环境,还是对毕业后营造一个良好的职场氛围并迈出职业生涯的坚实步伐,都是十分必要的。有鉴于此,我们编写了本书。

　　自2020年4月本书第1版出版以来,受到广大师生的欢迎,被评为清华大学出版社畅销教材。现在此基础上进行全面修订和创新,融合最新教材编写理念,体现高职高专课程教学改革的最新要求,形成第2版。

　　本书根据企事业单位日常工作中所涉及的社交礼仪规范和沟通技巧编写而成。本书将理论与实践有机融合,贴近时代,贴近社会,贴近实际,让学生做中学,学中做,学做结合,从而提高社交礼仪素养和沟通能力。

　　本书由张岩松担任主编,孙彬彬、何慧鑫担任副主编,具体分工如下:张岩松、孙彬彬编写第一章;孙彬彬编写第二章至第四章;何慧鑫编写第五章、第六章并完成微课、教学大纲、电子教案、PPT课件、课后练习答案及多套试卷(含答案)等教学资源;郭童心、高琳、何慧鑫编写第七章。王佳特、商瑶、谷明艳、胡丹、屈剑、赵祖迪、张楠进行了图片制作。全书由张岩松统稿。

　　本书在编写过程中博众家之长,参考颇多,限于篇幅,仅列出了主要参考书目,在此向各位专家、学者深表谢意。部分资料参考了互联网上发布或转发的信息,在此也向各位原作者所付出的辛勤劳动表示衷心的感谢。

　　由于编写条件所限,本书不当之处敬请读者不吝赐教。

编　者
2025年4月

　　习近平总书记在党的二十大报告中指出:教育、科技、人才是全面建设社会主义现代化国家的基础性、战略性支撑;必须坚持科技是第一生产力、人才是第一资源、创新是第一动力;深入实施科教兴国战略、人才强国战略、创新驱动发展战略,这三大战略共同服务于创新型国家的建设。

　　通过对近几年用人单位招聘条件的分析与研究,我们发现,"人际沟通能力""文明礼仪素养""职业道德水平""合作精神""表达能力""吃苦耐劳精神"等非专业技术能力赫然排在了用人单位招聘条件的前列,成为职业关键能力的重要组成部分和求职成功的必备因素。因此,对大学生来说,加强礼仪素养,提高沟通能力,无论对在校期间建立一个良好的学习环境,还是对毕业后营造一个良好的职场氛围并迈出职业生涯的坚实步伐,都是十分必要的。有鉴于此,我们编写了本书。

　　本书根据企事业单位日常工作中所涉及的社交礼仪规范和沟通技巧编写而成,包括认识社交礼仪与沟通、形象礼仪、交往礼仪、活动礼仪、媒介沟通、职场沟通和跨文化沟通七章内容。本书将理论与实践有机融合,贴近时代、贴近社会、贴近实际,让学生从做中学,从学中做,学做结合,从而真正提高大学生的社交礼仪素养和沟通能力。

　　本书由张岩松担任主编,郭童心担任副主编,具体分工如下:张岩松编写第一章;郭童心编写第二章、第四章和第七章;高琳编写第三章和第五章;高琳、薛大明编写第六章。王佳特、商瑶、谷明艳、胡丹、屈剑、赵祖迪、张楠进行了图片制作。全书由郭童心统稿并完成课后练习答案,高琳完成PPT课件。

　　本书在编写过程中博众家之长,参考颇多,限于篇幅,仅列出了主要参考书目,在此向各位专家、学者深表谢意。部分资料参考了互联网上发布或转发的信息,在此也向各位原作者所付出的辛勤劳动表示衷心的感谢。

　　由于时间和条件所限,本书不当之处敬请读者不吝赐教。

编　者

2020 年 1 月

目 录

第一章　认识社交礼仪与沟通

不学礼，无以立。

——孔子

沟通是把一个组织中的成员联系在一起，以实现共同目标的手段。

——[美]巴纳德

学习目标

- 把握社交礼仪的内涵、内容和特性；
- 遵循社交礼仪的基本原则；
- 加强社交礼仪修养；
- 了解沟通的目标与类型；
- 把握沟通的原则，并能在沟通中加以运用；
- 熟悉沟通的过程；
- 了解沟通障碍产生的原因并能予以克服。

案例导入

修养的作用

有一批应届毕业生22个人，实习时被导师带到北京的国家某部委实验室里参观。全体学生坐在会议室里等待部长的到来。这时有秘书给大家倒水，同学们表情木然地看着她忙活儿，其中一个还问了句："有绿茶吗？天太热了。"秘书回答说："抱歉，刚刚用完了。"林晖看着有点儿别扭，心里嘀咕："人家给你倒水还挑三拣四。"轮到他时，他轻声地说："谢谢，大热天的，辛苦了。"秘书抬头看了他一眼，有点惊奇。虽然这是很普通的一句客气话，却是她今天听到的唯一一句有礼貌的话。

门开了，部长走进来和大家打招呼，不知怎么回事，会议室里静悄悄的，没有一个人回应。林晖左右看了看，犹犹豫豫地鼓了几下掌，同学们这才稀稀落落地跟着拍手，由于拍得不齐，越发显得凌乱。部长挥了挥手："欢迎同学们到这里来参观。平时这些事一般都是由办公室负责接待，因为我和你们的导师是老同学，非常要好，所以这次我亲自来给大家讲一些有关情况。我看同学们好像都没有带笔记本，这样吧，王秘书，请你去拿一些我们部里印的纪念手册，送给同学们做纪念。"接下来，更尴尬的事情发生了，大家都坐在那里，很随意地用一只手接过部长双手递过来的手册。部长脸色越来越难看，来到林晖面前时，已经快要没有耐心了。就在这时，林晖礼貌地站起来，身体微倾，双手接过手册，恭敬地说了声："谢谢您！"部长闻听此言，不觉眼前一亮，伸手拍了拍林晖的肩膀："你叫什么名字？"林晖照实作答,部长微笑点头,回到自己的座位上。早已汗颜的导师看到此景,才微微松了口气。

两个月后,毕业分配表上,林晖的去向栏里赫然写着国家某部委实验室。有几位颇感不满的同学找到导师:"林晖的学习成绩最多算是中等,凭什么选他而没选我们?"导师看了看这几张尚属稚嫩的脸,笑着说:"是人家点名来要的。其实你们的机会是完全一样的,你们的成绩甚至比林晖还要好,但是除了学习外,你们需要学的东西太多了,修养是第一课。"

【思考题】 一个人的礼仪修养表现在哪些方面? 礼仪在人与人之间的沟通中有怎样的作用?

第一节　认识社交礼仪

荀子曰:"人无礼则不生,事无礼则不成,国无礼则不宁。"礼仪是人类文明和社会进步的重要标志,它既是社会交往活动中的重要内容,又是社会道德文化的外在表现形式,而且更直接地反映一个国家国民的普遍素质。我国以"礼仪大国""礼仪之邦"的美誉著称于世,礼仪在中国传统文化中占有突出的地位。因此,学好礼仪、用好礼仪是人生的一门必修课,也是提升整个民族素质的重要内容。

一、社交概述

美国的成人教育家卡耐基认为,一个人事业上的成功,只有15%是由于他的专业技术,另外的85%则要靠人际关系、处世技巧。卡耐基对社交的重视程度是基于他对人生的深刻理解和领悟。尽管我们今天无法测定卡耐基量化数值的精确程度,但是,几乎没有人会否定社交在人生、家庭、事业中的重要性。

1. 社交释义

社交是社会交际的简称,它是指人在共同的社会活动中,通过人与人之间相互接触、互通信息、交流情感,或达到相互了解,彼此吸取对方的长处和积极因素,从而增进友情、和谐合作,促进事业成功;或满足相互之间的精神慰藉,实现自我价值,增加社会群体的聚合力。

在现代社会中,人们所从事的劳动和工作越来越复杂,社会化程度越来越高,既有严密的科学分工,又有严格的整体配合,需要越来越多的人合作才能成功。同样,随着物质生活水平的提高,各种信息纷至沓来,人们比以往更渴望理解、更渴望沟通、更渴望文化生活和精神交往,交际恰似劳动、语言和闲暇一样,成为人类生活不可或缺的重要组成部分。

【小贴士】

心 理 实 验

美国心理学家沙赫特曾做过这样的实验:他以每小时15美元的酬金先后聘请了5位

自愿参与者进入一个与外界完全隔绝的小屋,屋里除提供必要的物质生活条件外,没有任何社会信息进入,以观察人在与世隔绝时的反应。结果,其中 1 个人在小屋里只待了 2 小时就出来了,3 个人待了 2 天,1 个人待了 8 天。这位待了 8 天的人出来后说:"如果让我再在里面待 1 分钟,我就要疯了。"实验证明,没有一个人愿意与其他人隔绝,人们都害怕孤独。国外一些学者估计,人们在日常生活中,除 8 小时的睡眠时间以外,其余 16 小时中约 70%(11 小时左右)都在进行着交际。

2. 社交的要素

社交是人与人之间相互联系、相互作用的过程,可以从静态和动态两个角度来考察社交构成要素。社交过程要素如表 1-1 所示。

表 1-1　社交过程要素

要　素		释　义	特　征
从静态角度看	交往主体	交往活动的发起者,同时也是交往活动的受益者	在交往活动中具有较大的选择性,交往主体为了一定的目的可以采用不同手段作用于自己选择的对象以满足自己的某种需要
	交往客体	交往主体选择的交往对象	虽然是被选择的对象,但并非完全被动。交往活动中,可以直接影响交往主体的状态和交往方式,甚至可以转化为交往主体
	交往手段	交往主体为满足自己的需要把自己的活动作用于交往对象的中介,是交往主体与交往客体的沟通方式	包括交往的工具系统和环境条件
从动态角度看	交往起点	人们交往的目的和需要	每个人的交往目的和需要都存在差异性,交往主体的目的和需要常常决定交往手段
	交往过程	交往目的延伸到交往结果的路线、阶段和过程	具有较强的灵活性,交往主体对交往程序的安排常常标志着主体的交往水平和能力
	交往结果	交往的终点	表现为交往目的实现的状态,分为完全实现、部分实现、根本没有实现 3 种

3. 社交的类型

现实生活中,社交的方式种类多样,同时各种方式和种类又各具有不同的功能。可以按照不同的标准,将社交分为各种不同的类型。

(1)根据交往的规模分类。根据交往规模的大小,社交可分为个人与个人的交往、个人与群体的交往、群体与群体的交往、群体与组织的交往、组织与组织的交往、组织与个人的交往等。

(2)根据交往使用的符号分类。根据交往使用的符号,社交可分为语言交往和非语言交往。

① 语言交往是通过口头或书面语言进行的交往,是人类最基本的沟通方式。人运用言语进行交往的基础,是交往双方对同一言语所代表的意义必须有共同理解。使用不同方言或使用不同民族言语的人相互交往就会出现困难,必须借助翻译作为沟通中介。语言的作用是传递信息。说话、演说、讲课、做报告、打电话都是主要运用语言传递信息。

② 非语言交往是指人与人之间通过目光、手势、体态、面部表情传递信息，其中以目光和面部表情传递的信息最为丰富。例如，眉飞色舞表示喜悦，瞠目结舌表示惊讶，横眉冷对表示愤怒，嗤之以鼻表示轻蔑。人的眉、眼、鼻、口、舌和面部肌肉的综合运用，可以向对方传递自己多姿多彩的心理活动。在人与人的交往中，每个人的一言一行、一举一动都能表达出对对方是否尊重、信任、热情、友好。这看起来是细枝末节，却往往会给交往带来很大影响。

（3）根据信息的传递方式分类。根据信息的传递方式，可以把社交分为口头交往、书面交往和网络交往。

① 口头交往即口头语言交流。

② 书面交往是运用书面文字进行的交流活动。写信、发通知、发布告、发传真都是书面交往。自从人类发明了文字，人类的交往方式就向前跨越了一大步。书面交往不像言语交往那样稍纵即逝，它传递的信息能够再现，还可以保存、查对。

③ 网络交往即网络人际交往，它本质上是一种社会实践活动，是人们以网络技术、信息技术为基础，以符号为中介进行相互作用、相互交流和相互理解的过程。网络交往是社会发展到网络时代而催生出的一种新型交往形式，它基于网络技术而存在，也是一种人与人之间的社会联系，它以语言为媒介，通过对话达成人与人之间的理解。网络交往常见的表现形式有 E-mail、电子公告板（BBS）、网上聊天、网上会议等。

此外，还可以根据交往的其他特性划分出若干交往类型。例如，根据人们交往的信息流向将其分为单向交往和双向交往；根据交往时间分为长期交往、间断交往和偶然交往；根据交往的途径可分为直接交往（双方利用口头、形体语言）和间接交往（双方利用媒介或手段）；根据交往者不同的人际关系特征，一般可分为血缘关系的交往、地缘关系的交往、业缘关系的交往。

从以上诸种分类中，我们对交往的形式及其特征可谓初见端倪了。值得注意的是，在实际交往中，往往是各种类型交往的交叉、融合、共同发生作用，而不是单一存在的。

4. 社交的特点

（1）目的性。人类活动是有目的的活动，社交作为人类活动之一，社交主体同样有其特定的现实的目的：或者为了获得社交客体的合约、订单，或者为了赢得社交客体的支持、合作，或者为了获得社交客体的好感、认可，即使交往过程中交往主体暂时没有明确的功利目的，交往主体也知道，通过社交活动积累的人脉资源一定会为双方以后的合作奠定良好的基础。社交客体在应对社交活动时，也并非100％地被动应对与付出，交往的结果一般是双赢的、多赢的，甚至社交客体同样也能从中受益。

（2）社会性。社交活动是在社会生活的广阔舞台上展开的。从历史的角度考虑，人类社交活动的范围经历了不断扩展的过程。由于生产力水平的制约，古代人的交往空间主要发生在家庭内部。衣、食、住、行等主要生存活动基本上都在家庭内部进行，个体从家庭中获取生活所需的一切，家庭就是一个相对独立的小社会，是一个人生活的支持系统。后来，为了保持生活支持系统的长久性、稳定性和广阔性，家庭就扩展成了家族。但个体并不会满足于狭小的家庭、家族生活空间，于是才出现了真正意义上的"社会人"。"社会人"的生活空间是社会，其联系的纽带主要是人际关系，建立人际关系的主要方式是社交。一个发展不完善的社会人,一定会在许多方面与社会格格不入,会在生活和事业中碰钉子,遭遇许多挫折,经常体会到孤独与无助。

（3）交互性。所谓社交,是指在具体的社交活动中,交往主体与交往客体相互影响、相互制约、相互调整,共同完成完整的社交流程。在群体性社交活动中,往往主体占有比较明显的主导地位,这种主导作用体现在交往主体有权调整交往频率、交往方式等,也决定着交往过程中占主导地位的价值观。不过,这种主导是以交互性为前提的。

（4）时代性。从纵向来考察,时代不同,人类社交活动往往有不同的主题和不同的方式,表现出不同的特色。如互联网时代基于网络平台的即时社交网站,更是对此前几千年社交方式的彻底颠覆,体现了鲜明的时代特征。

【小贴士】

你应该知道的社交小技巧

5. 社交的作用

根据现代社交观念,生活、工作中的社交活动能让社交主体实现三个基本目标：信息共享、情感沟通、相依相助。

（1）信息共享。现代社会是一个信息社会,信息通过社交活动进行传播,交往各方各取所需,从个人和组织需要的角度对信息加以利用,服务于自己的工作、学习与生活。将自我封闭起来的个体,其最大的劣势就是失去了与社会进行信息沟通的平台,从而也就失去了相应的发展机会。

（2）情感沟通。行为科学表明,人们在交往的过程中获得对社会、对他人的感觉和知觉,这是人类认知的基础。在认知过程中,感觉和知觉随着交往的频率而发生变化,交往频率越高,认知度就越高,感情上就越容易沟通,越容易得到对方的认同,所谓"日久生情",说的就是这种现象。人们在交往过程中培养和增进感情,而随着交往的减少,原本熟悉的朋友也常常会产生隔阂。

（3）相依相助。随着交往的深入,人们从信息共享、情感沟通必然发展到资源共享,这就是相互帮助的阶段。"助人者人恒助之",帮助他人其实也是在帮助自己,我们不能只强调信息共享、情感沟通而拒绝相互帮助,同时我们也不能把相互帮助都当成"势利"来看待,为了相依相助而社交。相互帮助不是"势利",而是人类有别于其他动物的一种社会性行为,我们不妨设想：有这么一个人,他既不能与我们信息共享、情感沟通,也不能与我们相互帮助,我们还会与他交往吗？恐怕不会。可见,交往还是有选择的,选择就是一种目标的体现。拒绝目标,社交就失去了意义。

📘 【小贴士】

现代社交"十不要"

📗 【小故事】

酒店老板与无赖

二、礼仪与社交礼仪

礼仪是人们步入文明社会的"通行证"。人类自诞生那天起，便开始了对文明与美的追求。礼仪体现了人类社会不断摆脱愚昧、野蛮、落后的状态，体现了整个社会进化的程度，它也是一个国家、一个民族进步、开化与兴旺的标志。我国作为东方文明古国和东方文化的发源地，素有"礼仪之邦"的美誉，数千年来对文明的不懈追求，形成了丰富多彩的东方文化和礼仪。

今天，随着社会生产力的不断发展、物质生活条件的逐步改善和社会文明程度的日益提高，人们对礼仪倍加推崇。讲文明，懂礼貌，尊重他人，服务社会，已成为人们的共识。无论是人际的、社会的乃至国与国之间的交往，抑或是旅游、商业、服务业等行业的接待服务工作，都离不开对礼仪规范的遵守。现代人都开始注重文明修养，讲究礼仪，几乎每个人都成为礼仪的载体、文明的化身。

要更好地理解社交礼仪，首先就要弄清楚什么是礼仪。

1. "礼""仪"释义

礼仪是"礼"和"仪"共同构成的合成词。在中国古代，"礼"和"仪"是两个不同的概念。"礼"是制度、规则和一种社会意识观念；"仪"是"礼"的具体表现形式，它是依据"礼"的规定和内容而形成的一套系统而完整的程序。

（1）"礼"的含义。

① 尊敬。《礼记·曲礼》开宗明义就是"毋不敬，俨若思，安定辞，安民哉"，把"敬"作为礼的本质内涵予以强调。

② 秩序。《礼记·乐记》中有"礼者，天地之序也……中之邪，礼之质也"。这说明"礼"体现了符合自然规律的秩序，引申为人际关系中"人"的定位。每个人都要明确自己的身份、地位，都要守本分，不可做出轨的事。不偏不倚，怀着正直之心，做正事，走正道，才是礼的本质要求。

③ 道理。《礼记·乐记》中有"礼也者,理之不可易者也"。这里的"理"是道理、原则和规范,是为了保障社会正常秩序和人类生存发展及其交往的需要而制定出的行为准则和社会规范,这就是礼。

④ 风俗。《礼记·曲礼》中有"礼从宜,使从俗"。所谓风俗,即人心所为也,一定区域居民在长期共同生活过程中,依生存环境、宗教信仰、生活习惯而形成了民情风俗,体现在生老病死、婚丧嫁娶、迎来送往、节日庆典等方面就成为礼仪。

⑤ 履。东汉许慎《说文解字》中有"礼者,履也"。这说明礼的基本落脚点在于践履。《礼记·曲礼》中有"修身践言,谓之善行。行修言道,礼之质也"。这说明要发挥礼的功能,做个有礼的人就必须严于律己,言行一致,认真去实践礼的精神,使言谈举止都符合礼的要求,才算把握礼的本质。

可见,在中国古代,礼是社会的典章制度,是社会政治制度的体现,是维护上层建筑以及与之相适应的人与人交往中的礼节仪式。因此,礼是指特定的国家、民族和人群基于客观历史传统而形成的,以确立维护社会等级秩序为核心内容的价值观念、道德规范及与之相适应的典章制度、行为方式。

(2)"仪"的含义。

① 法度、准则。如《说文》中有"仪者,度也",也就是要符合法度、规则。在仪式进行过程中要严肃认真、循规蹈矩。同时更要注意把握好分寸,既不要过分,也不可不及,应恰到好处。

② 典范、表率。《荀子》中可见"上者,下之仪也",谓君主及当朝者是臣民的表率。

③ 形式、仪式。管仲有说:"礼仪者,尊卑之仪表也。""万物之程式也。""故动有仪则令行。"这里的"仪"就是仪式的意思。

④ 容貌、风度。如《诗·大雅》中有"令仪令色,小心翼翼",《人物志》中可见"心质平理,其仪安闲",这里的"仪"指的是容貌、举止。

由此可见,古代的"礼仪"与现代的"礼仪"含义完全不同。我国古代礼仪的主旨是:明确规定并严格维护封建等级制度,强调并坚持人的等级差异。随着社会文明的不断发展,"礼仪"一词逐渐被赋予了新的含义,成为人际交往中应遵守的行为规范和准则。[①]

随着社会的发展,礼仪的内涵也在不断地发生着变化。本书所指的是现代意义上的礼仪。

📎【小贴士】

西方"礼仪"的含义

在英语中,"礼仪"一词源于法语 Etiquette。原意是一种长方形的纸板,上面写着进入法庭时的注意事项,作为进入法庭后应遵守的规矩和行为准则。因而,这纸板就被视为法庭上的"通行证"。但这个词一进入英文后,就有了礼仪的含义,意即"人际交往的通行证",成为人们交往中应遵循的规矩和准则。

---

① 周庆东,潘自影.高速铁路客运服务礼仪[M].成都:西南交通大学出版社,2021.

2. 礼仪的含义

礼仪是指人们在社会交往中由于受历史传统、风俗习惯、宗教信仰、时代潮流等因素的影响而形成，既为人们所认同，又为人们所遵守，以建立和谐关系为目的的各种符合交往要求的行为准则和规范的总和。总而言之，礼仪就是人们在社会交往活动中应共同遵守的行为规范和准则。

礼仪的宗旨是使大家都感到舒适，不拘谨，不难堪。

尊重是礼仪的本质。

从不同的角度，还可以对礼仪做出不同的界定。

从个人修养的角度来看，礼仪是一个人内在修养和素质的外部体现。通过一举一动、一言一行，可以将一个人的涵养、素质、才华充分展现在人们面前，给人以全面的印象。

从道德的角度来看，礼仪是为人处世的行为规范和道德准则。古人有云"道德仁义，非礼不成"，正是这个道理的体现。

从交际的角度来看，礼仪是人际交往中的一种艺术，即一种处理人际关系的交际方式或交际方法。

从传播的角度来看，礼仪是在人际交往中进行有效沟通的技巧。

从审美的角度来看，礼仪是一种形式美，是人的心灵美的必然外化，因为"礼由心生"。

从民俗的角度来看，礼仪是人际交往中必须遵守的律己敬人的习俗，也是人际交往中约定俗成的对人表示尊重、友好的习惯做法。

将我国古代礼仪和现代礼仪进行对比就会发现，两者之间主要存在三点差异。

其一，基础不同。古代礼仪是以等级制度为基础的，现代礼仪则是以尊重他人为立足点和出发点的。

其二，目标不同。古代礼仪以维护统治秩序为目的，而现代礼仪则重在追求人际交往的和谐与顺利。

其三，范围不同。古代礼仪讲究"礼不下庶人"，因而与平民百姓无关，而现代礼仪则适用于任何参加交际活动的人。[①]

3. 社交礼仪的内涵

社交礼仪是人们在社会交往过程中形成的并得到共同认可的各种行为规范，是人们以一定的程序、方式来表现的律己、敬人的完整行为。

社交礼仪的内涵包括以下四个方面。

第一，社交礼仪是一种行为准则或规范。它是一种程序，有一定的套路，表现出一定的章法，只有遵守这些习俗和规范，才能适应社会发展。

第二，社交礼仪是一定社会关系中人们约定俗成、共同认可的行为规范。它表现为一些零散的规矩、习惯，然后逐渐上升为大家认可的，可以用语言、文字、动作进行准确描述和规定的行为准则，并成为让人们有章可循且可以自觉学习和遵守的行为规范。

第三，社交礼仪是一个情感互动的过程。在社交礼仪的实施过程中，既有施礼者的控

---

① 周庆东,潘自影.高速铁路客运服务礼仪[M].成都:西南交通大学出版社,2021.

制行为,也有受礼者的反馈行为,即社交礼仪是施礼者与受礼者之间尊重互换、情感互动的过程。

第四,社交礼仪的目的是实现社会交往各方的互相尊重,从而实现人与人之间关系的和谐。在现代社会,社交礼仪体现着一个人对他人和社会的认知水平、尊重程度,是一个人学识、修养和价值的外在表现。遵守社交礼仪是人获得自由的重要手段和途径之一。

4. 社交礼仪的内容

随着时代的变迁、社会的进步,人们的文明程度不断提高。当代社交礼仪在对我国古代礼仪扬弃的基础上,不断推陈出新,其内容更完善、更合理、更加丰富多彩。

(1)礼节。礼节是人们在交际过程中逐渐形成的约定俗成和惯用的各种行为规范之总和,是社会外在文明的组成部分,具有严格的礼仪性质。在现代社会中,由于人与人之间地位平等,其礼节从形式到内容都体现出了人与人之间的相互尊重和关心。现代礼节主要包括介绍、握手、打招呼、鞠躬、拥抱、亲吻、举手、脱帽、致意、作揖、使用名片、使用电话、约会、聚会、舞会、宴会礼节等。当今世界是个多元化的世界,不同国家、不同民族、不同地区的人们在各自的生存环境中形成了各自不同的价值观、世界观和风俗习惯,其礼节从形式到内容都不尽相同。

(2)礼貌。礼貌是指人们在社会交往过程中的良好言谈和行为。它主要包括口头语言礼貌、书面语言礼貌、态度和行为举止礼貌。礼貌是一个人道德品质修养最简单、最直接的体现,也是人类文明行为的最基本要求。在现代社会,使用礼貌用语,对他人态度和蔼、举止适度、彬彬有礼、尊重他人已成为日常的行为规范。

(3)仪表。仪表是指人的外表,包括仪容、服饰、体态等。它属于美的外在因素,反映了人的精神状态。仪表美是一个人心灵美与外在美的和谐统一,美好纯正的仪表来自高尚的道德品质,它和人的精神境界融为一体。端庄的仪表既是对他人的一种尊重,也是自尊、自重、自爱的一种表现。

(4)仪式。仪式是指行礼的具体过程或程序,是一种比较正规、隆重的礼仪形式。人们在社会交往过程中或是组织开展各项专题活动过程中常常要举办各种仪式,以体现出对某人或对某事的重视。常见的仪式包括成人仪式、结婚仪式、安葬仪式、凭吊仪式、告别仪式、开业或开幕仪式、闭幕仪式、欢迎仪式、升旗仪式、入场仪式、签字仪式、剪彩仪式、揭匾挂牌仪式、颁奖授勋仪式、宣誓就职仪式、交接仪式、奠基仪式、洗礼仪式、捐赠仪式等。仪式往往具有程序化的特点,有些是人为约定俗成的程序。在现代礼仪中,仪式中有些程序是必要的,有些则可以简化,有越来越简化的趋势。

【小贴士】

参加升国旗仪式时的礼仪

（5）礼俗。礼俗即民俗礼仪，指各种风俗习惯，是礼仪的一种特殊形式。礼俗是由历史形成的，普及于社会和群体之中并根植于人们心理之中，在一定的环境会重复出现。不同国家、不同民族、不同地区在长期的社会实践中形成了各具特色的风俗习惯，正所谓"十里不同风，百里不同俗"。

🔖 【小贴士】

男左女右的由来

"男左女右"的习俗和古代人的哲学观关系密切。我国古代哲学家认为，宇宙中通贯事物和人事的两个对立面就是阴和阳。自然界的事物有大小、长短、上下、左右等，古人将其归类分为大、长、上、左为阳，小、短、下、右为阴。阳者刚强，阴者柔弱。人的性格，男子性暴刚强属于阳于左，女子性温柔和属于阴于右。"男左女右"在中医应用上也有实际的科学意义，"男左女右"在医学上是表示男女生理上的差异，在社会风俗上是划分区别的一种秩序安排。这种习俗早在两千多年前的战国时期就被广为流传。

5. 社交礼仪的特性

社交礼仪是人们在漫长的社会实践中逐步形成、演变和发展的。现代社交礼仪是在一番脱胎换骨之后形成的，具有文明性、共通性、多样性、变化性、规范性和传承性等特性。

（1）文明性。礼仪是人类文明的结晶，是现代文明的重要组成部分。比如，人们在待人接物时热情周到、彬彬有礼，彼此间互帮互助、和睦相处，体现了人们日常生活中的文明、友好；注重个人卫生，穿着适时得体，见人总是微笑着问候致意，礼貌交谈，使用文明用语，这也体现出人们的品行修养。总之，礼仪是人们内心文明与外在文明的综合体现。

📑 【小故事】

小节的象征

李先生要雇一名没带任何介绍信的小伙子到他的办公室做事，李先生的朋友感到奇怪。李先生说："其实，他带来了不止一封介绍信。你看，他在进门前先蹭掉脚上的泥土，进门后又先脱帽，随手关上了门，这说明他很懂礼貌，做事很仔细；当看到那位残疾老人时，他立即起身让座，这表明他心地善良，知道体贴别人；那本书是我故意放在地上的，所有的应试者都不屑一顾，只有他俯身捡起，放在桌上；当我和他交谈时，我发现他衣着整洁，头发梳得整整齐齐，指甲修得干干净净，谈吐温文尔雅，思维十分敏捷。难道你不认为这些细节是极好的介绍信吗？"

（2）共通性。无论是交际礼仪、商务礼仪还是公关礼仪，都是人们在社会交往过程中形成并得到共同认可的行为规范。当今人们尽管分散居住于五大洲、四大洋的不同角落，但是许多礼仪都是世界通用的，例如，问候、礼貌用语、各种庆典仪式、签字仪式等。虽然各个国家、各个地区、各个民族形成了许多各自特有的风俗习惯，但就礼仪本身的内涵和作用而言，仍具有共通性。正是由于礼仪具有共通性，才形成了国际交往礼仪。

（3）多样性。世界是丰富多彩的，世界各地的民俗礼仪千奇百怪，几乎没有人能说清楚世界上到底有多少种礼仪形式。从语言的表达礼仪到文字的使用礼仪，从举止礼仪到规范化礼仪,从服饰礼仪到仪表礼仪,从风俗礼仪到宗教礼仪等,在不同的国家、不同的场合,其表达方式也有所不同。比如,在人们常见的国际交往中,仅见面礼节就有握手礼、点头礼、亲吻礼、鞠躬礼、合十礼、拱手礼、脱帽礼、问候礼等,可谓多种多样,纷繁复杂。

不仅如此,有些礼仪形式所表达的内容,在不同国家或地区有可能截然相反,甚至同一个国家的不同地区也可能有不同的含义,如表 1-2 所示。

表 1-2 手势在不同国家所表达的含义

手势	含　义						
	中国	美国	英国	法国	日本	印度	其 他 国 家
	棒、厉害	顺利	搭车		男人、父亲	搭车	在孟加拉国意味着侮辱和挑衅
	最小的或倒数第一	打赌			女人、女孩、恋人	想去厕所	在缅甸表示想去厕所;在尼日利亚等国家表示打赌
	数字 0 或 3,也表示同意	征求对方意见或表示同意、赞扬、了不起	0、一钱不值		金钱	正确、不错	在韩国、缅甸表示金钱;在菲律宾表示想得到钱或没有钱;在印度尼西亚表示一无所有或一事无成;在突尼斯表示无用、傻瓜

(4)变化性。礼仪并不存在僵死不变的永恒模式,随着时间的推移,会发生巨大的变化。礼仪有其产生、形成、演变和发展的过程。礼仪在运用时也具有灵活性。一般来说,在非正式场合,有些礼仪可不必拘泥于约定俗成的规范,可增可减,随意性较大;在正式场合,讲究礼仪规范是十分必要的。但如果双方已非常熟悉,即使是较正式的场合,有时也不必过于讲究礼仪规范。

(5)规范性。礼仪规范不仅约束着人们在一切交际场合中的言谈话语、行为举止,使之合乎礼仪,而且也是人们在交际场合必须采用的一种"通用语言",是衡量他人及判断自己是否自律、敬人的一种尺度。礼仪是约定俗成的一种自尊、敬人的形式,任何人要想在交际场合表现得彬彬有礼,都必须对礼仪无条件地加以遵守。

【小故事】

修理抽水马桶的外国小男孩

龙永图与几个朋友一次在瑞士去公园散步,上厕所时,听到隔壁的卫生间里"砰砰"地响,他有点儿纳闷。出来之后,一个女士很着急地问他有没有看到她的孩子,她的小孩进厕所十多分钟了,还没有出来,她又不能进去找。龙永图想起了隔壁厕所间里的响声,便进去打开厕所门,看到一个七八岁的小孩正在修抽水马桶,怎么弄都抽不出水来,急得满头大汗。这个小孩觉得他上厕所不冲水是违背规则的。

【点评】 从这位小男孩身上我们看到了他对规则的遵守,规则意识已经在他幼小的心灵中扎下了根。当今的大学生虽然已是成年人,但是未必有这位小男孩的规则意识。怎样才能树立国民的规则意识?这一问题值得我们深思。

(6)传承性。任何国家的礼仪都具有自己鲜明的民族特色,其现代交际礼仪都是在继承本国古代礼仪的基础上发展起来的。离开了对本国、本民族既往交际礼仪成果的传承,就不可能形成现代交际礼仪,这就是现代交际礼仪传承性的含义。对于既往的礼仪遗产,正确的态度不应当是食古不化、全盘沿用,而应当是有扬弃、有继承,更要有发展。

【小贴士】

古代的"六礼""七教""八政"

《礼记·王制》讲"六礼""七教""八政"。"六礼"是指冠礼、婚礼、丧礼、祭礼、乡礼、相见礼;"七教"是指父子、兄弟、夫妇、君臣、长幼、朋友、宾客;"八政"是指饮食、衣服、事为、异别、度、量、数、制。"六礼"为社会仪典,"七教"为人伦礼教,"八政"即生活仪式。修习"六礼",以节制人们的性情;明辨"七教",以提高人们的道德;整齐"八政",以防止僭越规范。"六礼""七教""八政"合起来就是一套治理家、国、天下的完整制度体系,社会所有成员的行为都可以从中找到依据和评价尺度。

三、社交礼仪的原则

人们的各种交际活动自始至终都有一些具有普遍性、共同性、指导性的规律可循,这就是礼仪的原则。探讨这些原则,有助于实现社交基本礼仪的规范化,增强人们对礼仪的认知,进而强化礼仪在社会活动中的指导作用。

1. 遵守原则

礼仪规范是为维护社会生活的稳定而形成和存在的,实际上是反映了人们的共同利益要求。社会上的每个成员不论身份高低、职位大小、财富多寡,都有自觉遵守、应用礼仪的义务,都要以礼仪去规范自己的一言一行、一举一动。如果违背了礼仪规范,会受到社会舆论的谴责,自然交际也难以成功。

【小故事】

失礼的代价

在一次联合国会议上,赫鲁晓夫为了让人们安静下来,竟然脱下鞋子,并用鞋子敲打会议桌子。他的不雅举止显然违背了礼仪规范,更有损他本人及苏联的国际形象。在这次会议上,联合国做出决定:对苏联代表团罚款一万美元。可见违背社交礼仪的遵守原则是不行的。

2. 敬人原则

尊敬是"礼"的本义,是礼仪的重点和核心。在对待他人的诸多做法中最重要的一条,就是要敬人之心长存,处处不可失敬于人,不可伤害他人的个人尊严,更不能侮辱对方的人格。

【小故事】

迟来的尊重

3. 宽容原则

一般来说,交往双方的心理总存在一定的距离,存在不相容的心理状态,这种差异会在交往者之间产生思想隔膜,甚至会使双方关系僵化。要想缩小这种心理上的差异,求得人与人之间能多一分和谐、多一分信赖,就必须抱着宽容之心与之交往。宽容就是要求人们既要严于律己,又要宽以待人,多容忍他人,多体谅他人,多理解他人,而不能求全责备,斤斤计较,过分苛求,咄咄逼人。孔子曰:"宽则得众。"唯有宽容才能排除人际交往中的各种障碍。不能宽容他人的人,往往会得理不饶人,使人际间关系恶化。共性是寓于个性之中的,人们应该维护和发展共性,以理解和宽容来增强人们之间的凝聚力。

【小故事】

六 尺 巷

4. 平等原则

在交际中坚持平等原则非常重要!平等是人与人之间建立情感的基础,是达到最佳交际效果的诀窍,是建立和保持良好人际关系的基础之一。心理学研究表明:人都有友爱和受人尊敬的需要,交友和受尊敬的期望都非常强烈。因此,与人交往只有以平等的姿态出现,不盛气凌人、不高人一等,给别人以充分的尊重,才能形成人与人之间的心理相容,产生愉悦、满足的心境,出现和谐的人际关系。

5. 信用原则

信用原则即讲究信誉的原则。守信是中华民族的传统美德,信守约定也是国际商务交往活动中必须严格遵守的一项原则。要遵守信用,做到守时、守约、说话要算数、许诺要兑现,言必行,行必果。在社交中只有讲究诚信,才能赢得别人的尊敬。

【小案例】

八万两银子的破箩筐

6. 自律原则

自律原则要求个体把学习和运用礼仪当作自己的自觉要求,通过学习,在心目中树立起礼仪信念和行为准则,以此来约束自己在社会交往中的行为,并做到"吾日三省吾身",不断地用礼仪规范对照检查自己的交际行为,以形成良好的礼仪习惯。只有做到"慎独",才是一个真正讲礼仪的人。

▰【小贴士】

社交活动中不要随便发怒

在社交场合中随便发怒，会造成两种不良的后果。

（1）对发怒的对象不友好，会伤了和气与感情，失去和朋友、同事之间的友谊与信任。

（2）对发怒者不利，一方面对本人的身体产生不良的影响；另一方面对本人的形象产生不良的影响，人们会认为他缺乏修养，不宜深交。

在社会生活中，人们适应环境，并求得环境的认可和接受，也是一种本能的表现。在社会交往中主要表现为以良好的心态与朋友、同事友好相处，不发怒或不发脾气，并从多方面克制自己。

四、社交礼仪的修养

社交礼仪的修养是指一个人在交际实践活动中，根据一定的交际礼仪原则和规范自觉地进行学习与训练，以使自己养成时时事事按礼仪要求待人接物的行为习惯过程。社交礼仪的修养要从以下几方面着手。

1. 提高认知，高度重视礼仪

正确的认知是形成人们良好的礼仪行为的先导。礼仪修养不仅是个人自尊自律的基本要求，影响个人的事业发展及自我实现，而且关系到青少年的健康成长，关系到国家民族的文明程度。因此，要在思想认知上高度重视，把学习礼仪变成一种经常自觉的行为，内化成一种习惯，并渗透到学习、工作、生活的方方面面，最终成为良好的个人修养。

▰【小故事】

诺贝尔奖获得者的回答

2. 努力学习，加强知识积累

交际礼仪的内涵丰富而深刻，与许多学科都有着密切的联系，一个人只有拥有广博的文化知识，才能深刻地理解交际礼仪的原则和规范。例如，学习民俗学可以使我们更好地了解一个民族的文化传统、风土人情；学习美学可以使我们更好地懂得什么是美及什么是丑，怎样才能做到内在美与外在美的和谐统一；学习心理学可以使我们更好地理解和尊重他人的人格与情感，提高自我控制能力；学习公共关系学可以使我们懂得协调沟通、塑造组织形象和个人形象的方法等。显然，注重文化知识的学习，对交际礼仪的修养来说不可或缺。

【小案例】

一次成功的销售

一天,一位中年日本游客在下榻宾馆的商场选购商品。她来到销售文房四宝的柜台,服务员小刘立刻上前用日语询问她有何需求。这位游客说:"我想买两方砚台送给我热爱书法的丈夫。"于是,他们来到销售砚台的柜台前,该游客指着两方刻有荷花的砚台对小刘说:"这两方砚台大小正合适,可惜的是造型……"客人的话立刻使小刘想到,在日本,荷花是用来祭奠死者的不祥之物,看来只有向她推荐其他造型的砚台。于是小刘说:"写书法用的砚台与鉴赏用的砚台是不一样的,对石质和砚堂都十分讲究,一般以实用为主,您看,这方鱼子纹歙砚造型朴实自然,保持着砚石自身所固有的特征,石质又极为细腻,比那方荷花砚更好,而且砚堂平阔、没有雕饰,用这样的砚台书写研墨一定很得心应手,使用自如。"接着将清水滴在三方砚台上,请客人自己亲自体验这三方砚石在手感上的差异。最后,客人满意地买下了这方鱼子纹歙砚,之后又另外买了三方砚台带给他的亲人和朋友,并连声向小刘道谢,还拉着小刘的手说:"你将永久留在我的记忆中。"

【点评】 服务员小刘靠着良好的知识素养,赢得了客人的信赖和支持。

3. 陶冶情感,时刻尊重他人

在礼仪教育过程中,情感是由知到行的一个桥梁。陶冶情感就是要使受教育者产生一种尊重他人的真挚感情,能够时时处处替他人着想,对人始终抱有一种热情友好的态度。通常,一个人可以很快就了解一些礼仪方面的知识,但若缺少对人的情感,那么他就无法把这些礼仪形式完美地表现出来,这些形式也就成了没有灵魂的、僵死的躯壳。因此,情感比认知具有更大的保守性,改变情感比改变认知要困难得多,陶冶情感是礼仪教育中更为艰巨的一项任务。

【小案例】

花三分钟感谢

一家大公司的公关部招聘一位职员,许多人参与了角逐。公司的面试和笔试十分烦琐,一轮轮淘汰下来,最后只剩下五个人。这五个人都很优秀,都有较好的外表条件和学识,都毕业于名牌大学。公司通知五个人,聘用谁得由经理层会议讨论通过才能决定。于是五个人安心地回家,等待公司最后的决定。

几天后,其中一个人收到一封电子邮件,邮件是公司人事部发来的,内容是:"经过公司研究决定,你落聘了,但是我们欣赏你的学识、气质,因为名额所限,实是割爱之举。公司以后若有招聘名额,必会优先通知你。你所提交的材料录入计算机存档后,不日将邮寄返还于你。另外,为感谢你对本公司的信任,还随信寄来本公司产品的优惠券一张。祝你开心!"

她在收到电子邮件的一刻知道自己落聘了,十分伤心,但又为大公司的诚意所感动。两天后,她收到了寄给她的材料和一份优惠券,另加一个电子邮件中没有提及的带有公司标志的小饰物。她十分感动,顺手花了三分钟时间用电子邮件给那家大公司发了一封简短的感谢信。

但两个星期后,她接到了那家大公司的电话,说经过经理层会议讨论,她已被正式录用为该公司职员。后来,她才明白这是公司的最后一道考题。公司给其他四个人也发了同样的电子邮件,也送了优惠券和小饰物。但是回信感谢的人只有她一个。她能胜出,只不过因为多花了三分钟时间去感谢。

【点评】 发自内心地尊重、关心他人,充分做到以人为本,是每个人做人的根本。

4. 磨炼意志,养成礼仪习惯

要使礼仪规范变成自觉的行为,没有坚韧不拔的意志将无法做到。意志坚强的人能有效地控制自己的言行,特别是在不顺利的情况下,也能不畏困难,始终如一地按照自己的信念待人处世。不该以"习惯成自然"为由,姑息迁就那些不合礼仪的坏习惯,而应把对礼仪原则和规范的遵从变成一种习惯性的行为,从大处着眼,小处着手,寓礼仪于细微之中,逐渐成习惯。

【小贴士】

"八礼四仪"养成教育

【小故事】

一个小本子

两百多年前,当美国第一任总统乔治·华盛顿只有 15 岁时,他有一个小本子,上面有一些针对他自己用的社交礼仪,他的建议很简单,却很实用,具有普遍意义。

比如说他告诉自己:不要批评别人;父母或教师有责任教育孩子;如果你看到一个长辈或比你重要的人从你身边走过,你应该表示尊重;如果你看到一个遭受不幸的人,即使他是你的敌人,你也要表示你的仁慈和善良;在公众场合不能过于张扬;在写信的时候或介绍自己的时候,要适当注意自己的姓名和抬头;要注意自己的名誉;宁可自己"孤家寡人",也不要做一个不受欢迎的参与者;做一个十分有趣的、健谈的人……

后来在弗吉尼亚州,一个很有钱的英国庄园主、爵士就很看重乔治·华盛顿,他邀请乔治·华盛顿来参加家里所有的重要活动,因为乔治·华盛顿很有礼貌,也有很好的社交技巧,这种个人素养对他后来成为军队的统帅及美国总统很有帮助。他自己定的这些规矩也造就了其日后具有良好的礼貌和道德规范以及积极的人生观、价值观等。

【课堂训练】

自 测 修 养

你是不是有修养,可通过下面的题进行自我测验。每一个问题只要用"是"或"不是"来加以回答。

(1) 你对待店里的售货员或饭店的女服务员是不是跟你对待朋友那样很有礼貌呢?

（2）你是不是很容易就生气？

（3）如果有人赞美你，你是不是会向他说"谢谢"呢？

（4）有人尴尬不堪时，你是不是觉得很有趣？

（5）你是不是很容易展露出笑容，甚至是在陌生人的面前？

（6）你是不是会关心别人的幸福和舒适？

（7）在你的谈话和信中，你是不是时常提到自己？

（8）你是不是认为礼貌对一个男子无足轻重？

（9）跟别人谈话时，你是不是一直很注意对方的反应？

自测修养答案

第二节　认识沟通

作为一名大学生，要想在职场上有所作为，就必须有能力应对各种问题和挫折，还要学会与同事、客户等合作者及社会上的各种人打交道。因此，了解沟通知识，掌握沟通技巧，并对人际关系进行良好的运作，就成为进入职场及融入社会的重要保证。

一、沟通的内涵

沟通是各种技能中最富有人性化的一种技能。社会就是由人与人之间互相沟通所形成的网络。美国相关机构曾经对 25 名优秀的管理人员进行调查，发现他们有 76% 的工作时间是用于沟通。在现代信息社会，人们对信息的收集、加工和处理能力已经成为决定其职场竞争力的关键因素。

所谓沟通，就是发送者与接收者之间为了特定目的而运用一定符号所进行的信息传递与交流的过程。沟通过程涉及沟通主体（发送者和接收者）和沟通客体（信息）的关系以及信息发送者为影响接收者而使用的语言或非语言的行为。在沟通过程中，信息以怎样的方式被传送，又如何传递给接收者，接收者如何解读信息，信息最终以怎样的方式被理解，这些都与沟通过程中主体的语言行为息息相关。具体来说，要正确理解沟通的含义，可以从下述几点来把握。

（1）有效的沟通既要传递事实，又要传递发送者的价值观及个人态度。

（2）有效的沟通意味着信息不仅被传递，还能被理解。

（3）有效的沟通在于双方能准确理解彼此的意图。

（4）沟通是一个双向动态的反馈过程。这种反馈并非一定要通过语言来表现，接收者也可以通过其表情或目光、身体姿势等形式将信息反馈给发送者，从而使发送者得知接收者是否接收与理解其所发出的信息，并了解接收者的感受。

【小故事】

土著人的最高礼节

有一天，哈佛商学院的一位教授接到非洲土著的请柬，邀请他到非洲讲授部落的竞争力战略。

教授为了表示对土著人的尊敬,于是准备了好几套西服上路。土著人为了表示对文明国度知名教授的尊敬,准备按照部落最高礼节欢迎他的到来。

讲课的第一天,教授西装革履地出现在土著人面前,讲了一整天,一直在冒汗。为什么呢?原来土著人以最高礼节在听课——男女全部都一丝不挂,只戴着项圈,私处也只遮盖着树叶,在下面黑压压地站成一片。

第二天,教授的讲课同样也是一个冒汗的过程。为了入乡随俗,教授也脱得一丝不挂,只戴了个项圈,私处也只遮盖着树叶;但是土著人为了照顾教授的感情,吸取了头一天的教训,于是全部西装革履。

直到第三天,双方做了很好的沟通,台上台下全部穿西装,竞争力战略才顺利地传授下去。

沟通的种类

【思考题】 本案例对你有何启示?

【小案例】

课堂上的沟通

二、沟通的层次

沟通一般可划分为四个层次:第一是不沟不通;第二是沟而不通;第三是沟而能通,比较顺利;第四是不沟而通,这是比较高的层次。

1. 不沟不通

从本质上讲,不沟不通算不上沟通,甚至可以说是沟通的反面。不沟不通是指人们没有沟通的欲望或沟通的必要,处于不相往来的状态。比如,两个人虽然彼此认识,但是工作、生活基本没有交集,不需要"通",所以也没有"沟"的必要。

2. 沟而不通

其实,在现实生活中,很多沟通都停留在沟而不通的层次上,无法达成预期的沟通目标。沟而不通的原因很多:或者在沟通方,不主动,不善于沟通;或者在沟通的另一方无沟通意愿,比较固执听不进意见;或者沟通场合不对,条件尚不成熟等。沟而不通会产生巨大的障碍,使我们寸步难行。

【小故事】

秀才买柴

有一个秀才去买柴,他对卖柴的人说:"荷薪者过来!"卖柴的人听不懂"荷薪者"(担柴的人)三个字,但是听得懂"过来"两个字,于是把柴挑到秀才面前。

秀才问他:"其价如何?"

卖柴的人听不太懂这句话,但是听得懂"价"这个字,于是就告诉秀才价钱是多少。

秀才接着说:"外实而内虚,烟多而焰少,请损之。"(你的木材外表是干的,里头却是湿的,燃烧起来会浓烟多而火焰小,请便宜些吧。)

卖柴的人因为听不懂秀才的话,于是挑着柴就走了,这个买卖就黄了。

【点评】 为避免沟而不通的发生,在平时人与人之间的沟通中,发出信息的一方首先要考虑接收信息一方的身份、背景、地位、知识结构等,如果有必要,还要考虑沟通的时间、地点、环境等。

3. 沟而能通

沟而能通比沟而不通进了一步。或者沟通双方都有沟通的意思,或者沟通双方都有沟通的善意,或者双方的语言表达得体,或者双方都兼顾说话的场合等,都为有效沟通创造了条件。

【小故事】

父亲与女儿

4. 不沟而通

不沟而通又比沟而能通进了一层,是一种高超的沟通技术。中国人讲究人与人之间的默契,高度的默契就是不沟而通。有时人们不需要说话,只用眼神动作就能传情达意,双方心知肚明就能达到默契。

【小故事】

董事长的疑虑

有一次,董事长主持会议,由于他十分重视这次会议的品质,因而对上级贵宾喜不喜欢打开窗户非常介意。打开窗户,恐怕外面的嘈杂声会传进来,使得上级贵宾不耐烦;关闭窗户,又怕空气不够流通,影响上级贵宾的情绪。只要窗户的开启或关闭不合上级贵宾的意思,就可能会降低会议的效果。他没有办法直接请问上级贵宾要不要把窗户关起来或者让它打开着,因为问了等于白问,上级贵宾大多这样回答:"随便,都可以。"上级贵宾并不是没有主见,也完全不是客气,而是一旦回答得太肯定,大家会传话出去:"好官僚!一定要把窗户关上,根本不管大家的感受。人那么多还要关窗户,真不知道是怎么想的。"或者为:"官僚十足,董事长问他要不要关上窗户,他毫不客气地下命令:不用。打官腔打惯了,对谁都改不了,真是可怕。"无论怎么回答,对上级贵宾都很不利。

董事长只要用眼睛看着那位有良好默契的干部某甲,某甲就会自行思索:"有什么事情要我做呢?"他知道此时此地不宜发问,其实也用不着开口,他看看周遭的事物,想想可能的状况,很快就体会出董事长的用意,站起来走过去把窗户关好。上级贵宾由于不是出于董事长的指示，才敢告诉某甲："不要关，开着比较好。"某甲回答："对，对，开着空气更流通。"把董事长心中的疑虑一扫而空。

【点评】 董事长为开窗关窗事左右为难，用眼神示意手下干部某甲，某甲心领神会，见机行事，难题得到了圆满的解决，这就是高度的默契——不沟而通。

课后练习

1. 案例分析。

扫描二维码，阅读案例原文，然后回答每个案例后面的问题。

2. 你准备怎样提高自己的交际礼仪修养？

3. 举出近一个月来发现的不符合礼仪礼节的五个例子，并分析其问题所在及其改进办法。

4. 讨论并分析现代社交礼仪与职业道德有怎样的关系。

5. 讨论并分析大学生尤其是职业技术学院的学生掌握社交礼仪的重要意义何在。

6. 让学生分成不同类别的小组，走上街头观察并收集礼仪在生活中应用的小案例。

7. 以小组为单位，走访一两位业界人士，了解他们对礼仪的看法及切身经历与体会。

8. 观看电影《公主日记》和《窈窕绅士》，总结主人公从麻雀变凤凰过程中的诸多礼仪元素及其礼仪修养方法。

9. 请指出以下人员社交礼仪上存在的问题。

（1）小王邋里邋遢地站在总经理办公室门前，头发乱蓬蓬的，西装皱皱巴巴，刚一进门就被秘书小姐赶出了办公室。

（2）小李坐在接待室等待顾客，不耐烦地走过来走过去，还不时地翻看接待室的物品。顾客一来他就迫不及待地开始推销产品，顾客没机会插上一句话。

（3）拥挤的公共汽车上，小张因一点小事和一个乘客争吵起来。他气呼呼地赶到顾客那儿，发现顾客是刚才和自己在车上争吵过的那个人。

（4）小刘是酒店前厅的接待小姐，客人登记住店时，看了房价后无意中说了一句："这么高的房价？你们的房价为什么这么高呢？"小刘回答："本来还要高，看你不是经商的，这不已经给你打了折了。"客人听后极为不悦，大步离开了酒店。

（5）居民区苏小姐正在忙家务，门铃响了，她打开门，迎面而立的是一位戴墨镜的年轻男士。苏小姐问："您是……"男士没有摘下墨镜，而是从口袋里摸出一张名片："我是保险公司的。"苏小姐接过名片看了看，不错，他确实是保险公司的，但这位男士的形象让她反感，便说："对不起，我们不打算买保险。"说着就要关门。而这位男士动作非常敏捷，已将一只脚迈进门内,挤了进来,一副极不礼貌的样子,在屋内打量:"你们家的房子装修得这么漂亮,真令人羡慕。可天有不测风云,万一发生个火灾什么的,损失就大了,不如现在你就买份保险……"苏小姐越听越生气,光天化日之下,竟然有人闯进门来"诅咒"她的房子,于是,她把年轻男子轰了出去。①

10. 你通过电子邮件联系国外的朋友,请你说出在这一沟通过程中沟通的各个要素是什么。

11. 在沟通遇到障碍时,人们经常提到代沟,请问代沟主要体现在哪些方面?你与家长之间有代沟吗?代沟能不能消除?

12. 请看图 1-1 所示的漫画,然后回答问题。

问题出在哪儿

图 1-1 无法合龙的铁轨

【思考题】

(1) 该漫画说明了什么?

(2) 如何避免以上问题的发生?

(3) 你生活中有没有遇到过类似的情形?你是如何处理的?

13. 礼仪实训:日常礼仪行为养成。

实训目标:了解礼仪的基本知识和规范,遵循礼仪基本原则,并在日常生活、学习、工作中培养良好的礼仪习惯。

实训课时:从开学第一周到第十五周的课外时间,第十六周全班总结,2 课时。

实训地点:教室、寝室、食堂、图书馆、社交生活等公共场所。

实训内容:

(1) 学习礼仪修养基本知识。

(2) 学习礼仪修养基本规范。

(3) 从第一节课后起,每天在教室、寝室、食堂、图书馆、社交生活等公共场所,把课堂所学礼仪知识在实践中运用,进行待人接物,培养礼仪习惯。

实训要求:

(1) 把礼仪修养知识与规范融入日常生活、学习、工作及社交实践中。

---

① 胡详鸿.礼仪:销售人员的第一课[J].现代营销(经营版),2010(1):42-43.

（2）记录你每实践其中一条原则和规范的心得体会，每人不得少于10条。

（3）第十六周每位同学上讲台向大家介绍一下，你已掌握了哪些人际交往的礼貌修养基本原则和规范，哪些是你认为较困难做到的，有何感想，今后打算怎样应用这些礼貌基本原则和规范。

14. 沟通游戏：撕纸。

游戏目标：了解沟通过程中的障碍，选择恰当的沟通方式。

参加人数：20人左右。

游戏时间：15分钟。

游戏工具：总人数两倍的A4纸（废纸也可以）。

要求：

（1）给每位学生发一张纸。

（2）教师发出以下单项指令。

① 大家闭上眼睛。

② 整个过程中不许问问题。

③ 把纸对折。

④ 再对折。

⑤ 再对折。

⑥ 把右上角撕下来，转180°，把左上角也撕下来。

⑦ 睁开眼睛，把纸打开。

（3）这时，教师可以请一位学生上来，重复上述指令，唯一不同的是这次学生可以提出问题。

【思考题】

（1）为什么会有这么多不同的结果？

（2）沟通的障碍有哪些？

第二章 形象礼仪

真诚的笑容、刚毅的眼神、适宜的肢体语言,不仅能征服一个又一个困难,更能传递出一种坚定的信念、民族的声音。

——周恩来

世界上没有难看的人,只有不懂得如何让自己打扮得体的人。

——靳羽西

学习目标

- 进行仪容细节的修饰,做到仪容整洁卫生;
- 能够根据自身面容的特点进行化妆,展现富有魅力的妆容;
- 做到发型美观;
- 熟悉服装穿着的原则;
- 掌握在不同场合选取搭配服装的技巧;
- 明确服装与整体形象之间的关系;
- 能够以正确优美的站姿、坐姿、走姿、蹲姿塑造出良好的社交形象;
- 能够正确遵循眼神、微笑、手势等礼仪规范要求,展现出大方自然的个性形象。

案例导入

小张的形象

小张是一家商贸公司的业务员,他的口头表达能力不错,对公司的业务流程很熟悉,对公司的产品及服务的介绍也很得体,给别人朴实又勤快的印象,而且他在业务人员中学历也是最高的,这原本应成为他在职场竞争中脱颖而出的有力资本。他本可以成为公司的业务骨干,为公司创造可观的业绩。然而,令人费解的是,他的业绩始终在低位徘徊,迟迟无法取得实质性的突破,甚至落后于一些资历较浅的同事。小张自己非常着急却不知道问题出在哪里。小张性格大大咧咧,穿衣服不修边幅,头发经常是乱蓬蓬的,双手指甲长长的也不修剪,身上的白衬衣常常皱巴巴并且已经变色。他喜欢吃大饼卷大葱,吃完后却不知道去除口腔异味。小张的大大咧咧能被生活中的朋友所包容,但在工作中常常过不了与客户接洽的第一关。其实小张的这种形象在与客户接触的第一时间已经给对方留下了不好的印象,让对方觉得他是一个对工作不认真且没有责任感的人,通常很难有机会和客户作进一步交流,更不用说成功地承接业务了。

【思考题】 小张在个人形象上存在哪些礼仪问题?

第一节　仪容修饰

仪容是指人的外表、外貌。在人际交往中，良好的仪容是个人形象的重要组成部分。一个人给他人的第一印象如何，仪容往往占据相当大的比重。你的个人卫生如何，你的面部修饰如何，你的发型如何，你的妆容是不是有品位，等等，这些仪容的构成要素，都是他人能否对你形成良好第一印象的重要细节。因此，在人际交往中一定要注意自己的仪容。

一、仪容的基本要求

为了更好地与他人进行交往，必须掌握以下仪容礼仪的基本要求。

1. 整洁

（1）保持面部干净。应当选择适宜自己肤质的洗面奶早晚洁面，去除面部的油脂和毛孔中的污垢。同时要注意眼部卫生，及时去除眼角产生的分泌物。若配戴眼镜，要注意保持镜片洁净光亮。

【小贴士】

正确地洗脸

正确地洗脸，保持皮肤清洁卫生是不可或缺的。正确的洗脸方法是：洗脸时水温不要太高，一般应低于35℃；洗脸应从下往上、从里向外洗，这样有助于皮肤血液循环；要使用温和的洗面奶，少用或不用香皂；洗脸的动作要轻柔。

（2）保持手部卫生。人际交往中，经常要与人握手、用手传递东西、做手势等，因此要注重双手的清洁和养护。一是要勤洗手，保持双手洁净；二是要勤剪指甲，保持适当的长度。需要注意的是，女士不要涂颜色过于鲜亮的指甲油。

（3）保持口腔清爽。要注意清洁牙齿，每天早晚刷牙。还要勤漱口，去除口腔异味。人际交往中，注意不要当众清理牙齿上的残留物，在与人会面之前不食用葱、蒜等带有刺激性气味的食物。

【小贴士】

去除口腔异味的方法

去除口腔异味的方法有两种：一种是每天早晚坚持用淡盐水漱口；另一种是嚼口香糖保持口气清新。但要注意，在人际交往中当着他人的面嚼口香糖既不文雅也不美观，是失礼于人的。另外，要养成在工作前或工作中不吃生蒜、生葱和韭菜一类带有刺激性气味的蔬菜的良好习惯，免得在工作中担心自己说话"带味道"，或是使接近自己的人感到不快。

（4）适时梳洗头发。头发要勤洗勤理，一般每周洗头2～3次，每月修剪1～2次。男士的头发要没有汗味，保持干净整洁，发型要大方得体、不怪异。女士的头发要有自然光泽，发型要端庄协调，刘海不要遮住眼睛和脸。

🔖 【小贴士】

洗发的注意事项

洗发时的水温过高或过低均对发质不利。专家证明,40℃左右的水温最适宜洗发。洗发水的种类繁多,不宜跟风选择,应当根据自己发质的特点,有针对性地选择。电吹风对人体有辐射且高温易伤头发,应当不用或少用;如果使用,至少距头部15～20厘米。

要经常梳理头发。梳理头发是每天必做之事,而且应当不止一次。按照常规,在下述情况下皆应自觉梳理一下自己的头发:一是出门上班前;二是换装上岗前;三是摘下帽子时;四是下班回家时;五是其他必要时。

在梳理自己的头发时,还有三点应予以注意:一是梳理头发不宜当众进行。作为私人事务,梳理头发时应该避开外人;二是梳理头发不宜直接用手,最好随身携带一把发梳,以便必要时使用。不到万不得已,千万不要以手指去代替发梳;三是断发头屑不宜随手乱扔。梳理头发时,难免会产生少许断发、头屑等,随手乱扔是缺乏教养的表现。

(5)注意洗澡。洗澡可以除去身上的油垢和汗味,使人精神焕发。有可能的话要常洗澡,至少也要坚持每星期洗1～2次,在参加重大礼仪活动之前还要加洗一次。

(6)保持衣裳整洁。要勤换内衣,外衣也要定期清洗、消毒。要勤换鞋袜,保持鞋袜舒适干净,不要在集会或演出等公众场合脱鞋。

整洁除了注意以上方面外,还要注意经常修剪不雅的体毛。男士要每天刮脸、修剪胡须,还要及时修剪鼻毛;女士如果穿无袖的服装,要注意提前修剪腋毛,否则露出来,会令人感觉不雅。

2. 美观

漂亮、美丽、端庄的外观仪容是形成优美良好的交际形象的基本要素之一。人们无疑都希望自己在社交场合中变得更美观,但事实上有些人认为把发胶、摩丝喷在头上,把各种色彩涂抹在脸的相应部位就美观了。而我们看到的"横眉冷对""血盆大口""油头粉面"外观的人不是美,而是丑了。

美观是指从效果上来说的。要使仪容达到美观的效果,首先必须了解自己的脸形及五官特点,孰优孰劣要做到心中有数;其次要清楚怎样化妆、美发和矫正才能使自己扬长避短,变拙陋为俏丽,使容貌更迷人。这些都是需要在把握脸部个性特征和正确的审美观的指导下进行的。

🔍 【小案例】

李霞,你过得好吗

今天是李霞大学毕业20周年参加聚会的日子。李霞在毕业后就没有见过任何一位同学。对于今天的同学聚会,李霞非常激动。平时不怎么化妆的她觉得应该把自己好好地打扮打扮。于是她涂上厚厚的白粉,抹上深紫色的口红和深蓝色的眼影,兴高采烈地来到聚会地点。当她出现在同学面前时,同学们都大吃一惊,有的同学还走过来关切地问她是否过得不如意,说她看起来脸色不好,充满了沧桑感。她的心情一下就降到了冰点,她纳闷同学们莫名的惊讶与关心,她觉得自己过得很好。

3. 自然

自然是美化仪容的最高境界，它使人看起来真实而生动，而不是似乎戴着一张呆板、生硬的面具。失去自然的效果，那就是假，假的东西就无生命力和美可言了。

有位化妆师说过："最高明的化妆术，是经过非常考究的化妆，让人家看起来好像没有化过妆一样，并且这化出来的妆与主人的身份匹配，能自然表现出主人的个性与气质。次级的化妆是把人凸显出来，让她醒目，引起众人的注意。拙劣的化妆是一站出来别人就发现她化了很浓的妆，而这层妆是为了掩盖自己的缺点或年龄。最坏的一种化妆，是化妆后扭曲了自己的个性，又失去了五官的协调，例如小眼睛的人竟化了浓眉，大脸蛋的人竟化了白脸，阔嘴的人竟化了红唇……"

可见化妆的最高境界是无妆、自然。因此美好仪容要依赖正确的技巧与合适的化妆品；要一丝不苟、井井有条；要讲究过渡、体现层次；要点面到位、浓淡相宜。这样才能使人感到自然、真实的美。

4. 协调

第一，妆面协调。指化妆部位色彩搭配、浓淡协调，所化的妆针对脸部个性特点，整体设计协调。

第二，全身协调。指脸部化妆、发型与服饰协调，力求取得完美的整体效果。

第三，角色协调。指针对自己在社交中所扮演的不同角色，采用不同的化妆手法和化妆品来化妆。如作为职业人员，应注意化妆后体现端庄稳重的气质；如作为专门从事公关、礼仪、接待、服务等人员，抛头露面的机会多，要表现出一定的人际吸引魅力，就应浓淡相宜，青春妩媚，符合人们的共同审美。

第四，场合协调。指化妆、发型要与所去的场合气氛一致。日常办公应略施淡妆；出入舞会、宴会，可化浓妆；参加追悼会应素衣淡妆。不同场合的不同妆容、发型，不仅会使化妆者内心保持平衡，也会使周围的人心理融洽。

二、美发

头发位于人体的"制高点"，俗话说"美丽从头开始"，发型成了妆容美的重要内容。现代社会，发型的功能不仅是区分性别、美化容颜，更能反映出一个人的道德修养、审美水平、知识层次。有时，人们甚至可以通过一个人的发型准确地判断出他的职业、身份、受教育程度、生活状况和卫生习惯，更可从中感受出其是否身心健康以及对生活和事业的态度。美观的发型能给人一种整洁、庄重、洒脱、文雅、活泼的感觉。

美的发型，使人在社交中增强自信心，陶冶人们的情操，领略对生活的热爱。不同的发型，能带给人整洁、庄重、洒脱、文雅、活泼等不同感觉，因而不同气质、爱好、脸形、发质、年龄的人要针对自身情况，扬长避短，选择和修饰适合自己的发型。图2-1所示是深受世界人民喜爱的美国著名影星奥黛丽·赫本的经典发型。美发主要应注意以下几方面。

1. 美发的基础——护发

要想拥有健康秀丽的头发，就要靠平时的保养和护理。如果不保养和护理，头发就会

图 2-1 影星奥黛丽·赫本的经典发型

受到损伤,影响头发的健康。有一头健康的头发,是实现美发的基础,健康是美的前提。

(1) 发质。人类的头发因不同种族、不同肤色、不同年龄、不同健康状况而有着不同的发质。健康的头发因其皮脂腺分泌量的不同而大体上可分为以下四种发质:中性发质、干性发质、油性发质和混合性发质。

① 中性发质。中性发质是一种健康的发质,头发有自然光泽、润滑、柔顺、有弹性、易梳理、不分叉、不打结、梳理时无静电,做好发型后不易变形。但中性发质如同中性皮肤一样,比较少见。

② 干性发质。干性发质因头皮缺少皮脂或因水分丧失过快而使头发出现干燥、暗淡无光泽、脆弱、僵直、易有断裂、分叉、缠结等现象;还因为发干易卷曲、发梢易分叉、头发僵硬、弹性下降、没有柔顺感,做好发型后易变形。干性发质多是由于衰老或护理失误造成的。

③ 油性发质。油性发质因头皮皮脂腺分泌旺盛,故头发油腻、易黏附灰尘、易脏且易有头皮屑,造型难度大,常呈现平、直、软、弱等特点。油性发质多与遗传有关,此外,也常与精神压力过大或性激素分泌旺盛有关。

④ 混合性发质。混合性发质处于发质多油和头发干燥的混合型状态,这种头发根部多油,发梢则因缺油脂而显干燥,行经期妇女和青春期少年多见。混合性发质因其头发生长处于最旺盛阶段,而体内的激素水平又不稳定,导致出现干燥与多油并存的状态。

【小故事】

气质魅力从头开始

华盛集团公司的卫董事长有一次要接受电视台的采访。为了郑重起见,事前卫董事长特意向公司为自己特聘的个人形象顾问咨询,有无特别需要注意的事项。对方专程赶来之后,仅仅向卫董事长提了一项建议:换一个较为儒雅而精神的发型,并且一定要剃去鬓角。对方的理由是:发型对一个人的上镜效果至关重要。果然,改换了发型之后的卫董事长在电视上亮相时,形象焕然一新。他的发型使他显得精明强干,他的谈吐使他显得深刻稳健,两者相辅相成,令电视观众印象深刻。

(2) 护发用品。护发用品一般可分成以下三大类。

① 发乳。适用于一般头发,对发质较软者尤为适用。它能保护头发,使之不易断裂和

脱落,保持自然光亮与润泽,还可随意梳理成自己需要的发型。发乳中的药性发乳则可以去屑、止痒、防脱发。

② 发蜡。又称头蜡,是以凡士林为原料制成的,因此黏度较高,适于头发较多或硬性头发的人使用。由于这类头发难以梳理成型,使用发蜡后再用电吹风吹发则易于梳理成型,保持头发整齐,同时还能减少水分对头发的软化作用,增加头发的光泽。

③ 喷雾发胶。是一种使头发定型的产品。其使用方法是:在使用电吹风吹发后,将发胶均匀地喷在头发上,从而使发型固定,不怕风吹或震动,可较长时间地保持发型不变。

(3) 护发方法。

① 焗油。焗油是最好的护发方法。有关专家研究发现,头发表层由无数鳞片组成,这种鳞状表层排斥头油、蛋白质、维生素、人参、当归等物质,只吸收与纤维质相关的特殊物质,而焗油膏中则含有易于头发吸收的营养物质。这些物质可以对头发起到营养修复与保湿作用,增加头发的弹性、柔软性,使头发看起来光彩照人,如丝绸一般,并易于梳理。焗油一个月一次即可,可以自己焗也可以到理发店焗。

② 养发。现代职业女性若想拥有一头秀发,还要注意养发,即在人体自身内部营养吸收及外部环境的适当调节上要做到以下四个注意。

一是保持饮食营养均衡,提高自身健康素质。多吃含蛋白质、铁、钙、锌、镁的食物和鱼类、贝类、橄榄油、坚果类(核桃)等食品。

二是多参加运动,坚持锻炼。有规律的运动可消除工作、学习、生活紧张带来的压力。

三是掌握并运用正确的梳头和洗头方法,勿损伤头发;还要注意用正确的方法按摩和擦发,早晚用梳子梳发3分钟,约100次,这样既可以刺激头皮的神经末梢,调节头部神经功能,促进内分泌和头发的新陈代谢,利于头发新生,也可以刺激头皮活力,防头屑和脱发。

四是防止和降低自然环境中可能会损伤头发的因素,如注意防干燥、防暴晒、防潮湿、防寒冷。游泳后要及时用清水将头发清洗干净,并让头发自然风干。夏天外出用遮阳伞,冬天外出戴防寒帽。

◆ 【小贴士】

发型的种类

2. 发型的选择

当我们对自身的发质、护发、保养有了一定的了解后,还要选择一个富有魅力,与自己性别、发质、服装、身材、脸形等相适合的发型,从而表现出与众不同的良好仪容——发型美。

【小故事】

松下幸之助与理发师

日本著名跨国公司"松下电器"的创始人、被称为"经营之神"的松下幸之助,以前不修边幅,企业也不注重形象,因此企业发展缓慢。一次他到银座的一家理发室去理发,理发师看到他的形象后,毫不客气地对他说:"您毫不重视自己的容貌修饰,就好像把产品弄脏一样,您作为公司代表都如此,产品还会有销路吗?"一句话将松下幸之助问得哑口无言。他将理发师的劝告牢记在心,此后对自己的外在形象十分重视,生意也随之兴旺起来。现在,松下电器的产品享誉天下,与松下幸之助长期率先垂范,要求员工懂礼貌、讲礼节是分不开的。

(1) 发型与性别。对于男士来讲,头发的具体长度,有着规定的上限和下限。所谓上限,是指头发最长的极限。按照常规,一般不允许男子在工作时长发披肩,或者梳起辫子。在修饰头发时要做到:前发不覆额,侧发不掩耳。男士头发长度的下限是不允许剃光头。

对于女士来讲,在工作岗位上头发长度的上限是不宜长于肩部,不宜挡住眼睛。长发过肩的女子在上岗之前,可以采取一定的措施,如将超长的头发盘起来、束起来、编起来,不可以披头散发。女士头发长度的下限也是不允许剃光头。

【小贴士】

男士发型长度

(2) 发型与发质、服装。一般来说,直而硬的头发容易修剪整齐,故设计发型时应尽量避免花样复杂,应以修剪技巧为主,做成简单而又高雅大方的发型。比如,梳理成披肩长发,给人飘逸秀美的悬垂美感;用大号发卷梳理成略带波浪的发型或梳成发髻等,则给人雍容、典雅的高贵气质。

细而柔软的头发比较伏贴,容易打理成型,可塑性强,适合做小、卷、曲的波浪式发型,显得蓬松自然;也可以梳成俏丽的短发,充分体现个性美。

在现代美容中,一个人的发式与服装有着十分密切的关系。服装应当与发式相配,才显得协调大方。假如一个高贵典雅的发髻配上牛仔服系列就显得不伦不类。因此,只有和谐统一才能真正体现美。

【小贴士】

发型与季节的配合

一年四季,由于气候的变化,人们的着装随之变化,发型设计也应随着季节的变化而变化。

（1）春季草木复苏，生机盎然，气候适宜，发型设计可根据自己的喜好加以选择，色彩可以丰富多彩，表现出积极进取、精力充沛的一面，长短、薄厚均可，不受限制。但发型一定要展示美的风范：流畅的线条、优美的造型。

（2）夏季由于气候炎热，人们的穿着也很简单，一般的服装都是开领、短袖，并露出颈部，发型设计多用短发或超短发，给人以凉爽、整洁、利落的感觉；长发可以盘起或编起，尽量露出脖颈，也可采取束发措施。发式外轮廓呈圆形，前高后低，额前呈花瓣形，两侧及顶部头发呈直线状较为时尚。

（3）秋季天气凉爽，草木枯黄，给人以萧条的感觉，人们着装也较随意，在发型上可以采用稳重、典雅的造型，也可以作出时尚前卫的造型。因为秋天也是个硕果累累、色彩斑斓的季节，因此色彩尽可以任意发挥。

（4）冬季气候寒冷，穿着笨重，常常戴围巾、帽子，发型很难保持长久，所以，发型处理应尽量简洁、易梳理。发型设计要偏长、偏厚和蓬松些，给人以温暖的感觉。留发宜长但发式可以是大波浪、中波浪，也可以是长直发，发色偏暖为宜。

（3）发型与身材。发型设计不应只有简单增加或减少身高的作用。发型、脸形和身材应该是和谐一致的。有时单看一个人某一款发型很漂亮，与脸形和肤色配合得很好，可当他站起来就感到美中不足，原来是发型太短或太长，导致头长和身高比例失衡，或头宽与身宽比例不相宜。根据人体美学测量学的研究，头长和身高的比例应为(1：7.5)～(1：8)。只有遵循形式美法则才能使发型设计达到增加体形美或修补体形缺陷的效果。顾筱君总结发型与体形的配合大致有下列几种情况。①

① 身材矮小者的发型。身材娇小、脸形圆润的人会给人小巧玲珑之感，发型设计不宜破坏这种感觉。发型应以秀气、精致为主，避免粗犷、蓬松，否则会使头部与整个形体的比例失衡，给人以大头小身体的感觉。烫发时应将花式、块面做得小巧、精致一些。或者选用偏分的短发或中长发，短发显得轻快活泼，富有青春魅力。身材矮小者也不适宜留长发，因为长发会使头显得大，破坏人体比例的协调性。留中长发时，可将发梢自然向里弯曲，任秀发自然飘逸。高耸的盘发可以增加身高错觉，但要视脸形或头长而定。

② 身材矮胖者的发型。矮胖体形的人给人一种丰满健康、充满活力之感。发型要协调这种健康的美感，造成一种有生气的健康美，譬如选择运动式发型。此外，应考虑弥补缺陷，胖人脖子短，不宜留披肩长发，不宜烫卷发，不宜让头发过于蓬松或过宽，尽可能让头发向高度发展，显露脖子以增加身体的视觉高度。也可以盘头，或选择让头发向上蓬松发展的发型（也要视头长与身长比例而定）。

③ 身材高瘦者的发型。高瘦体形的人细长而单薄，头部显小。若要弥补这些不足，发型就要求生动饱满，避免将头发梳得紧贴头皮，或将头发搞得过分蓬松，给人头重脚轻的印象。一般来说，高瘦身材的人比较适宜留长发和直发。应避免将头发削剪得太短薄，或高盘于头顶上。头发长至下巴与锁骨之间较理想，且要使头发显得厚实、有分量。也可将长发盘起，梳理成高雅的发髻，优雅而别致。发型的轮廓宜保持圆形或烫出有波浪的卷曲状并层次分明，也可将头发后梳显露丰满的面庞。

---

① 顾筱君. 21世纪形象设计教程[M]. 北京：机械工业出版社，2012：45.

④ 身材高胖者的发型。男人的高大是一种魁梧,给人一种力量美,但高大对女人来说就会缺少苗条、纤细的美感。除了以服饰及化妆设计予以矫正外,发型设计也应具有一定的美化效果。为适当减弱这种高大感,高大女人的发型一般应以直发为主,以长发或中长发为好,即使做卷发也应伏贴、紧凑,也可以做盘发或简单的短发,发型应简洁明快、线条流畅、大方、奔放、洒脱,不要追求繁杂的花样,头发不要太蓬松。总的原则是简洁、明快,线条流畅。

另外,如果上身比下身长,或上下身等长,则发式可选择长发以遮盖其上身;如果肩宽臀窄,就应选择披肩发或下部头发蓬松的发式,以发盖肩,分散肩部的宽大视角;若颈部过于细长,可选择长发的发式,不适宜采用短发式,以免使脖颈显得更长;若颈部短粗,则适宜选择中长发式或短发式,以分散颈粗的感觉。

总之,进行发式选择时,必须根据自己的身材,选择一个与之相称的发型。

【小贴士】

发型与职业

(4) 发型与脸形。发型与脸形的配合要点主要是突出优点和遮盖缺点,达到美化面容的目的,如表 2-1 所示。

表 2-1 脸形与发型适配一览表

脸 形	主要不足	适合发型	效 果
梨形脸	面颊与额较前额宽	短发,头发尽量梳高,并覆盖前额和太阳穴,紧贴双耳	使额与前额平衡,夸张前额
圆形脸	苹果般面孔和丰腴下巴	避免从中间分开头发,把头发都梳到一边,并盖住耳朵	由于头发不对称,脸看起来长些
方形脸	太显刚毅	头发不宜中间分开,特别是刘海可向侧吹起一个高坡,向后平掠,贴着耳朵	脸的轮廓变得柔和
瓜子形脸	下巴显尖削	额前覆盖些头发,头发可在耳后散下	下巴丰腴些

【小贴士】

如何利用发带改变发型

改变发型不一定大动干戈,一条或多条搭配的纤细发带,就可以让人眼前一亮、令人惊艳。

要领之一:根据发色来挑选发带的颜色。自然黑发的人不应该选墨绿、金棕、红色等比较暗调的颜色,这样会使发色更加暗淡,应挑选浅绿、米金、粉色系;而染了发色的人可以考虑将暗调明调搭配起来,如墨绿搭配米白、深棕搭配米金,一明一暗,既能显示出发型的层次感，又让发质看起来更柔亮。

要领之二：根据头形确定戴发带的位置。头形浑圆且长的话可以将发带戴得倾斜一些，即从头顶向后脑勺倾斜，头形就不会显长；头形偏扁且短的人不应自曝其短，应贴近额头的发际线和耳朵戴发带，位置靠前的戴法会显得可爱些。

■【小贴士】

用发型矫正面部缺陷的方法

（1）遮盖法。以头发组成适当的线条或块面来改变脸形的不足，主要是在视觉上把原来比较突出而不够完美的部分遮盖掉，冲淡突出部分。

（2）衬托法。主要将顶部和两侧的部分头发梳得蓬松或紧贴，以增加或减少某部分的块面，改变其轮廓。如圆形脸顶发向上梳得高而挺，下颌两侧紧缩些，脸形即有拉长感。脸形平扁时，发型的起伏要大，以增加脸形的立体感等。

（3）填补法。利用头发或饰物来填补不足的部位。例如，头部有瘪塌部分，可用结扎蝴蝶结、发夹、插花等填补。

（4）增美法。脸形肤色都很美时，则要求发型不能破坏自然美，而应该衬托或者增加自然美。

3. 美发的方法

◎【小案例】

毁了生意的"鸡窝头"

爱美之心人皆有之。礼仪专家金正昆认为现代职业女性可采用以下四种方法来美发，使自己的发式亦庄亦雅、亦美亦潮而不落俗套。

（1）烫发。现代人运用物理或化学方法，将头发做成各式各样符合个人要求形状的方法叫作烫发。现在各种五花八门的烫发术语让人眼花缭乱，所以我们在烫发前，首先要对本人的年龄、职业、脸形、发质等因素做综合的分析判断后，再作出是否烫发或烫何种式样发型的选择，切勿盲从。

（2）做发。人们用发油、发乳、发胶、摩丝等美发用品，将头发塑造成各种形状，以达到显示个性化目的的方法称为"做发"。现代职业女性发型不宜做得太夸张，应注重塑造端庄、稳重的良好职业形象。

（3）染发。现代人比较崇尚潮流，往往通过染发将自己的头发染成各种色彩，以突出个人的兴趣爱好和个性特点。现代职业女性染黑发无可厚非，除此之外，一般不适宜将头发染得太夸张。如果年轻的职业女性需要染其他发色的话，可选择栗子、酒红、咖啡等颜色，这样一来，既可显示活泼和个性，又不失大方高雅的气质。

（4）假发。头发有先天或者后天缺陷的人，可选择戴假发来弥补缺陷。选择假发也要考虑个人的年龄、职业、身材、肤色等因素，既不能过分夸张，也不要过分俗气。使用假发要注意选择仿真度较高、质量较好的产品，切不可为了贪图便宜而使用那些太假、太俗气的假发。

总之，人的脑袋是一个人的制高点，是人们产生第一印象的第一道风景线，我们只有"从头做起"，才能真正地通过发型向他人传递性格爱好、文化修养等信息，也才能使自己的职业形象从头开始达到自然、和谐。

青年的发型设计

青年的发型设计要新颖、活泼和时尚，有时代感，表现出青年朝气蓬勃、美丽动人和活泼向上的个性特点。采用直发、卷发、束发、盘发几种形式均可。

青年人适合的发型比较多，如飘逸大方的直长发或层次分明的短发，都显得充满青春活力；麦穗、编发、浪板等发型也不错，能表达时尚的气息。

1. 直发

直发是指没有经过卷烫，只通过修剪成形的发式，基本上保持头发的自然状态。直发有普通直发、短碎发、中碎发、长碎发几种。直发具有清新自然、容易护理、流畅爽快、富有活力的特点，具有纯净、淑女味道，很受年轻女孩的青睐。

2. 卷发

卷发是指经过卷烫形成卷曲状态的发型，有柔美、温和、委婉的情调。现代青年女性流行将头发卷曲后自然下垂，显得飘逸、活泼、成熟大方。卷发适合二十几岁至三十几岁的成熟女性。

三、化妆

1. 化妆前的准备

（1）束发。化妆前，先用宽发带或毛巾将头发束起来或包起来，使脸部轮廓更加清晰，防止散发妨碍化妆，也可以避免化妆时弄脏头发。

（2）洁肤。选用适合自己肤质的洗面奶去除脸上的油污、灰尘和汗渍，注意最好用温水清洁面部。

（3）护肤。选用适合自己肤质的爽肤水和面霜轻轻拍在面颊上，做好基础的保湿，使皮肤滋润。为防止眼部皮肤干燥，可以取适量眼霜，用无名指由内向外轻抹在眼睛周围，并做适当按摩。如果化妆前觉得皮肤状态不佳，可利用15～20分钟敷上一张面膜，取下后皮肤会变得光洁滋润，非常容易上妆。

（4）涂抹隔离霜。为有效保护皮肤，抵挡外界空气污染、紫外线辐射等，建议护肤后涂抹隔离霜。目前，市场上很多隔离产品还有修正肤色的作用，可以调整不均匀的肤色，为皮肤呈现良好的状态打下基础。

33

第二章　形象礼仪

【小贴士】

对号入座选择隔离霜的颜色

粉色隔离霜——可改善苍白的肤色。

绿色隔离霜——可改善因敏感而泛红的肤色。

紫色隔离霜——可改善偏黄的肤色。

黄色隔离霜——可改善暗淡而无光泽的肤色。

2. 化妆的步骤

【小故事】

百变公主

小李是一名刚刚走上工作岗位的大学毕业生，对新的职场生活充满了憧憬与期待。为了尽快地融入职场，她在家人的支持下添置了不少行头，有职业装、化妆品、配饰等，可以说应有尽有。可是每天早上上班前的化妆是她最痛苦的事情，一是花费时间多；二是她根本不知道自己适合化什么样的妆，每次都弄得妆面很花，有时自己都感觉很尴尬。有一次她还被一名男同事笑话是"百变公主"，还有一次她使用咖啡色的眼影，吓坏了同事们。她自己也很苦恼，本来想用深色眼影让自己的脸看起来立体感强一些，为什么却适得其反呢？

化妆前要认真掌握化妆的方法。化妆大体上应分为打粉底、画眼线、施眼影、描眉形、上腮红、涂唇膏、喷香水等步骤。每个步骤均有一定之法，必须认真遵守。

（1）打粉底。打粉底又称敷粉底或打底。它是以调整面部皮肤颜色为目的的基础化妆。在打粉底时，有四点应予特别注意。一是事先要清洗好面部，并且拍上适量的化妆水、乳液。二是选择粉底霜时要选择好它的色彩。通常，不同的肤色应选用不同的粉底霜。选用的粉底霜最好与自己的肤色相接近，而不宜使二者反差过大，看起来失真。三是打粉底时一定要借助于海绵等上妆工具，而且要做到取用适量、涂抹细致、薄厚均匀。四是切勿忘记脖颈部位，在那里打上一点儿粉底，才不会使自己的面部与颈部"泾渭分明"。

【小贴士】

粉底的种类

（2）画眼线。从内眼角向外眼角方向沿着睫毛根部描画眼线，上眼睑一般画 2/3 长，下眼睑一般画 1/3 长，颜色外重里淡且细即可。眼线可增加眼睛的神采与魅力，使眼睛显得深邃、水灵动人。下眼线的描画可实可虚，写真的描画基本合乎原眼形，或稍加修饰晕染；夸张手法强调勾画眼形效果，局部可高出或长于原眼形，甚至可以向外斜上飞扬，从而获得一种夸张的装饰效果。画眼线一般有以下两种方法。

① 眼线笔描画。应当注意选用软芯防水、容易下色的眼线笔,可以把笔尖削成扁平的鸭嘴式样,这样描画起来可粗可细,比较方便。若不下色,可以用笔尖蘸少许油膏或面霜滋润笔芯再描画。眼线笔用色柔和自然,适合于生活妆。

② 眼线粉描画。可以用眼线刷蘸少许水再蘸眼线粉(也有不蘸水直接刷上眼线粉的)。描画时手要稳,下笔用力要均匀。眼线粉色彩艳丽强烈,适合于晚宴妆或表演性质的浓妆。

不论用哪种方法画眼线,建议再用眉粉或眼线粉轻轻擦一遍,这样不仅可以起到定妆作用(遇见泪水或汗渍不易晕开),还会使眼线更加柔和亮丽。在韩式化妆法中,就是常常先用眼线笔画好眼线,然后再用眉粉或眼线粉定妆。

自己学画眼线时,可将臂肘部支撑在台面上起稳定作用,小手指支于面颊,执笔的手稳定即可画出光洁平直的线条。

📎【小贴士】
假睫毛、美目贴的使用方法

(1)假睫毛。假睫毛有两种,一种是整排的;另一种是一簇一簇的,大都是用真毛或人工毛发制成的。使用假睫毛时要保持假睫毛的清洁和眼睛的卫生。

买回来的假睫毛需在其纵向用剪刀剪掉一些,这样既可增加毛隙宽度,也避免因太整齐而显得不自然。睫毛稍短或纤细的人粘贴假睫毛时不必从眼头一直贴到眼尾,应在内眼角处留空一点,即从眼尾一侧量 2/3 眼长,剪掉其余,这样可使睫毛给人"假"的印象偏淡。假睫毛可使睫毛加长、加粗、浓密,更增添美感。

注意:①初次使用假睫毛时,不要涂胶水,先反复试贴,达到理想效果后再涂胶水,这样可以避免眼皮反复拉扯;②尽量不要贴到外眼角处,因为假睫毛贴到外眼角处,会使眼睛看起来下垂,造成"八字眼"效果,严重影响眼部美感。

(2)美目贴。很多人都希望自己是双眼皮,除进行美容手术外,美目贴可以帮你拥有双眼皮,尤其对眼皮内双或褶痕小的人效果更好。完全单眼皮的人效果可能会不够理想。两眼大小不同的人,只要贴在褶痕小的一侧上就可以了。选择美目贴应以稍薄、有弹性、能透气且透明者为佳,但不要有亮度,以免过分明显反而有失真实。

现在市场上流行一种"双眼皮成形液",利用特定稀释的胶水,将上眼睑部分用胶水粘贴,便可造成一种"双眼皮"效果。此种方法简便、易行,只是在使用时应将胶水涂得适量,否则容易穿帮。

(3)施眼影。施眼影的主要目的是强化面部立体感,以凹眼反衬隆鼻,并且使化妆者的双眼显得更为明亮传神。施眼影时,有两大问题应予注意。一是要选对眼影的颜色。过分鲜艳的眼影,一般仅适用于晚妆,而不适用于工作妆。对中国人来说,化工作妆时选用浅咖啡色的眼影,往往收效较好。二是要施出眼影的层次感。施眼影时,最忌没有厚薄深浅之分。若能使之由浅入深,层次分明,将有助于强化化妆者眼部的轮廓。

◆【小贴士】

眼影的水平修饰法

水平修饰法有强调双眼皮的效果，可使脸形缩短，但眼影色彩单调，变化较小。一般采用两种以下的单色彩晕染描画手法。具体做法可分为两种：下浅上深或下深上浅的平画修饰法。

（1）下浅上深的平画修饰法。这种方法一般用于单眼皮的修饰。先用较淡的底色涂在整个眼皮上，并在近睫毛处画上细细的眼线，再用深色眼影粉沿眼皮做水平描画。眉骨下方涂上亮色，向下晕染，亮度由强变弱，渐渐与眼影色衔接。单眼皮眼尾处颜色要加深一些，再刷上睫毛膏。若喜欢将上眼皮眼线画翘上去，在涂眼线时不要顺着眼皮弧度向下，而是在上眼尾处保持水平画出去，睁开眼就会有眼线翘起来的感觉。此种画法可突出局部结构，并使眼睛显得大而有神，造成"假双"效果。

（2）下深上浅的平画修饰法。沿睫毛根部用深色眼影粉描画，并向上晕染。色彩由深至浅渐渐淡化并在下眼睑睫毛根部自外眼角至内眼角的1/3处描画下眼线，同时用画上眼影的剩余色彩少量晕染下眼线。此种画法可使眼睛显得生动而明亮。

（4）描眉形。一个人眉毛的浓淡与形状，对其容貌发挥着重要的烘托作用。任何有经验的化妆者，都会将描眉视为其化妆时的重中之重。在描眉时，有四点需要注意。一是先要进行修眉，以专用修眉刀刮除杂乱无章的眉毛。二是所要描画的整个眉形，必须兼顾本人的性别、年龄与脸形。三是在具体描画眉形时，要对逐根眉毛进行细描，而忌讳一画而过。四是描眉之后应使眉形具有立体感，所以在描眉时通常都要在具体手法上注意两头淡，中间浓；上边浅，下边深。

◆【小贴士】

重要眉形的画法

（1）一字眉（水平眉）。眉形平直粗短，整条眉毛基本处于同一水平面，给人淳朴、可爱、自然的感觉，可使长脸变得短一些，窄额显得宽一些。

画法：在内眼角的正上方即眉头的起始位置用眉笔或眉粉轻轻扫出一条平直眉形，注意眉尾的长度比外眼角略长，眉峰的高度及转角不宜过度明显，整条眉毛可适当粗些。色彩为中间深，两边浅，过渡衔接自然。

（2）标准眉。从眉头到眉梢呈一条优美的弧线，使眉毛中后部拱起，眉峰在眉头至眉尾的2/3处，使整个面部显得柔润，可拉长脸形，适合脸形较胖的新娘妆或日常妆。

画法：在内眼角的正上方即眉头的起始位置用眉笔或眉粉轻轻扫出一条半圆弧线的眉形。

注意：眉尾应在外眼角与鼻翼的延长线上，整条眉毛的弯曲如柳叶般自然，不可过于圆润、弯曲，眉峰不可出现明显的尖度。色彩为中间深，两边浅，过渡衔接自然。

（3）上挑眉（上扬眉）。整条眉毛有挺拔上扬的倾斜度，眉峰棱角较为明显，给人以英俊刚毅的感觉。

画法：在内眼角的正上方即眉头的起始位置用眉笔或眉粉轻轻扫出一条半圆弧线的

眉形,注意眉尾的长度比外眼角略长,可稍微上扬,整条眉毛上扬的倾斜度不宜过高,否则会给人过度夸张的感觉。色彩为眉峰略浓,眉头略淡,整体色彩过渡自然。

（4）欧式眉。眉形上扬挑起,幅度比上扬眉更甚,且眉梢不回落至眉头的水平处,给人以张扬凌厉的感觉。

画法:在内眼角的正上方即眉头的起始位置用眉笔或眉粉轻轻扫出一条半圆弧线的眉形,注意眉尾的长度比外眼角略短,可上扬,整条眉毛上扬的倾斜度可以在 $20°\sim30°$。色彩为眉头略浓,眉峰略淡,整体色彩过渡自然。

（5）胃烟眉。1987 年版电视连续剧《红楼梦》可谓家喻户晓,其中林黛玉那"两弯似蹙非蹙胃烟眉,一双似喜非喜含情目"给观众留下了深刻印象。

画法:在内眼角的正上方即眉头的起始位置用眉笔或眉粉轻轻扫出一条半圆弧线的眉形,注意眉头要稍微弯曲,眉尾的长度比外眼角略长,稍下垂,给人蹙目含悲的感觉。色彩为眉头略浓,眉峰略淡,整体色彩过渡自然。

（5）上腮红。上腮红是化妆时在面颊处涂上适量的胭脂。在化工作妆时上腮红,需要注意四点:一是要选择优质的腮红,若其质地不佳,便难有良好的化妆效果。二是要使腮红与唇膏或眼影属于同一色系,以体现妆面的和谐之美。三是要使腮红与面部肤色过渡自然。正确的做法应是以小刷蘸取腮红,先上在颧骨下方,即高不及眼睛,低不过嘴角,长不到眼长的 1/2 处,然后才略做延展晕染。四是要扑粉进行定妆。在上好腮红后,即应以定妆粉定妆,以便吸收汗与皮脂,避免脱妆。扑粉时不要用量过多,并且不要忘记在颈部也要扑上一些。

腮红除了能提升气色及使妆容和谐外,还可以修饰脸形。腮红修饰脸形要领一览表如表 2-2 所示。

表 2-2　腮红修饰脸形要领一览表

脸　形	特　点	修饰要领
方形脸	上下额角都比较宽,线条过于硬朗,比较男性化	使用深色系腮红,在笑肌处以打圈方式涂刷腮红
圆形脸	脂肪丰厚,线条柔和,呈圆形,易给人胖嘟嘟、可爱之感	从笑肌下方到太阳穴处用深色系腮红以打圈方式涂刷,多刷几遍,可使脸部视觉变瘦,减少圆润感,使脸形变小,更有立体感
长形脸	双颊脂肪不够丰满,脸部瘦而长,一般下巴部位过长	适合横向腮红,用暖色系腮红刷,平行扫在笑肌、发际线和下巴位置,可增加脸形的立体感

（6）涂唇膏。化妆时,唇部的地位仅次于眼部。涂唇膏既可改变不理想的唇形,又可使双唇更加娇媚迷人。涂唇膏时的主要注意事项有三点:一是要先以唇线笔描好唇线,确定好理想的唇形。唇线笔的颜色要略深于唇膏的颜色。描唇形时,嘴应自然放松张开,先描上唇,后描下唇。在描唇形时,应从左右两侧分别沿着唇部的轮廓线向中间画。上唇嘴角要描细,下唇嘴角则要略粗。二是要涂好唇膏,以唇线笔描好唇形后,才能涂唇膏。选择唇膏时,既可以选彩色的,也可以选无色的,但要求其安全无害,并要避免选用鲜艳古怪之色。女性一般宜选红色、橙色或粉色,男性则宜选无色唇膏。涂唇膏时,应从两侧涂向中间,并要使之均匀又不超出早先以唇线笔画定的唇形。三是要仔细检查,涂完唇膏后,要用

纸巾吸去多余的唇膏，并细心检查一下牙齿上有无唇膏痕迹。

【小贴士】

唇部化妆的协调

口唇是一个整体，唇的化妆不但应与面容协调，而且应该与全身协调，唇膏的选择需考虑多方面因素。

（1）与皮肤颜色相协调。

① 肤色白的人适合任何颜色的唇膏，以明亮色彩为宜。

② 肤色黑的人适合朱红、暗红等明亮度低的色彩。

③ 肤色黄的人，应尽量避免使用黄色系唇膏，多选带红色的玫瑰色系，以增加唇的明亮感。

④ 颈部有色素斑或者其他斑点者，除了可以用遮瑕笔遮盖外，还应选用色彩强烈的红色系来强化唇部，吸引别人的视线在唇部上而忽略其他部位。

（2）与年龄相适合。例如，橙色特别适用于年轻活泼的女孩，因为橙色有红色的热情和黄色的明亮，年轻女孩涂上橙色唇膏可给人时髦、大方、活泼之感。粉红色给人年轻、温柔、甜美的感觉，会给年轻人带来青春健康的气息。褐红色系是一种接近咖啡的颜色，这种唇膏给人成熟优雅、端庄大方的感觉，自然更适合中老年人使用。

（3）与服饰相配合。唇部色彩原则上要与服饰的色彩相协调。例如，粉红色唇膏若配上相同颜色的服饰，更能展现年轻人青春健康的气息。

（4）与场合相适宜。唇膏应与环境场合相适宜。一般在生活环境中不宜选择十分鲜艳的唇膏及深色唇膏，而应选择与天然唇色相近的，能表现出嘴唇柔软、湿润、鲜嫩感觉的唇膏为宜。但若在舞会、宴会或一些灯光强的装饰性场合，运用色彩强烈的唇膏则非常必要，是和环境相协调的正确选择。

（5）与其他因素和谐。唇膏的色彩应与眼影、腮红是同一色系，并与个性协调。外向活泼型者，宜选用红色、玫瑰红及其他更艳丽之色彩；内向沉稳型者，宜选用茶红、棕红等色彩。

（7）喷香水。

① 香水的使用技巧。香水浓度越低，涂抹的范围越广。一般来说，浓香水应以点搽式或小范围喷洒式用于脉搏跳动处，如耳后、手腕内侧、膝后。淡香水、香露、古龙水因为香精浓度不高，不会破坏衣服纤维，所以可以自由地喷洒及使用，例如，脉搏跳动处、衣服内里、头发上或空气中。

【小贴士】

香水的类别如表2-3所示。

在体温高的部位涂抹香水的效果比较好。要注意身体内侧比外侧的体温高。另外，香气向上升，涂抹在下半身比涂抹在上半身更能获得理想的效果。

不要在阳光照射到的地方涂抹香水，因为酒精在阳光的暴晒下会在肌肤上留下斑点。此外，紫外线也会使香水中的有机成分发生化学反应，引起皮肤过敏。

表 2-3　香水的类别

类　别	香精浓度/%	酒精含量/%	保持时间/小时
浓香水	15～30	30	5～7
香水	10～15	20～30	5
香露	5～10	10～20	3
古龙水	2～5	10 以下	1～2
淡香水	2 以下	无酒精	1

香水可以喷洒在干净或刚洗好的头发上。若头发上有尘垢或者油脂,会令香水变质。同时不应将香水喷洒在干枯和脆弱的头发上,避免对发质造成伤害。

香料为有机成分,易与金、银、珍珠反应使之褪色、受损,因此香水不能直接喷洒于首饰上,可先喷洒香水后戴首饰。

切忌不要将香水喷洒在皮毛上,这样不仅损害皮毛,也会使皮毛的颜色发生改变。香水喷洒在羊毛、尼龙衣料上不容易留下斑点,不过香味留在纯毛衣料上会较难消散。

【小案例】

香水的使用

② 香水的用法。

* 涂抹。将香水涂抹在手腕、颈部、耳后、臂弯里等有脉搏跳动的部位,这样香味可随着脉搏跳动、肢体转动而飘溢散发;也可将香水涂抹于腰部、髋关节,这是为了让余香更持久;脚踝处也可涂抹香水,这样可使香味飘散得更自然。

【小贴士】

香水使用"七点法"

首先将香水分别喷洒于左右手腕静脉处,双手中指及无名指轻触对应手腕静脉处,随后轻触双耳后侧、后颈部;轻拢头发,并于发尾处停留稍久;双手手腕轻触相对应的手肘内侧;使用喷雾器将香水喷洒于腰部左右两侧;左右手指分别轻触腰部喷香水处,然后用沾有香水的手指轻触左右腿膝盖内侧、脚踝内侧。"七点法"到此结束。注意所有轻触动作都不应摩擦,否则香料中的有机成分可能发生化学反应,破坏香水的原味。

* 喷洒。香水还可以喷洒在衣服上,一般多是喷洒于内衣、外衣内侧、裙下摆以及衣领后面;还可以把香水向空中轻轻喷洒几下,在头顶形成一片香雾,随后立于香雾中,让香气轻轻洒落在身上,散发出怡人的气息。

3. 化妆的注意事项

(1) 进行妆后检查。完成上述化妆过程后要进行妆后检查,主要可从以下方面着手。

① 检查左右是否对称。眼、眉、腮、唇、鼻侧等两边的形状、长短、大小、弧度是否对称，色彩浓淡是否一致。

② 检查过渡是否自然。脸与脖子、鼻梁与鼻侧、腮红与脸色、眼影、阴影层次等过渡是否自然。

③ 检查整体与局部是否协调。各局部是否缺漏、碰坏，是否符合整体要求，该浓该淡是否达到应有效果，整个妆面是否协调统一。

④ 检查整体是否完美。化妆要忌"手镜效果"，即把镜子贴近脸部检查。虽然这样会看清细小的部分，但一般人都是在 1 米之外的距离与你面谈或招呼。所以要在镜前 50 厘米处审视自己，对脸部整体的平衡作出正确的判断。

■ 【小贴士】

如 何 卸 妆

（2）不忽视颈部的修饰。做了发型和面部化妆后，要使面部色彩和身体的色彩很好地衔接，使化妆风格与服饰设计协调一致，还要考虑到脖颈可见部分要和面部妆容颜色色相和谐，所以脖颈部分也必须进行修饰。颈部修饰可用比基础底色深一度的粉底轻轻涂抹在衣领以上暴露出来的部位，再用定妆粉定妆即可。中老年人颈部多皱纹，化妆前应充分保湿，尽量不用定妆粉定妆，直接用餐巾纸吸干即可。当皱纹太多需要遮盖时需先粘贴一层薄化妆纱（牵引纱）将皱纹遮盖后再上粉底。

（3）化妆应力求柔和协调。为了达到自然美的效果，化妆中应尽量做到柔和协调，并做到"细施轻匀"，既要有形与色的渲染，又要富有自然气息，使他人难以看出明显的涂抹痕迹和晕染界线。特别是眼影、腮红部位的晕染更要注意这一点。

（4）要讲究色调统一和颜色适中。化妆基础底色的色彩要与肤色相似，要讲究色调统一与颜色适中。例如，肤色白的人应选用比肤色略深一号的粉底，腮红和口红也应选用浅色；较深肤色的人，应选用玫瑰色蜜粉或较其原来肤色略深一号的蜜粉，采用深色的腮红和口红等，与肤色的反差不能太大。化生活妆切忌颜色堆砌，要是在脸上厚厚白白地涂上一层基础底色，看上去像戴着假面具，当然也就没有美感可言。因此切忌在原有化妆的基础上再涂抹化妆品，否则会显得不干净或不伦不类。

（5）化妆的浓淡视实际场合而定。白天是人们工作的时间，宜化淡妆，轻点朱唇淡扫眉，妆色健康、明朗、端庄。工作场合对女性的化妆要求是化妆上岗、淡妆上岗。在国外，正式场合不化妆会被视为不尊重对方，是不礼貌的行为。晚宴妆、舞会妆宜化得浓艳些。外出旅游或参加剧烈运动时，最好不要化浓妆，否则自然光下会显得很不自然。

【小贴士】

古 诗 欣 赏

饮湖上初晴后雨

苏　轼

水光潋滟晴方好,山色空蒙雨亦奇。

欲把西湖比西子,淡妆浓抹总相宜。

(6) 化妆色彩要与季节、场合相适宜。不同的季节和时间应选用不同色彩。譬如,在炎夏酷暑时应采用冷色系化妆品,化妆后让人产生清新、凉快之感;冬天气候寒冷,宜采用鲜明色彩的暖色调化妆品,鲜艳的色彩会使人感到温暖;晚妆要浓而艳丽、色彩丰富,强调立体感,使妆容显得明艳且轮廓分明。

【小案例】

补妆与化妆

(7) 化妆要因人而异。这是指化妆要充分重视个体性别、年龄、职业情况,尤其重视个性特点及其社会角色因素。化妆的目的是美化个体,化妆得当可以魔术般地增加个人魅力。将目前最流行的化妆方法应用到肤色完美、相貌出色的模特身上可以产生最迷人的效果,而把同样的化妆品及化妆方法应用在普通人身上可能会产生不伦不类的效果。完美的化妆应该是配合个体条件,创造出属于自身独特风格的美,让个体建立起对自身容貌的信心,让塑造出的美丽成为个体自身的美,这样的化妆才不会显得矫揉造作。

【小故事】

化妆风景线

阿美和阿娟是一所美容学校的学生,初学化妆非常感兴趣,走在大街上,总爱观察别人的妆容,因此发现了一道道奇特的风景线。

一位中年妇女没有做其他化妆,只涂了一个嘴唇,而且是那种很红很艳的唇膏,只突出了一张嘴。一位女士的妆容看起来真的很漂亮,只可惜脸上精彩纷呈,脖子却粗糙马虎,在脸庞轮廓上有明显的分界线,像戴了面具一样。再看,还有的女士用粗的黑色眼线将眼睛轮廓包围起来,像个"大括号",看上去那么的生硬、不自然。一位很漂亮的女士,身穿蓝色调的时装,却画着橘红色的唇膏……

(8) 化妆要扬长避短。每个人都要了解自己的短处,但又不能总盯住自己面部的不足之处,而要以化妆来弥补这些不足,还要注意突出自己的优点,采取扬长避短的方法效果往往更好。

（9）化妆还要注意与服饰相配合。尤其是化妆色彩要与肤色、服装、饰物等处于同一个中心要素之中，当然还要考虑到质感、厚感、光感、线感等诸多方面的协调性，充分保证化妆的整体协调效果。

【小贴士】

化妆的禁忌

4. 男士的妆容

以上化妆主要针对女士而言，其实男士也应注意面容之美，除了有宗教信仰与风俗习惯者外，男性不宜蓄留胡须，因为在交际场合，"美髯公"并不美观，它显得不清洁，还对交往对象不尊重，因此男性最好每天坚持剃一次胡须，绝对不可以胡子拉碴地上班或会面。如果有必要蓄须，也要考虑工作是否允许，并且要经常修剪，保持卫生，不管是留络腮胡还是小胡子，整洁大方最重要。

剃须虽然是常见之事，但仍需要注意操作程序和方法。男士剃须的程序和方法具体如下。

（1）清洁皮肤。剃须前，应先用中性肥皂洗净脸部。如脸上、胡须上留有污物及灰尘，在剃须时，因剃刀对皮肤会产生刺激，有可能会轻微地碰伤皮肤，污物会引起皮肤感染。

（2）软化胡须。洗净脸后，用热毛巾捂住胡须，或将软化胡须膏涂于胡须上，使胡须软化。过一会儿再涂上剃须膏或皂液，以利于刀锋对胡须的切割和减轻对皮肤的刺激。

（3）正确剃刮。剃须时应绷紧皮肤，以减少剃刀在皮肤上运行时的阻力，并可防止碰破皮肤，尤其是年纪大或者瘦弱的人，皮肤易起皱褶，更应绷紧皮肤，使之保持弹性和一定的支撑力。剃完后，用热毛巾把泡沫擦净或用温水洗净后，应检查一下还有没有胡茬。

（4）剃后保养。剃须后应注意皮肤保养，因为剃刮胡须时，对皮肤有一定的刺激，并且易使皮脂膜受损，为了在新皮脂膜再生之前保护好皮肤，应在剃须后用热毛巾再敷上几分钟，然后可选用须后膏、须后水、护肤脂或润肤霜等外搽，这样可形成保护膜，使皮肤少受外界刺激。

（5）胡须修剪与保养。对于蓄须者，修剪胡须时可用一把细齿小木梳和一把弯头小剪，先将胡须梳顺，然后剪翘起的胡子和长于胡形的胡子，使修剪后的胡须保持整齐挺括的外形。上唇胡须的下缘要齐整，否则会影响面容美观。

如果要改变胡形，可用剪刀将不需要的部分仔细地修剪掉，不要一下子剪得太多，以免失手而影响胡形。胡须的保养首先要清洁，每天应认真地清洗胡须，以免尘埃及脏物污染胡须和其根基部的皮肤。洗完后可涂少量的滋润剂，以保持胡须的柔软和光泽。

此外，还要注意经常检查和修剪鼻毛。在人际交往中，偶尔有一两根鼻毛黑乎乎地"外出"，是很会破坏他人对你的看法的；吸烟的男士要注意可在吸烟后嚼口香糖等以去除烟味；有"汗脚"的男士应注意保持鞋袜清洁，最好准备两双以上鞋，以便换着穿。

5. 不同脸形的化妆

靳羽西说:"世界上没有难看的人,只有不懂如何把自己打扮得体的人。"脸部化妆一方面要突出面部五官最美的部分,使其更加美丽;另一方面要掩盖或矫正缺陷或不足的部分。经过化妆品修饰的美有两种:一种是趋于自然的美;另一种是艳丽的美。前者通过恰当的淡妆来实现,它给人大方、悦目、清新的感觉,最适合在家或日常上班时使用。后者通过浓妆来实现,它给人庄重高贵的印象,适合出现在晚宴、演出等特殊的社交场合。无论是淡妆还是浓妆,都要利用各种技术,恰当使用化妆品,通过一定的艺术处理,来达到美化形象的目的。

(1) 椭圆形脸化妆。椭圆形脸可谓公认的理想脸形,化妆时宜注意保持其自然形状,突出其可爱之处,不必通过化妆去改变脸形。

涂胭脂:应涂在颊部颧骨的最高处,再向上、向外揉化开去。

涂唇膏:除嘴唇唇形有缺陷外,尽量按自然唇形涂抹。

修眉毛:可顺着眼睛的轮廓修成弧形,眉头应与内眼角齐,眉尾可稍长于外眼角。

正因为椭圆形脸无须太多的掩饰,所以化妆时一定要找出脸部最动人、最美丽的部位,而后使之突出,以免给人平平淡淡、毫无特点的印象。

(2) 长形脸化妆。长形脸的人,在化妆时力求达到的效果应是增加面部的宽度。

涂胭脂:应注意离鼻子稍远些,在视觉上拉宽面部。涂抹时,可沿颧骨的最高处与太阳穴下方所构成的曲线部位,向外、向上抹开去。

施粉底:若双颊下陷或者额部窄小,应在双颊和额部涂以浅色调的粉底,形成光影,使之变得丰满一些。

修眉毛:应令其成弧形,切不可有棱有角。眉毛的位置不宜太高,眉毛尾部切忌高翘。

(3) 圆形脸化妆。圆形脸给人可爱、玲珑之感,若要修正为椭圆形并不十分困难。

涂胭脂:可从颧骨起始涂至下颌部,注意不能简单地在颧骨突出部位涂成圆形。

涂唇膏:可在上嘴唇涂成浅浅的弓形,不能涂成圆形的小嘴状,以免有圆上加圆之感。

施粉底:可用来在两颊造阴影,使圆脸瘦削一点。选用暗色调粉底,沿额头靠近发际处起向下窄窄地涂抹,至颧骨下可加宽涂抹的面积,造成脸部亮度自颧骨以下逐步集中于鼻子、嘴唇、下巴附近部位。

修眉毛:可修成自然的弧形,做少许弯曲,不可太平直或有棱角,也不可过于弯曲。

(4) 方形脸化妆。方形脸的人以双颊骨突出为特点,因而在化妆时,要设法加以掩蔽,增加柔和感。

涂胭脂:宜涂抹得与眼部平行,切忌涂在颧骨最突出处。可抹在颧骨稍下处并往外揉开。

施粉底:可用暗色调在颧骨最宽处造成阴影,令其方正感减弱。下颌部宜用大面积的暗色调粉底造阴影,以改变面部轮廓。

涂唇膏:可涂丰满一些,强调柔和感。

修眉毛:应修得稍宽一些,眉形可稍带弯曲,不宜有角。

(5) 三角形脸化妆。三角形脸的特点是额部较窄而两腮较阔,整个脸部呈上小下宽状。化妆时应将下部宽角"削"去,把脸形变为椭圆状。

涂胭脂：可由外眼角处起始，向下抹涂，令脸部上半部分拉宽一些。

施粉底：可用较深色调的粉底在两腮部位进行涂抹、掩饰。

修眉毛：宜保持自然状态，不可太平直或太弯曲。

（6）倒三角形脸化妆。倒三角形脸的特点是额部较宽大而两腮较窄小，呈上阔下窄状。人们常说的"瓜子形脸""心形脸"，即指这种脸形。化妆时，掌握的诀窍恰恰与三角形脸相似，需要修饰部分则正好相反。

涂胭脂：应涂在颧骨最突出处，而后向上、向外揉开。

施粉底：可用较深色调的粉底涂在过宽的额头两侧，而用较浅的粉底涂抹在两腮及下巴处，造成掩饰上部、突出下部的效果。

涂唇膏：宜用稍亮些的唇膏以加强柔和感，唇形宜稍宽厚些。

修眉毛：应顺着眼部轮廓修成自然的眉形，眉尾不可上翘，描时从眉心到眉尾宜由深渐浅。

【小故事】

换　　妆

【课堂训练】

根据自身的脸形、五官特征和皮肤状态，找到自己化妆时必须掩盖和修饰的部分并找到相应的方法。

四、美体

形貌合一，和谐才是美，瘦要骨肉均匀，胖要凹凸有致。美体就是通过正确的方法和措施让自己的三围曲线达到黄金比例，使身体变得美丽、性感。这具体包括以下五部分的美化。

1. 颈部

颈部是人体最容易让人看出真实年龄的部位。颈部肌肤的厚度只有脸部的2/3，胶原蛋白含量也比较少，如果缺乏适当的护理，很容易出现缺水、粗糙、暗沉、松弛和细纹。特别是在干燥的环境里，颈部的保湿护理更加关键，否则便会引发横向伸展的颈纹，提前老化。

要像修饰脸部那样修饰颈部，保持颈部皮肤的清洁。有的人洗脸只清洁面部，忽略颈部，耳朵后面的灰尘自己看不见，在别人面前却很显眼，因此应特别注意颈部清洁。

加强颈部的运动与营养按摩，是使颈部皮肤绷紧、光洁动人的有效方法。临睡前对颈部进行适当的按摩，可促进该部位的血液循环。方法是：颈前用手自下而上进行轻压上推按摩，后颈可将双手置于颈背，向下缓慢而有节奏地揉至双肩。

适当做一些颈部的运动。如上下左右地扭动头部,每天 10～20 次即可,让颈部的肌肉得到充分的舒展和活动,或者进行适当的发声练习,也会收到同样的效果。

保持良好的坐姿、站姿。不好的姿势很容易使颈部产生皱纹。还要注意睡眠的姿势,尽量不要枕过高的枕头睡觉,高枕会使颈部弯曲从而产生皱纹,要尽可能枕平一些的枕头入睡。

2. 胸部

(1) 端正的姿势。走路时应保持背部平直、收腹、提臀,上身的整体感觉向上。坐着时,应挺胸抬头,挺直腰板,这样胸部的曲线就会显得动人。休息时应采取侧卧、仰卧的姿势,不要俯卧睡,以免挤压乳房而使之受伤。

(2) 科学的饮食。乳房的大小取决于乳腺组织与脂肪的数量。大学生时期是女性乳房发育的最佳时期,适度地增加胸部的脂肪量,是提高乳房丰挺度最自然、健康的方法。在饮食上应注重多食一些富含维生素 E 和维生素 B 的食物,如卷心菜、菜心、葵花籽油等。因为维生素 E 可促使卵巢发育和完善,从而使成熟的原始细胞增加,黄体细胞增大,而卵细胞是分泌激素的重要场所,当雌激素分泌量增加时,会刺激乳房发育。维生素 B 是体内合成雌激素不可缺少的成分,富含维生素 B 的食物有动物肝、肾、心脏、蛋类、奶类及其制品,富含维生素 B_6 的食物有谷类、豆类、瘦肉、酵母等。

(3) 有益的锻炼。要使胸部丰满有弹性,就要加强胸部肌肉锻炼,做一些俯卧撑及单、双杠运动等,或者每天早晚深呼吸数次。游泳能通过水的压力起到胸部按摩的作用,有助于胸肌均匀、发达。

3. 手部

现代社交中要经常与人握手,要做各种手势,所以健康美观的双手和手上的指甲都是不可忽视的部分。

(1) 护理指甲。与保持身体其他部分的健康一样,指甲也必须从护理和营养着手。指甲是身体最先表达紧张、疾病或不良饮食习惯症状的部分,如果它们的健康被忽视,便会出现干燥、起薄片和脆裂的现象,因此必须注意日常的营养和定期护理。定期修剪指甲,将其修剪成椭圆形不仅使之变得美观,而且可保持它们的健康。手指简单的按摩运动,可促进指尖血液循环,有利于营养和氧气输送至指甲。另外,女性可根据不同情况的需要,涂上不同颜色的指甲油,以美化指甲。

涂指甲油的步骤如下:①先用蘸满洗甲水的棉花,彻底抹去原来所有的指甲油。②将指尖浸在肥皂水中几分钟,会有舒缓作用。③在每个指甲根部涂点表层去除剂,两分钟后,用指甲钳轻轻地将指甲根部的表皮向后推,直至显现指甲根部的半弯月牙。④涂上底层护甲油,以使指甲油更加持久,而且可防止深色指甲油渗到指甲的缝隙中。⑤涂指甲油时,每个指甲只需涂三下便足够,先是指甲中央,接着是两旁;待第一层指甲油干透后,可再涂第二层。⑥涂上表层护甲油,指甲尖底部也需涂护甲油,这样有助于防止折断崩裂。

(2) 滋润双手。拥有一双美丽的纤纤玉手对女性来说是非常重要的。在端茶给对方时,在签字仪式上众目注视时,如果自己的手非常漂亮,不但可展现出自己的魅力,同时也会让他人觉得非常舒服。因此,平时就要多加注意手部的保养。

　　手部肌肤的油脂腺较少，较身体的其他部位更易变得干燥，但又经常需要暴露于空气中。因此，细心呵护双手要注意以下几点：①每晚用滋润的润手霜按摩双手；②经常除去手上的死皮；③做家务或粗活时戴上手套；④经常运动，使之保持柔软；⑤偶尔可敷上一些现成或自制的护手膜。

▎【小贴士】

手部的健美运动

　　（1）对手指按摩。最好利用看电视的时间来从事这种简单的指部运动（当然也可以专门做）。先从指尖开始按摩到手指底部，动作要坚定而柔和，就像戴手套差不多。在按摩时，有条件的可以先涂上润手霜或蜜，以增加柔润。

　　（2）模仿弹钢琴动作。这项运动就是把双手平放在台面上，柔和地向下压，然后每次举起一个手指，尽量举高。这项运动就像是在练习弹钢琴一样，它的功能是伸展手掌和手指，这样能使你的手轻快敏捷。

　　（3）举手。这种简单的动作可以使你的手恢复白嫩，并减少青筋显露。只要展开五指，高举双手过头，每次数分钟就可以。

　　（4）握拳伸展。这是解除紧张的良好举措，并可以使手部柔软。先紧握拳头，然后展开，尽量伸展五指，每天用力做3～5分钟。

　　4.足部

　　现代人要上班就离不开一双脚，它支撑了我们全身的重量，能使我们到达我们想去的地方。人际交往就有"远看头，近看脚"的说法，因此，足部的清洁与保健，与头、面部的打理同样重要。具体要注意以下方面。

　　（1）每天洗脚。每天洗澡时应注意清洁脚趾之间的空隙，否则会引起脚臭或诱发脚气；经常用刷子轻轻刷脚，将脚后跟、脚趾、脚底的死皮或硬茧洗刷干净，减少厚度。洗完脚后，将水擦干，再用润肤露或橄榄油涂抹整个脚部。

　　（2）勤换鞋袜。每天换洗一次袜子，才能避免脚臭。注意选择吸湿性、透气性强、不容易产生异味的袜子。鞋子注意勤换和刷洗，并经常晾晒。

　　（3）定期修剪趾甲。健康、光洁的脚趾甲，比任何涂抹在趾甲上的油彩都美观。要将趾甲剪平，不能剪太短，太短了不利于保护脚趾，还可能导致甲沟炎。

　　（4）定期为脚部缓解疲劳。缓解脚部疲劳的方法有两种：一种是在温水中加入一小杯苹果醋或米醋，将双脚浸入泡15～20分钟后，平躺下来将脚垫高（要高于头部）。这样躺半小时后，基本上能消除疲劳。另一种是准备两小桶水，一桶热水和一桶冷水。双脚先在热水中泡2分钟，再在冷水中泡2分钟，如此循环两三次就可消除疲劳。

　　5.腿部

　　下肢修饰最简单也最容易被忽视的是腿部，男士光腿，往往会令人对其"飞毛腿"产生反感。女士光腿，则有卖弄性感之嫌。正式场合要尽量少光腿，少穿短裤和超短裙。夏天穿适度长短的裙子时，最好将腿毛除去，或穿上不透明的袜子。有部分男士认为夏天在公共场合穿着运动型短裤和设计怪异、十分肥大的短裤很"酷"，但随着现代文明的发展，男士夏季穿着短裤在正式场合是不适宜的。公共场合不宜赤脚穿鞋,也不宜穿拖鞋,这是文明礼貌的基本要求。

第二节 服饰选择

服饰是人形体的外延,包括衣、裤、裙、帽、袜、鞋、手套及各类服饰物,它们一同起着遮体御寒、美化人类的作用。服饰是一种无声的语言,它传示着一个人的个性、身份、涵养及其心理状态等多种信息。一个人穿戴什么样的服饰,直接关系到别人对其个人形象的评价。事实证明,服饰只有与穿戴者的气质、个性、身份、年龄、职业以及穿戴的环境、时间协调一致时,才能真正达到美的境界。古希腊"和谐就是美"的美学观点在服饰美中得到了最充分的体现。

一、服饰选择的原则

1. 社交场合协调原则

人置身于不同的环境、不同的场合就应该有不同的服饰穿戴,要注意所穿戴的服饰与社交场合的和谐。人们所涉及的场合主要有三种:公务场合、社交场合、休闲场合。

(1)公务场合着装的基本要求是庄重保守,一般着正装,男为西装、女为套裙,特殊行业穿制服,不宜着时装、便服。

(2)社交场合以时尚有个性的服装为首选,不宜穿过分保守的服装,着礼服、时装、民族特色服装为佳。

(3)休闲场合以舒适自然为基本要求,可以根据自身爱好和体形条件,选择牛仔装、运动装、休闲装、便服等,此时着正装会显得很不协调。

2. 社会角色协调原则

在社会生活中,我们每个人都扮演着不同的角色。社会心理学家认为,不同的社会角色应适用不同的社会行为规范。在服饰的穿戴方面自然也不无规矩,因此一个人的着装应与组织的公众形象,自己的工作岗位、职业、职级、性别相协调。

3. 自身条件协调原则

人们追求服饰美,就是要借服饰美来装扮人自身,即利用服饰的质地、色彩、图案、造型和工艺等因素的变化吸引他人的目光,从而美化自己。我们在了解服饰诸因素的同时,必须充分了解自身的特点,只有这样,才能达到扬己之长避己之短、扬己之美避己之丑的目的。

4. 穿戴时节协调原则

只注重场合、社会角色和自身条件,而不顾时节变化的服饰穿戴是不可取的。如夏季就应当以凉爽、简洁、轻柔为着装格调,在使自己凉爽舒适的同时,应当给予他人视觉和心理方面的良好感觉,层叠褶皱过多、色彩浓重的服装就不适宜在夏天穿着。

以上四条是服饰穿戴最基本的原则。除此之外，还应特别注意保持服饰的清洁与整齐。整洁是服饰美的根本。

【小案例】

事 与 愿 违

郑伟是一家大型国有企业的总经理。有一次，他获悉一家著名德国企业的董事长正在本市进行访问，并有寻求合作伙伴的意向。他于是想尽办法，请有关部门为双方牵线搭桥。

让郑总经理欣喜若狂的是，对方也有兴趣同他的企业进行合作，而且希望尽快与他见面。到了双方会面的那一天，郑总经理对自己的形象刻意进行了一番修饰，他根据自己对时尚的理解，上穿夹克衫，下穿牛仔裤，头戴棒球帽，足蹬旅游鞋。无疑，他希望自己能给对方留下精明强干、时尚新潮的印象。然而事与愿违，郑总经理自我感觉良好的这一身时髦的"行头"，却偏偏坏了他的大事。

【思考题】 郑总经理的错误在哪里？郑总经理的德国同行对此会有何评价？

二、男士西装的穿着

男士西装的穿着

【小贴士】

领带的来历

领带起源于英国男子衣领下的专供男子擦嘴的布。工业革命前，英国也是个落后国家，人们吃肉时用手抓，然后大块大块地捧到嘴边去啃。成年男子又流行络腮胡子，大块肉一啃就把胡子弄油腻了，男人们就用袖子去擦。为了对付男人这种不爱干净的行为，妇女们在男人的衣领下挂了一块布专供他们擦嘴用，久而久之，衣领下面的这块布就成了英国男式上衣传统的附属物。工业革命后，英国发展成为一个发达的资本主义国家，人们对衣、食、住、行都很讲究，挂在衣领下的布就演变成了领带。

男士西装的穿着要求如下。

（1）合体的上衣与衬衣。合体的西装上衣应长过臀部，四周下垂平衡，手臂伸直时上衣的袖子恰好过腕部，领子应紧贴后颈部。

穿西装时必须穿长袖衬衫，衬衫最好不要过旧，领子一定要硬扎、挺括，外露的部分一定要平整干净。衬衫下摆要掖在裤子里，领子不要翻在西装外，衬衫袖子应长于西装袖子。衬衫领子稍露出外衣领。衬衫的袖口也应长出外衣袖口1～2厘米。

（2）注意内衣不可过多。穿西装时切忌穿过多内衣。衬衫内除了背心外，最好不要再穿其他内衣。如果确实需要穿内衣的话,内衣的领圈和袖口也一定不要露出来。如果天气较冷,衬衫外面还可以穿上一件毛衣或毛背心,但毛衣一定要紧身,不要过于宽松,以免穿上显得臃肿,影响穿西装的效果。

（3）打好领带。正式场合的领带以深色为宜,非正式场合的领带以浅色、艳丽为好。领带的颜色一般不宜与服装颜色完全一样(参加凭吊活动穿黑西装系黑领带除外),以免给人以呆板的感觉。具体做法:一是领带底色可与西装同色系或邻近色,但二者色彩的深浅明暗不同,如米色西装配咖啡色领带;二是领带与西装同是暗色,但色彩形成对比,如黑西装配暗红色领带。

领带主要有五种打法,说明如下。[①]

① 平结。平结(见图 2-2)为男士选用最多的领带打法之一,几乎适用于各种材质的领带。要诀:领带结下方所形成的凹洞,需让两边均匀且对称。

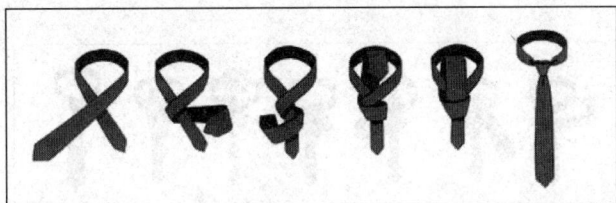

图 2-2　平结

② 交叉结。这是适合单色素雅、质料较薄的领带选用的领带结,如图 2-3 所示。对于喜欢展现流行感的男士不妨多加使用。

图 2-3　交叉结

③ 双环结。双环结(见图 2-4)能营造时尚感,适合年轻的上班族选用。完成后的特色就是第一圈稍露出第二圈之外,可别刻意盖住了哦。

图 2-4　双环结

---

① 12 种领带打法大揭秘,你掌握了吗[EB/OL].[2025-03-05].

④ 温莎结。温莎结(见图 2-5)适用于宽领的衬衫。该领带结应多往横向发展,应避免材质过厚的领带,领带结也勿打得过大。

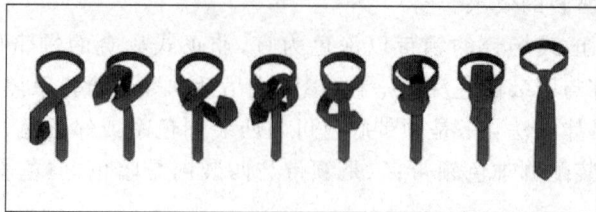

图 2-5　温莎结

⑤ 双交叉结。这样的领带结很容易给人一种高雅且隆重的感觉,适合正式活动场合选用,如图 2-6 所示。应多运用在素色且丝质领带上,若搭配大翻领的衬衫十分适合,而且有种尊贵感。

图 2-6　双交叉结

领带结需靠在衣领上,但不能勒住脖子,也不能太向下,显得松松垮垮、不精神。领带系好后,垂下的长度应触及腰带,超过腰带或不及腰带都不符合要求。领带应用领带夹固定,尤其单排扣的西装在穿着时,由于纽扣较少且不扣纽扣的时间较多,人在做动作的时候容易使领带飘起来,因此,穿单排扣的西装应当夹领带夹固定领带。领带夹应当夹在衬衫纽扣数下来第四、五粒处。别针可以夹在西装左衣领上,约与第三粒衬衫纽扣齐平。如领带夹要与别针一起使用,应选用同款同色为宜。

【小故事】

领带的问题

某家大型企业面向北京各高校发出了招聘业务员的启事,希望能招到具有专业知识的有志青年,充实企业第一线。根据收到的求职材料,企业招聘人员约见了一位经济管理专业的男生面试。这位男生身材微胖,个头不高。面试时,他面容修饰一新,衣着也十分正式,穿西装,系领带,但可能是为了舒服,他的领带松松垮垮地挂在脖子上,衬衫最上面一粒扣子也解开着。正是因为这一形象使他没有通过面试。一位人事总监说:"我认为你不可能仅仅由于系了一条领带而得到一个职位,但是我可以肯定系错了领带会使你失去一个职位。"

(4) 裤子合体。西装的裤子要合体,要有裤线,裤长要触及脚面 1～2 厘米。西装裤兜内不宜放较沉物品。

(5) 鞋袜整齐。穿西装一定要穿皮鞋,而不能穿布鞋或旅游鞋。皮鞋的颜色要与西装相协调。皮鞋还应擦亮,不要蒙满灰尘。穿皮鞋还要配上合适的袜子,袜子的颜色应与西装颜色相同或者相近,切忌选配浅色的袜子。搭配正装的袜子应选用与西装外套同色系的深色棉袜,以干净、完整、合脚为宜。男士为避免在坐下时露出腿毛,应当选穿黑色或者深蓝色的不透明中长筒袜。

（6）扣好扣子。西装不同,其扣子的系法也不同。

【小贴士】

西装纽扣的系法

如果穿单排一粒扣西装,扣与不扣均可。如果是单排两粒扣西装,扣子全部不扣表示随意、轻松;扣上面一粒,表示庄重,而全扣就不合适了。如果是单排三粒扣西装,扣子全部不扣表示随意、轻松;只扣中间一粒表示正统;扣上面两粒,表示庄重,全扣也是不对的。如果是双排扣西装,可全扣,也可只扣上面一粒,表示轻松、时髦,但不可不扣。如果穿三件套西装,则应扣好马甲上所有的扣子,外套的扣子不扣。

关于男士西装扣子的扣法还有"站时系扣,坐时解扣"的说法。男士在站立的时候,把西装扣好,这样在讲话、做手势的时候,西装才不会随着肢体动作乱跑,整体线条看起来更显干净利落。在坐着的时候,男士必须解开西装扣,如此西装才能随着身体的弧度,自然伏贴地顺势而下,线条看起来比较流畅,也不会有束缚的感觉,才能舒适自在地坐在位子上。

（7）配好公文包。男士公文包的面料以真皮为宜,牛皮、羊皮制品为最佳;色彩以深色、单色为宜,黑色和棕色为最佳;样式以简洁大方为宜,最标准的是手提式长方形的公文包。公文包的大小应保证能够放入 A4 纸或者最好能放得下小型笔记本电脑。

现代社会,随着笔记本电脑的普及和无纸化办公的发展,计算机包大有取代公文包的趋势。平时的商务活动中,计算机包中放一台笔记本电脑,外层再放些文件也很合适。

（8）穿着程序规范。西装穿着程序也是一种礼仪规范,如果等穿戴完毕后再照镜子梳头,就可能把头皮屑、脱落的头发全梳在西装上极不雅观。西装穿着的正常程序是梳理头发→更换衬衫→更换西裤→穿皮鞋→系领带→穿上装。

在日常工作及非正式场合的社交活动中,男士可穿西服便装。西服便装上下装不要求严格配套一致,颜色可上浅下深,面料也可上柔下挺。可用衬衫、领带配西裤,也可以不打领带、不穿衬衫,只穿套头衫或毛衣。

标准的男士西装穿着如图 2-7 所示。

图 2-7　标准的男士
　　　　西装穿着

【小贴士】

男士穿西装高水准三要求

（1）三色原则。全身不要超过三种颜色。颜色尽量少,但别完全一样。

（2）三一定律。鞋子、腰带、公文包一种颜色。最好皮鞋是黑色,代表庄重。

（3）三大禁忌。男士有两种袜子不能穿——尼龙袜和白色袜子；穿夹克打领带等同外国的裤衩背心；左边袖子上的商标不拆代表未启封。

🔍 【小案例】

毁了一桩大生意的着装

某公司的老总到国外宣传推广自己的企业，来宾都是国际著名投资公司的管理人员，场面很正式。但听众们发现台上的老总虽然西装革履，裤脚下却露出一截"棉毛裤的边"，而且老总的黑皮鞋里是一双白色袜子。来宾们因此产生了疑问：这样一个公司老总能管好他的企业吗？这个公司的品质能保证吗？后来合作也就不了了之了。

【思考题】 你能回答来宾们的疑问吗？

三、女士服装的穿着

1. 女士西服套裙

📦 【小故事】

女王的着装

1986年英国女王伊丽莎白二世访问中国，走出机舱门第一个亮相，穿的是正黄色西服套裙，戴正黄色帽子，在阳光下显得非常绚丽、典雅。这位女王本人喜欢红色和天蓝色，很少穿黄衣服。但在中国传统上，黄色是皇帝的专用色，是尊贵的象征。女王来中国访问穿正黄色裙装，既体现了自己高贵的气质，也显示了她作为一国君主的尊严与威仪，还表现出了尊重中国传统文化习俗的友好姿态。

女士服装应讲究配套，款式较简洁，色彩较单纯，充分表现出女士的精明强干、落落大方。

（1）选择合适的套裙。

① 面料。最好选择纯天然、质量上乘的面料。上衣、裙子及背心等应选用同一种面料。在外观上，套裙所用的面料，讲究的是匀称、平整、滑润、光洁，不但有弹性、手感好，而且应当不起皱、不起毛、不起球。

② 色彩。应当以冷色调为主，借以体现出着装者的典雅、端庄与稳重。一套套裙的全部色彩不要超过两种，不然就会显得杂乱无章。

③ 图案。按照常规，商界女士在正式场合穿着的套裙可不带任何图案。

④ 点缀。不宜添加过多的点缀。一般而言，以贴布、绣花、花边、金线、彩条、亮片、珍珠、皮革等点缀或装饰的套裙不适宜商界女士穿着。

⑤ 尺寸。上衣不宜过长，下裙不宜过短。裙子下摆恰好达小腿最丰满处是最为标准、最为理想的裙长。紧身式上衣显得较为正统，松身式上衣看起来则更加时髦一些。

⑥ 造型。H型上衣较为宽松，裙子多为筒式；X型上衣多为宽肩紧腰式，裙子大多为喇叭式；A型上衣为紧身式，裙子则为宽松式；Y型上衣为松身式，裙子多为紧身式，并以筒式为主。

【小贴士】

套裙的款式

另外,套裙款式的变化主要体现在上衣和裙子方面。上衣的变化主要体现在衣领方面,除常见的平驳领、驳领、一字领、圆领外,青果领、披肩领、燕翼领等并不罕见。裙子的式样常见的有西装裙、一步裙、筒式裙等,款式端庄、线条优美;百褶裙、旗袍裙、A字裙等,飘逸洒脱、高雅漂亮。

(2)选择与套裙配套的衬衫。与套裙配套的衬衫有不少的讲究。从面料上讲,衬衫要求轻薄而柔软,如真丝、麻纱、府绸、罗布、涤棉等,都可以用作其面料。从色彩上讲,则要求雅致而端庄,不失女性的妩媚。除了作为"基本型"的白色外,其他各式各样的色彩只要不是过于鲜艳,并且与所穿套裙的色彩不相互排斥,均可用作衬衫的色彩,但还是以单色为最佳选择。同时还应注意,衬衫的色彩与所穿套裙的色彩应互相协调,要么外深内浅,要么外浅内深,形成二者的深浅对比。

(3)选择与套裙配套的内衣。一套内衣往往由胸罩、内裤以及腹带、吊袜带、连体衣等构成。它应当柔软贴身,并且起着支撑和烘托女性线条的作用。有鉴于此,选择内衣时,最关键的是要使之尺寸相符。

内衣所用的面料以纯棉、真丝为佳。它的色彩既可以是常规的白色、肉色,也可以是粉色、红色、紫色、棕色、蓝色、黑色等。不过,一套内衣最好同为一色,而且其各个组成部分宜为单色。就图案而论,着装者完全可以根据个人爱好加以选择。

内衣的款式甚多。在进行选择时,应当特别关注的是,穿上内衣之后,不应使它的轮廓一目了然地在套裙之外展现出来。

(4)选择合适的鞋袜。在皮鞋和袜子的选择与穿着上,搭配西装套裙的皮鞋以黑色船形皮鞋为首选,有时也可根据套裙的颜色搭配白色皮鞋,但要把握的是,皮鞋的颜色最好比裙子下摆颜色稍深或与裙子颜色一致。皮鞋鞋跟以3厘米左右的细跟为最佳。鱼嘴鞋、凉鞋、坡跟鞋和皮靴都不能用来搭配职业套装。

搭配西装套裙一定要穿肉色丝袜,最好是连裤袜或长筒袜,要保证袜口一定在裙装里面,一旦露出来就会变成被人笑话的"三截腿"了。白色、花色和其他鲜艳色彩的丝袜以及带网眼的丝袜,不适合在职场中穿着。值得注意的是,容易勾丝是所有丝袜的共性:丝袜穿着之前若能放入冰箱冷冻一下,就不易勾丝破损。细心的职业女性会在办公室或包里常备一双丝袜,以免出现勾丝的尴尬。

(5)选配合适的皮包。搭配西装套裙的皮包要以简洁、大方、实用为宜。女士上班用的皮包款式要与自己的身材和谐。比如,身材高大的女士,不适合选择精致、小巧的工作包;反之,身材小巧玲珑的女士也不应使用过大、过于笨重的包。

(6)其他配饰的选择。职业女性在穿着套裙时,常用项链、戒指、耳环、丝巾等作为主要配饰,选择配饰的要求是质地统一、合乎身份、以少为宜。

① 项链。项链在西装套裙的搭配中起着点缀的作用,所以应选择质地上乘、设计精致的项链。同时,项链的选择要适合自己的身材,脖子短粗者可以选择细长型项链增加脖子的修长感;而脖子细长者则适合多层次、较粗的项链。

② 戒指。戒指应根据自己的年龄和手指的粗细来选择,还要考虑服装的款式和色调,如端庄的正装就不宜选择样式夸张的戒指。

【小贴士】

戒指的含义

在西方,戒指是一种信号或标志,反映着佩戴者的婚姻状况。戒指一般佩戴于左手,佩戴的含义：戴在食指上意为示爱,即表示想结婚或求婚;戴在中指上表示正在恋爱中;戴在无名指上表示已订婚或结婚;戴在小指上则表示是独身者。

③ 耳环。搭配职业正装的耳环不宜夸张、复杂,应当根据自身的肤色和脸形、服装的颜色和风格进行选择,以简洁的耳钉和小巧精致的吊坠耳环为最佳。

④ 丝巾。丝巾搭配职业正装主要起装饰和美化的作用,可以为素雅暗淡的职业正装增加一抹亮色。丝巾面料的选择主要以真丝为主,颜色的选择可以亮丽鲜艳,使人看起来更加精神焕发。

标准的女士套裙穿着如图 2-8 所示。

图 2-8　标准的女士套裙穿着

【小贴士】

职业女士着装禁忌

无论是着正装还是休闲装,女士都要讲究文明着装。根据礼仪规范,女士着装要注意以下三个方面的禁忌。

一忌过分裸露。一般来说,凡可以展示性别特征、个人姿色的身体部位,或者令人反感、有碍观瞻的身体隐私部位,均不得有意暴露在外。胸部、腹部、背部、腋下、大腿是公认的着装时外露的五大禁区。在特别正式的场合,脚趾与脚后跟同样也不能裸露。

二忌过分透薄。如果着装过于单薄或透明,会让人十分难堪。女性要高度重视这一问题,否则在社交中很容易使别人产生错觉,无意之中还可能会受到轻薄之徒的性骚扰。

三忌肥瘦不当。一般来说,女士着装无论什么款式,大小必须合身。着装若是过于肥大,会显得无精打采,过于随意懒散;着装若是过于瘦小,不仅会让人觉得拘谨小气和不自然,还会给行动带来诸多不便。

2. 女士连衣裙

连衣裙是上衣和裙子的结合体,它不但能尽显女士特有的恬静与妩媚,而且穿着便捷、舒适。连衣裙也可与西装外套等组合搭配,提高服装的使用率。连衣裙的造型丰富多彩,有前开襟的、后开襟的、全开襟的和半开襟的;有紧身的、宽松的、喇叭形的、三角形的、倒三角形的;有无领的、有领的;有方领的、尖领的、圆角领的;有超短的、过膝的、拖地的等。各种连衣裙为各种身材的女士在不同场合提供了大量的选择。

穿着连衣裙时虽以个人爱好、流行时尚而定,但社交场合的连衣裙还应以大方典雅为宜。单色连衣裙在大多数场合效果都很好,点、条、格等面料的连衣裙图案也要力求简洁。穿连衣裙要注意避免:一是受时髦潮流的影响,太流行或趋于怪异,变得俗不可耐或荒诞不经;二是不顾及环境,而穿着过低的领口、过紧的衣裙、过透的面料,使人感到极不雅观。

3. 女士旗袍

旗袍被公认是最能体现女性曲线美的一种服装,它源自满族旗袍。我国有着三百年的旗袍历史,近年来旗袍带着一股前所未有的震撼力影响着世界各地女性的穿着,它像一种特殊的世界语言,迅速被各个种族的人们接受,打破了只有东方女性才适合穿着的传统论断,因而旗袍也可作为社交中的礼服。旗袍作为礼服,一般采用紧扣的高领、贴身、身长过膝、两旁开衩、斜式开襟、袖口至手腕上方或肘关节上端的款式,面料以高级呢绒绸缎为主,配以高跟鞋或半高跟鞋。

【小贴士】

衣服搭配技巧

【课堂训练】

(1) 作为男性职业人员,请每天出门前对照以下"男士着装自我检测"仔细审视自己,看看自己哪些方面需要改进,以养成良好的习惯。

男士着装自我检测

衬衫领口整洁,纽扣已扣好。

耳部清洁干净,耳毛不外露。

领带平整、端正。

衣、裤袋口平整伏贴。衬衫袖口清洁,长短适宜。

手部清洁,指甲干净整洁。

衣服上没有脱落的头发和头皮屑。

裤子熨烫平整,裤缝折痕清晰。裤腿长及鞋面。拉链已拉好。

鞋底与鞋面都很干净,鞋跟无破损,鞋面已擦亮。

(2) 作为女性职业人员,请每天出门前对照以下"女士着装自我检测"仔细审视自己,看看自己哪些方面需要改进,以养成良好的习惯。

女士着装自我检测

服饰端庄：不太薄、不太透、不太露。

领口干净，脖子修长，衬衫领口不过于复杂和花哨。

饰品不过于夸张和突出，款式精致、材质优良，耳环小巧、项链精细，走动时安静无声。

公司标志佩戴在要求的位置，私人饰品不与之争夺他人的注意力。

衣袋中只放小而薄的物品，衣装轮廓不走样。

指甲精心修理过，不太长、不太怪、不太艳。

裙子长短、松紧适宜。拉链拉好，裙缝位正。

衣裤或裙子以及上衣的表面无明显的内衣轮廓痕迹。

鞋洁净，款式大方简洁，没有过多装饰与色彩，鞋跟不太高、不太尖。

衣服上没有脱落的头发和头皮屑。

丝袜无勾丝、无破洞、无修补痕迹，包里有一双备用丝袜。

第三节 仪态设计

仪态又称"体态"，是指人的身体姿态和风度。姿态是身体所展现的样子，风度则是内在气质的外在表现。人的一举手、一投足、一弯腰乃至一颦一笑，并非偶然的、随意的，这些行为举止自成体系，像有声语言那样具有一定的规律，并具有表情达意的功能。人们可以通过自己的仪态向他人传递个人的学识与修养，并能够以其交流思想、表达感情。

在社交中，仪态是极其重要、有效的交际工具，它用无声的语言向人们展示出一个人的道德品质、人品学识、文化品位等方面的素质和能力，用优良的仪态礼仪表情达意，往往比语言更让人感到真实、生动。所以，我们在现代交际中必须举止优雅，做到仪态美。

一、体态

1. 站姿

站姿

俗话说"站如松"，站姿是人类的一种象征，男子的站姿如"劲松"之美，具有男子汉刚毅英武、稳重有力的阳刚之美；女子的站姿则如"静松"之美，具有女性轻盈典雅、亭亭玉立的阴柔之美。正确的站姿是自信心的表现，会给人留下美好的印象。

（1）标准的站姿。标准的站姿，从正面看，全身笔直，精神饱满，两眼正视（而不是斜视），两肩平齐，两臂自然下垂，两脚跟并拢，两脚尖并齐或张开60°，身体中心落于两腿正中；从侧面看，两眼平视，下颌微收，挺胸收腹，腰背挺直，手部中指贴裤缝，整个身体庄重挺拔。

站姿的要领：一要平，即头平正、双肩平、两眼平视；二要直，即腰直、腿直，后脑勺、背、臀、脚后跟成一条直线；三要高，即重心上拔，看起来显得高。标准的站姿如图2-9和图2-10所示。

图 2-9　标准的站姿（正面）　　　　　图 2-10　标准的站姿（侧面）

✦【小贴士】

站姿透露出来的情绪与想法

（2）不同场合的站姿。在升国旗、奏国歌、接受奖品、接受接见、致悼词等庄严的仪式场合，应采取严格的基本站姿，而且神情要严肃。在发表演说、新闻发言、做报告宣传时，为了减少身体对腿的压力，减轻由于较长时间站立导致的双腿疲倦，可以用双手支撑在讲台上，双腿轮流放松。主持文艺活动、联欢会时，应将双腿并拢站立，女士最好站成"丁"字步，让站立姿势更加优美。站"丁"字步时，上体前倾，腰背挺直，臀微翘，双腿叠合，玉立于众人间，体现女性魅力，如图 2-11 所示。门迎、侍应人员往往站时很长，双腿可以平分站立，双腿分开间距不宜超过肩。双手可以交叉或前握垂放于腹前；也可以背后交叉，右手放到左手的掌心上，但要注意收腹。礼仪小姐的站立要比门迎、侍应人员更趋于艺术化，一般可采取立正的姿势或"丁"字步。如双手端执物品时，上手臂应靠近身体两侧，但不必夹紧，下颌微收，面含微笑，给人以优美亲切的感觉。

图2-11　女性舞台
"丁"字步

✦【小贴士】

站姿练习

要形成正确站姿，不仅要掌握基本理论要求，更要进行科学的训练。练习者从最初的基本状态，到养成正确的站立姿态，需要进行耐心、认真和持之以恒的练习。

（1）对镜站姿练习。在明确站姿要求的基础上面对镜子进行训练，从镜子中观察自己的姿态是否准确、优美，必要时可请他人进行协助和指导。在找到标准站姿的感觉后，再坚持每次 20 分钟左右的训练，以巩固动作技能，形成习惯性动作姿态。

（2）靠墙站姿练习。靠墙站姿练习要求五点成一条线，即脚后跟、小腿、臀部、双肩、后脑勺都要紧贴墙壁，如图 2-12 所示。每次训练时间控制在 20～30 分钟，直至延长至40 分钟。

（3）工具辅助练习。在前两项练习的基础上，加强训练难度，使用工具辅助练习，工具为书籍。要求将一本厚度适中的书放在头顶中心，为使书不掉下来，头、躯须挺直，自然保持平衡，如图 2-13 所示。这种训练方法可以纠正低头、仰脸、晃头及左顾右盼等不良习惯。每次训练时间控制在 20～30 分钟。

图 2-12　靠墙站姿练习　　　　　　　　图 2-13　头顶书练习站姿

2. 坐姿

俗话说"坐如钟"，坐姿是人际交往中人们采用最多的一种姿势，它是静态姿势。优雅的坐姿给人一种端庄、稳重、威严的美。

（1）标准的坐姿。落座时，要坚持尊者为先的原则入座，不要争抢。通常侧身走近座椅，从椅子的左侧就座，如果背对座椅，要首先站好，全身保持站立的标准姿态，右腿后退一点，用小腿确定椅子的位置，上身正直，目视前方就座。注意落座时声音要轻，动作要缓，落座过程中，腰、腿肌肉要稍有紧张感。女士着裙装落座时，要用双手从后拢平裙摆，不可落座后整理衣裙。

坐立时，上身正直而稍向前倾，头、肩平正，腰部内收，通常只坐椅子的 1/2～2/3 处，两臂贴身下垂，两手可以搭放在椅子扶手上。无扶手时，女士右手搭在左手上，放于腹部或者轻放于双腿之上；男士双手掌心向下，自然放于膝盖上。男士膝盖可以自然分开，但不可超过肩宽；女士膝盖不可以分开。女士要注意使膝盖与脚尖的距离尽量拉远，以使小腿部分看起来显得修长，只有脚背用力挺直时，脚尖与膝盖的距离才最远，在视觉上产生的延伸效果会使小腿看起来更加修长，使腿部线条更加优美。当与他人交谈时，要注意不能只是转头，而应将整个上身朝向对方，以示对其重视和尊敬。

离座时要先以语言或动作向周围的人示意，方可站起，突然一跃而起会使周围的人受到惊扰；同落座时一样要注意按次序进行，尊者为先；起身时不要弄出响声，站好后才可离开,同样要从左侧离座。

人在坐着时,由臀部支撑上身,减少了两腿的承受力。由于身体重心下降,上身适当放松,可减轻心脏的负担。因此,坐姿是一种可以维持较长时间的姿势。它既是主要的白昼休息姿势,也是一般的工作、劳动、学习姿势,还是社交、娱乐的常见姿势。正因为这个缘故,坐姿要求端正、大方、舒展。标准的坐姿如图 2-14 和图 2-15 所示。

图 2-14　标准的坐姿(正面)　　　　图 2-15　标准的坐姿(侧面)

【小贴士】

坐 姿 练 习

坐姿的常用方式较多,在基本坐姿训练的基础上,可以运用具体情境进行训练,同时加强入座和离座训练,使整体就座过程连续、流畅,更富感染力。

(1) 重视基本坐姿训练。在明确坐姿的基本要求和进行站姿训练的基础上,可以进行坐姿训练。在训练过程中,可以采用对镜规范训练、工具辅助训练(如头顶书籍)等方式。初级练习,每次的训练时间应保持在 20～30 分钟;以后可随技能的掌握水平,逐渐减少连续练习时间。

(2) 运用具体情境练习。为提高学习者的兴趣,调动其学习积极性,可模拟具体情境进行训练,如招聘会、见面会、校友会等,把坐姿与情境相结合,由学习者自行设计并保持姿态,达到强化的目的。每次训练时间控制在 10～15 分钟,可分多次进行。

(3) 加强入座和离座训练。在进行坐姿训练时,往往较重视姿态训练,而忽略过程训练,因此学习者会表现出动作过程不完整或缺失的现象。入座和离座应分别进行单一动作训练,每次训练时间控制在 5～10 分钟。单一训练后再合成动作,保持动作的连贯性和准确性,达到体现优雅、庄重坐姿的目的。

(2) 不同场合的坐姿。谈判、会谈时,场合一般比较严肃,适合正襟危坐,但不要过于僵硬。其要求上体正直,端坐于椅子中部,注意不要使全身的重量只落于臀部,双手放在桌上、腿上均可,双脚为标准坐姿的摆放;倾听他人教导、传授知识、指点时,如对方是长者、尊者、贵客,坐姿除了要端正外,还应坐在座椅、沙发的前半部或边缘,身体稍向前倾,表现出一种谦虚、迎合、重视对方的态度；在比较轻松、随便的非正式场合，可以坐得轻松、自然一些，全身肌肉可适当放松，可不时变换坐姿，以做休息。

【小贴士】

使用计算机时的坐姿

3. 走姿

俗话说"行如风"，这说的是走姿，走姿始终处于动态之中，体现了人类的运动之美和精神风貌。男士的走姿要刚健有力，豪迈稳重，有阳刚之气；女士的走姿要轻盈自如，含蓄飘逸，有窈窕之美。

（1）标准的走姿。有人编了走路的动作口诀，体现了走姿的要领：双眼平视臂放松，以胸领动肩轴摆，提髋提膝小腿迈，跟落掌接趾推送。标准的走姿：上身基本保持站立的标准姿势，挺胸收腹，腰背笔直，两臂以身体为中心前后自然摆动，前摆约 $35°$，后摆约 $15°$，手掌朝向体内。起步时身子稍向前倾，重心落前脚掌，膝盖伸直，脚尖向正前方伸出，行走时双脚踩在一条线的两侧。正确的行走，上体的稳定与下肢的规律运动形成和谐对比；干净利落、鲜明均匀的脚步形成节奏感；前后、左右行走动作的平衡对称，呈现行走时的形式美。男士走路两步之间的距离要大于自己的一个脚长，女士穿裙装走路时要小于自己的一个脚长。正常的情况下，行走步速要自然舒缓，显得成熟自信，男士行走的速度标准为每分钟步速 $108 \sim 110$ 步，女士每分钟步速 $118 \sim 120$ 步。

【小贴士】

走姿传递的信息

人走路的时候步伐稳健，步幅适中，速度不快不慢，上身挺直，两眼平视，双手自然摆动，主要表现的是轻松、平静。

步伐有力，膝盖微弯，幅度和速度适中，手的摆动也有强烈的节奏感，眼睛直视前方，主要表现的是庄重、礼貌。

走路轻盈，昂首挺胸直视，主要表现的是愉悦、自信和傲慢。

步伐迟疑，主要表现的是焦急、心事重重。

步伐沉重较小且慢，眼睛低垂，主要表现的是沮丧、痛苦。

（2）不同场合的走姿。参加喜庆活动，步态应轻盈、欢快、有跳跃感，以反映喜悦的心情；参加吊丧活动，步态要缓慢、沉重、有忧伤感，以反映悲哀的情绪；参观展览、探望病人，环境安谧，不宜出声响，脚步应轻柔；进入办公场所或登门拜访，在室内这种特殊场所，脚步应轻而稳；走入会场、走向话筒、迎向宾客，步伐要稳健、大方、充满热情；举行婚礼、迎接外宾等重大正式场合，脚步稳健且节奏稍缓；办事联络，往来于各部门之间，步伐要快捷又稳重,以体现办事者的效率、干练;陪同来宾参观,要照顾来宾行走速度,并善于引路。

(3) 穿职业装的走姿。

① 穿西装的走姿要求。西装以直线为主,应当走出着装者挺拔、幽雅的风度。穿西装时,后背保持平正,两脚立直,走姿的步幅可略大些,手臂放松伸直摆动,手势简洁大方。行走时男士不要晃动,女士不要摆髋。

② 穿西服套裙的走姿要求。西服套裙多以半长筒裙与西装上衣搭配,所以着装时应该尽量表现出这套职业装的干练、洒脱的风格特点。这套服装要求着装者步履轻盈、敏捷、活泼,步幅不宜过大,可用稍快的步速节奏来调和,以使走姿活泼灵巧。

③ 穿旗袍的走姿要求。旗袍作为东方晚礼服的杰出代表,在世人眼里拥有经久不衰的美丽。所以,很多服务行业通常将其作为迎宾、引位或者中式宴会厅的职业服装。着这款服装,最重要的是要表现出东方女性温柔、含蓄的柔美风韵,以及身体的曲线美。所以穿中式旗袍要求身体挺拔,胸微含,下颌微收,塌腰撅臀是着旗袍的大忌。旗袍只有搭配高跟或中跟皮鞋才能走出这款服装的韵味。行走时,走交叉步直线,步幅适中,步子要稳,双手自然摆动,髋部可随着身体重心的转移稍加摆动,但上身绝不可随之晃动。总之,穿旗袍应尽力表现出一种柔和、妩媚、含蓄、典雅的东方女性美。

④ 穿高跟鞋的走姿要求。女士在正式场合经常穿着黑色高跟鞋,行走时要保持身体平衡。具体做法:直膝立腰、收腹收臀、挺胸抬头。为避免膝关节前屈导致臀部向后撅的不雅姿态,行走时一定要把踝关节、膝关节、髋关节挺直,只有这样才能保持挺拔向上的形体。行走时步幅不宜过大,每一步要走实、走稳,只有这样步姿才会有弹性并富有美感。

【小贴士】

走姿练习

行走姿态必须经过科学训练,进行一定量的练习,才可以形成良好的走姿。

(1) 分步骤基本练习。初级训练阶段应采用分解式练习,把走姿分成三个过程训练:提、迈、落。"提"是指行进腿大腿向上提 45°,形成膝盖上提,脚尖向下,如图 2-16 所示;"迈"是指行进腿以膝盖为轴,大腿保持不动,小腿向前伸长,脚尖稍离地,如图 2-17 所示;"落"是指行进腿落地,后脚推前脚,重心前移,如图 2-18 所示。

练习时,先分解练习,再整合动作。节奏可以由三拍过渡至两拍,速度由慢到快。

(2) 工具辅助练习。为保持走姿的平稳性,可用"书籍"作为工具辅助练习。要求在行进中将一本厚度适中的书放在头顶中心,头、躯干挺直,自然保持平衡。这种训练方法可以纠正身体出现的不良习惯,如身体左右摇摆、头部晃动等。每次训练时间控制在 20 分钟左右。

(3) 音乐体验练习。当行走姿态基本正确后,可以配合音乐进行练习。音乐可采用慢速和中速节奏。这种训练方法不仅可以起到调节情绪的作用,同时可培养动作的韵律感和表现力,陶冶学习者的艺术素养。

图 2-16　提　　　　　　图 2-17　迈　　　　　　图 2-18　落

4. 蹲姿

俗话说"蹲要雅"，蹲姿是人的身体在低处取物、拾物、整理物品、整理鞋袜时所呈现的姿势，它是人体静态美与动态美的结合。蹲姿要动作美观，姿势优雅。

（1）标准的蹲姿。其有以下要求：首先要讲究方位，当需要捡拾低处或地面物品的时候，可走到其物品的左侧；当面对他人下蹲时，要侧身相向；当需要整理鞋袜或于低处整理物品时可面朝前方，双脚一前一后，一般情况是左脚在前，右脚在后，目视物品，直腰下蹲。直腰下蹲后，方可弯腰捡拾低处或地面的物品，及整理鞋袜或低处工作。取物或工作完毕后，先直起腰部，使头部、上身、腰部在一条直线上，再稳稳站起。行蹲姿时，男士双腿间可留有适当的缝隙，女士则要双腿并紧，穿旗袍或短裙时需更加留意，以免尴尬。标准的蹲姿如图 2-19 所示。

图 2-19　标准的蹲姿

（2）蹲姿的种类。

① 高低式蹲姿。这是常用的一种蹲姿，基本特征是双膝一高一低。此蹲姿男士、女士均适用。要领：下蹲后，左脚在前，右脚在后；左脚完全着地，小腿基本垂直于地面；右脚要脚掌着地，脚跟提起；右膝要低于左膝，右膝内侧可靠于左小腿的内侧，形成左膝高右膝低的姿态；臀部向下，基本上以右腿支撑身体。女士应注意紧靠双腿，男士两腿之间可有适当的距离，如图 2-20 所示。

② 单膝点地式蹲姿。这种蹲姿，适用于男士，其特征是双腿一蹲一跪。它是一种非正式的蹲姿，多用于下蹲时间较长或为了用力方便时采用。要领：下蹲后，右膝点地，臀部坐在脚跟之上，以脚尖着地；另一条腿全脚掌着地，小腿垂直于地面；双膝同时向外，双腿尽力靠拢，如图 2-21 所示。

③ 交叉式蹲姿。这种蹲姿优美典雅，其基本特征是双腿交叉在一起，此蹲姿适用于女士。要领：下蹲后，左脚在前，右脚在后，左小腿垂直于地面，全脚着地；左腿在上，右腿在下，二者交叉重叠，右膝从后下方伸向左前侧，右脚跟抬起，脚掌着地，双腿前后靠近，全力支撑身体；上身略向前倾，臀部朝下，如图 2-22 所示。

图 2-20　高低式蹲姿　　　　图 2-21　单膝点地式蹲姿　　　　图 2-22　交叉式蹲姿

【小贴士】

蹲姿练习

　　要有意识地、经常主动地进行标准蹲姿训练,形成良好习惯。可以运用压腿、踢腿、活动关节等方式加强腿部膝关节、踝关节的力量和柔韧性训练,这是优美蹲姿的基础。

　　平时在进行蹲姿训练时可以配上优美的音乐,放松心情,减轻单调、疲劳之感。

二、表情

　　面部是最有效的表情器官,人的面部表情主要表现为眼、眉、嘴、鼻、面部肌肉的变化。这里我们主要介绍一下眼神和微笑。

1. 眼神

　　俗话说"眼睛是心灵的窗户",它是人体传递信息最有效的器官,而且能表达最细微、最精妙的差异,显示出人类最明显、最准确的交际信号。据研究,在人的视觉、听觉、味觉、嗅觉和触觉感受中,唯独视觉感受最为敏感,人由视觉感受的信息占总信息的 83%。人的七情六欲都能通过眼睛这个神秘的器官显现出来。

【小故事】

教师的眼神

　　眼神礼仪的构成一般涉及时间、角度、部位、方式等几个方面,如表 2-4 所示。

表 2-4　眼神礼仪

项目	眼 神 礼 仪
时间	表示友好时,注视对方的时间约占全部相处时间的 1/3
	表示关注时,比如,听报告、请教问题时,则注视对方的时间约占全部相处时间的 2/3
	表示轻视时,注视对方的时间不到全部相处时间的 1/3,意味着对其瞧不起或没有兴趣

项目	眼 神 礼 仪
时间	表示敌意时,注视对方的时间超过全部相处时间的 2/3,往往表示可能对对方抱有敌意,或是为了寻衅滋事
	表示兴趣时,注视对方的时间超过全部相处时间的 2/3,还有另一种情况,即对对方本人产生了兴趣
角度	平视也叫正视,一般用于在普通场合与身份、地位平等之人进行交往
	侧视是一种平视的特殊情况,即位于交往对象一侧,面向对方,平视着对方
	仰视即主动居于低处,抬眼向上注视他人,适用于面对敬重之人
	俯视即抬眼向下注视他人,一般用于身居高处之时。它可对晚辈表示宽容、怜爱,也可对他人表示轻慢、歧视
部位	注视对方双眼,表示重视对方,但时间不宜过久
	注视对方额头,表示严肃、认真、公事公办,适用于极为正规的公务活动
	注视眼部至唇部,是交际场合面对交往对象时所用的常规方法
	注视眼部至胸部,多用于关系密切的男女间
	注视眼部至腿部,适用于注视相距较远的熟人,也表示亲近、友善,但不适用于关系普通的异性
	对他人身上的某一部位随意一瞥,可表示注意,也可表示敌意,多用于在公共场合注视陌生之人,但最好慎用
方式	直视即直接地注视交往对象,表示认真、尊重,适用于各种情况。若直视他人双眼则称为对视,表示大方、坦诚或是关注对方
	凝视是直视的一种特殊情况,即全神贯注地进行注视,多表示专注、恭敬
	盯视即目不转睛,长时间地凝视其人的某一部位,表示出神或挑衅,故不宜多用
	扫视即视线移来移去,注视时上下左右反复打量,表示好奇、吃惊。扫视不可多用,对异性尤其应禁用
	睨视又叫睥视,即斜着眼睛注视。它多表示怀疑、轻视,一般应当忌用。与初识之人交谈时,尤其应当忌用
	眯视即眯着眼睛注视,表示惊奇,看不清楚,模样不大好看,故一般不宜采用
	环视即有节奏地注视着不同的人员或事物。它表示认真、重视,适用于同时与多人打交道,表示自己"一视同仁"
	他视即与某人交谈时不注视对方,反而望着别处。它表示胆怯、害羞、心虚、反感、心不在焉,是不宜采用的一种眼神

【小贴士】

丰富的眉语

眉语十分丰富,仅眉毛的表情动作就有 20 余种,可以表达出不同的语义(见表 2-5)。在人际交往中,为了体现良好的教养,保持优美的形象,双眉应在自然平直的状态,不要皱眉、挑眉、改变眉的位置。

表 2-5　眉毛动作及语义

动作	语义	动作	语义
扬眉	喜悦	横眉	轻蔑

动作	语义	动作	语义
展眉	宽慰	皱眉	为难
飞眉	兴奋	锁眉	忧愁
喜眉	欢愉	挤眉	戏谑
竖眉	愤怒	低眉	顺从

【小贴士】

眼神的训练方法

训练前做好以下准备：每人一面小镜子、音乐播放器材和音乐、优秀影视剧中的演员和节目主持人通过眼神表达内心情感的影像资料等。

以下方法坚持天天训练，不要间断，必使目光明亮有神。

(1) 睁大眼睛训练。有意识地练习睁大眼睛的次数，增强眼部周围肌肉的力量。

(2) 转动眼球训练。头部保持稳定，眼球尽最大的努力向四周做顺时针和逆时针360°转动，增强眼球的灵活性。

(3) 视点集中训练。点上一支蜡烛，视点集中在蜡烛的火苗上，并随其摆动，坚持训练可达目光集中、有神，眼球转动灵活。

(4) 目光集中训练。眼睛盯住3米左右的某一物体，先看外形，逐步缩小范围到物体的某一部分，再到某一点，再到局部，再到整体。这样可以提高眼睛明亮度，使眼睛十分有神。

(5) 影视观察训练。观看影像资料，注意观察和体会优秀影视剧中的演员与节目主持人是如何通过眼神表达内心情感的。

(6) 训练时可以配上优美的音乐来放松心情，减轻单调、疲劳之感。

2. 微笑

微笑是人际交往中最美丽的语言，是公共关系和商务礼仪中的亮点。保持微笑的表情、谦和的面孔，是表示自己真诚、守礼的重要途径。微笑是有自信心的表现，证明对自己的魅力和能力抱积极的态度。微笑可以表现出温馨、亲切的表情，能有效地缩短双方的距离，给对方留下美好的心理感受，从而形成融洽的交往氛围。面对不同的场合、不同的情况，如果能用微笑来接纳对方，可以反映出个人良好的修养和诚挚的胸怀。礼仪微笑如图 2-23 所示。

图 2-23　礼仪微笑

【小故事】

今天你对客人微笑了吗

美国的希尔顿酒店享誉世界，回头客众多，秘诀就在于微笑服务。其创始人康纳·希尔顿在五十多年里，不断到世界各地的希尔顿酒店视察，他经常问员工的一句话就是："今天你对客人微笑了吗?"并要求他们记住一个信条：无论酒店本身遇到何种困难，希尔顿酒店员工脸上的微笑永远是属于顾客的阳光。

微笑是能够成就爱的循环。没有亲和力的微笑，无疑是重大的遗憾，甚至会给工作带来不便。那么，身在职场通过什么样的训练，才能获得微笑这一有效沟通的法宝和人际关系的磁石呢？心理专家告诉你以下步骤。[①]

第一步，放松面部肌肉，然后使嘴角微微向上翘起，让嘴唇略呈弧形。最后，在不牵动鼻子、不发出笑声、不露出牙齿，尤其是不露出牙龈的前提下，轻轻一笑。

第二步，闭上眼睛，调动感情，并发挥想象力，或回忆美好的过去或展望美好的未来，使微笑源自内心，有感而发。

第三步，对着镜子练习，使眉、眼、面部肌肉、口形在笑时和谐统一。

第四步，当众练习，按照要求当众练习，使微笑规范、自然、大方，克服羞涩和胆怯的心理，也可以请观众评议后再对不足进行纠正。

【小贴士】

微笑的十大好处

我们掌握了微笑的方法后，还要注意正确地微笑，具体要做到以下几点。

（1）把握微笑的时机。在与对方交谈中，最好的微笑时机是在与对方目光接触的瞬间展现微笑，这样能够促进心灵的友好互动。

（2）把握微笑的层次变化。微笑有很多层次，有浅浅一笑、眼中含笑，也有哈哈大笑。在整个交谈过程中，微笑要有收有放，在不同时候使用不同层次的笑。如果一直保持同一层次的笑，表情就会显得僵硬、呆板，被对方认为是傻笑。

（3）注意微笑维持的时间长度。微笑的最佳时间长度以不超过3秒为宜，时间过长会给人假笑或不礼貌的感觉，过短则会给人皮笑肉不笑的感觉。

（4）根据场合而定。微笑的表情很有讲究，不同的场合适合不同深度的微笑，不同的笑，也可以显示着不同的思想态度和感情色彩，产生不同的影响。在与别人交谈中，放声大笑或傻笑，都是非常失礼的，工作中把握好微笑的尺度，更能显示出你的内在修养。

【小贴士】

正式场合笑的禁忌

---

① 毕文杰.你的职场礼仪价值百万[M].北京：中国画报出版社，2012：34.

（5）微笑要自然。有人指出,中国的礼仪习惯是笑不露齿;也有很多礼仪培训教材提出,微笑要露出 6～8 颗牙。其实微笑是一种个性化的表情,不应该以技术化、标准化的形式加以规定,对微笑的要求为整齐划一不符合礼仪之美。职业人士进行微笑训练,不是尝试露出几颗牙,嘴角上提到几度位置,眼睛变化成哪种形状,而是要发现自己最美的瞬间,展现出独特的气质,自信、勇敢、自然、真诚地去微笑。微笑的美在于文雅、适度、亲切自然。微笑要诚恳和发自内心,做到"诚于中而形于外",只有调整好自己的心态才能够作出表里如一的微笑,切不可故作颜笑,假意奉承。在生活中用善良、包容的心对待他人,用敬业奉献的热情对待工作,微笑就会自然甜美。

（6）微笑要协调。微笑时要调动多部位器官协调动作,形成微笑的表情。微笑一般要注意以下四个结合。

- 口眼结合。做到口到、眼到、神色到,笑眼传神,微笑才能扣人心弦。
- 笑与神、情、气质相结合。这里讲的"神"就是要笑得有情入神,笑出自己的神情、神色、神态,做到情绪饱满、神采奕奕;"情"就是要笑出感情,笑得亲切、甜美,反映美好的心灵;"气质"就是要笑出谦逊、稳重、大方、得体的良好气质。
- 笑与语言相结合。语言和微笑都是传播信息的重要符号,只有注意将微笑与美好语言相结合,声情并茂、相得益彰,微笑才能发挥出它应有的特殊功能。
- 笑与仪表、举止相结合。以笑助姿、以笑促姿,形成完整、统一、和谐的美。尽管微笑有其独特的魅力和作用,但若不是发自内心的真诚微笑,是对微笑的亵渎。有礼貌的微笑应是自然坦诚的,是内心真实情感的表露,而强颜欢笑、假意奉承的"微笑"则可能演变为"皮笑肉不笑""苦笑"。如只拉起一端嘴角微笑,使人感到虚伪;吸着鼻子冷笑,使人感到阴沉;捂着嘴笑,使人感到不自然,这些都是失礼之举。

【小贴士】
微笑的训练方法

训练前做好以下准备:筷子、小镜子(每人一面)、音乐播放器材、音乐歌曲 CD、优秀影视剧中的演员和节目主持人微笑的影像资料等。训练方法具体如下。

（1）"口咬筷子"法。把筷子横着含在嘴里咬住,嘴角斜着往两边走,发"一"的声音。同时,对着镜子不断调整自己的表情,如图 2-24 所示。

（2）情绪记忆法。将自己生活中令自己最开心的情绪储存在记忆中,当需要微笑时,只要想起那件事情,脸上就会流露出笑容。

图 2-24 "口咬筷子"法

（3）口形练习法。练习微笑时,嘴里可以发出"一""七""茄子"或"威士忌"等音,并注意保持此种口形。

练习微笑之前要忘掉自我和一切的烦恼,让心中充满爱意。练习微笑时可对着镜子,调整自己的口形,注意与面部其他部位和眼神的协调,做最使自己满意的微笑表情。训练过程中可配上优美的音乐,放松心情,减轻单调、疲劳之感。

3. 其他表情

（1）头。头部的动作也称首语，它是头部活动所传递的信息。头部动作在表情达意方面的表现力是比较强的，人们所常见的头部动作有点头、摇头、昂头、低头等。

① 点头。点头在不同情况下表示不同的意思。有点头称是、点头会意、点头同意、点头肯定、点头满意、点头赞赏，也有点头微笑，还有点头弯腰表示致意、感谢、恭顺和客气的。

② 摇头。摇头表示否定、反对、阻止或不以为然。摇头吐舌或摇首咋舌，表示惊讶、怀疑、不理解；摇首顿足，则表示不满和无可奈何等。

③ 昂头。昂首挺胸、昂首伸眉表示充满信心、踌躇满志；昂首阔步显得精神振奋、意气昂扬；昂首望天则表示目中无人。

④ 低头。俯首沉思、俯首听令、俯首低眉、低头不语表示思考、顺从或屈从；俯首帖耳表示恭顺；垂头丧气表示沮丧或丧失信心。

在生活中，头部或正、或侧、或倾，也反映出人的不同心态。身体直立，头部端正，表现的是一种自信而庄重的风度；头部前倾，表示倾听、同情和关心；头部侧斜，表示对对方谈话感兴趣。

（2）脸。脸的表情依靠脸面肌筋动作和肌肉纹路的变化，而脸面肌肉纹路的变化又跟脸面肌筋动作的变化密切相关。如"愉快""和谐""善意"的表情，脸上肌筋动作一般都向上；"不快""悲哀""痛苦"的表情，脸上的肌筋动作都向下；若在感情剧烈的时候，脸上的肌筋动作则一部分向上，一部分向下，一部分向左右牵扭，失去其和谐性。我们在训练表情语时，可以选择一些感情丰富的演讲词，经过认真研读领会之后，带着感情对镜训练面部表情，使面部表情能够准确鲜明地反映出自己内在的真实感情。

（3）口。口形变化能够表情达意。具体情况有以下几个方面：口角向上表示"高兴""愉快""谦逊"；口角向下表示"忧愁""失望"；嘴唇紧闭、口角向下表示"厌恶""不满"；嘴唇微开、口角向下表示"悲哀""痛苦"；口大张表示"畏惧""恐怖"；口角平直而嘴紧闭表示"警惕""坚定"；口角平而嘴唇颤抖表示"气愤""激动"等。上述口形与脸面、眼神要协调配合，不能截然分开。

（4）鼻。鼻子这种身体语言大部分用来表示厌恶、愤怒等情感。例如，鼻孔张大及鼻翼翕动表示非常愤怒。在生活中，人们常见"摸鼻子"这个身体动作。从潜意识的角度，摸鼻子表示很犹豫，可能是在说谎。因为人们知道自己在撒谎，所以就下意识地去摸自己的鼻子，其潜意识是想遮住自己的嘴。因此，当看到别人在摸鼻子的时候，你一定要注意了，其很有可能是在说谎。

【课堂训练】

两人一组，互相进行表情练习。可以将每人的微笑表情拍张照片，大家投票评选出"最佳表情的人"。

三、手势

1. 常见的手势

（1）引领手势。在各种交往场合都离不开引领手势，如请客人进门、请客人坐下、为客人开门等,都需要运用手与臂的协调动作。同时,由于引领手势是礼仪的一种,还必须注入真情实感来调动全身活力,使心与形体达到高度统一,才能作出有色彩和美感的引领手势。引领手势主要有以下几个表现形式。

① 横摆式引领手势。以右手为例:将五指伸直并拢,手心不要凹陷,手与地面呈 45°,手心向斜上方。腕关节微屈的同时要低于肘关节。动作时,手从腹前抬起,至横膈膜处,然后以肘关节为轴向右摆动,到身体右侧稍前的地方停住。同时,双脚形成右"丁"字步,左手下垂,目视来宾,面带微笑,如图 2-25 所示。这是在门的入口处常用的谦让礼手势。

② 曲臂式引领手势。当一只手拿着东西、扶着电梯门或房门,同时要作出"请"的手势时,可采用曲臂式引领手势。以右手为例:将五指伸直并拢,从身体的侧前方向上抬起,至上臂离开身体的高度,然后以肘关节为轴,手臂由体侧向体前摆动,摆到手与身体相距20 厘米处停止,面向右侧,目视来宾,如图 2-26 所示。

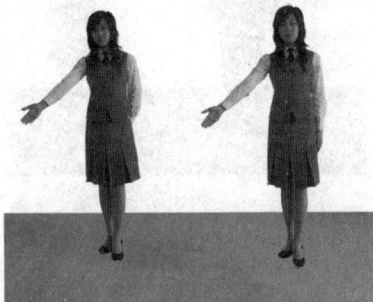

图 2-25　横摆式引领手势

图 2-26　曲臂式引领手势

③ 斜下式引领手势。请来宾入座时,手势要斜向下方。首先用双手将椅子向后拉开,然后一只手曲臂由前抬起,再以肘关节为轴,前臂由上向下摆动,使手臂向下成一斜线,并微笑点头示意来宾,如图 2-27 所示。

(2)招呼他人手势。左手放于体侧,手臂伸直成一条直线,右手向前向上抬起,手掌向下,屈伸手指做搔痒状或晃动手腕,如图 2-28 所示。这种手势在中国、欧洲的大部分地区以及拉丁美洲的许多国家都比较适用,但在美国、日本等国却与此相反,他们用掌心向上,向内屈伸手指做搔痒状或晃动手腕招呼他人,而在中国和马来西亚等国,这种手势却可能是用来召唤动物的。

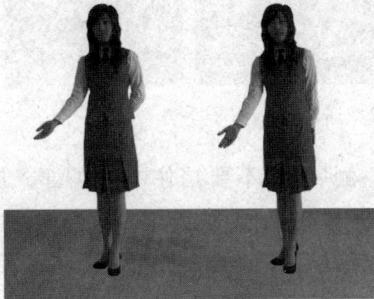

图 2-27　斜下式引领手势

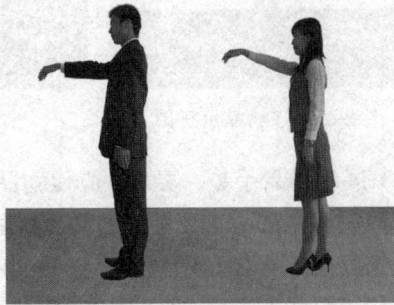

图 2-28　招呼他人手势

（3）挥手道别手势。要领：身体要站直，不晃动，目视对方。左手放于体侧，手臂伸直成一条直线，右手向前向上抬至与肩同高或略高于肩，手臂不可弯曲，掌心朝向对方，指尖朝向上方，五指并拢，手腕晃动，如图2-29所示。

（4）指引方向手势。要领：当有人询问去处时，要先行站直，不可在尚未站稳或在行走中指引方向。左手放于体侧，手臂伸直成一条直线，右手五指并拢，手掌翻转到掌心朝上，与肩平齐，直指准确方向。目光要随着手势走，指到哪里看到哪里，否则易使对方迷惑。指引方向后，右手手臂不可马上放下，要保持手势顺势送出几步，以体现对他人的关怀和尊敬，如图2-30所示。

图2-29　挥手道别手势

图2-30　指引方向手势

（5）递接物品手势。要领：用双手递送、接取物品，在不方便双手递接时，也可用右手，但绝不可单用左手。双方距离比较远时，应起身站立，主动走近对方递送或接取物品。递送时最好直接递至对方手中并且要方便对方接取。递送有文字、图案、正反面的物品时，要正面向上且朝向对方；接取物品时，要缓且稳，不要抢取。图2-31所示为递物品示意图。递送带尖、带刃或其他易于伤人的物品时，应使其尖、刃等朝向自己或朝向他处，切不可朝向对方，如图2-32所示。

图2-31　递物品示意图

图2-32　递笔、刀、剪子手势

（6）展示物品手势。要领：应使物品在身体的一侧展示，不要挡住本人头部。展示的位置不同表明物品的意义不同：当手持物品高于双眼时，适用于被人围观时采用；当手持物品位于眼睛下方，胸部上方，双臂横伸时，自肩至肘部以内时，给人放心、稳定之感；当手持物品位于眼睛下方，胸部上方，双臂伸直在肘部以外时，给人清楚之感，通常在这个位置展示的是需让对方看清楚的物品；当手持物品位于胸部以下，给人以漠视感，通常展示的是不太重要或不太明显的物品。图 2-33 所示为展示物品示意图。

（7）鼓掌手势。鼓掌是在观看文体表演、参加会议、迎候嘉宾时表示赞赏、鼓励、祝贺、欢迎等情感的手势。要领：以右手掌心向下有节奏地拍击左掌，不可左掌向上拍击右掌；不可右掌向左，左掌向右，两掌互相拍击。鼓掌时间要长短相宜，5～8 秒较为合适。

2. 常见手势语

（1）OK 手势。拇指和食指合成一个圆圈，其余三指自然伸展，如图 2-34 所示。这种手势在西方某些国家比较常见，但应注意在不同国家其语义有所不同。如在美国表示"赞扬""允许""了不起""顺利""好"；在法国表示"零"或"无"；在印度表示"正确"；在中国表示"零"或"三"两个数字；在日本、缅甸、韩国则表示"金钱"；在巴西则是"引诱女人"或"侮辱男人"之意；在地中海的一些国家则是"孔"或"洞"的意思，常用此来暗示、影射同性恋。

图 2-33　展示物品示意图

图 2-34　OK 手势

📦【小故事】

OK 手势闹出笑话

（2）伸大拇指手势。大拇指向上，在说英语的国家多表示 OK 之意或是打车之意；若用力挺直，则含有骂人之意；若大拇指向下，多表示坏人、下等之意。在我国，伸出大拇指这一动作，向上伸表示赞同、一流、好，向下伸则表示蔑视、不好。伸大拇指手势如图 2-35 所示。

（3）V 字形手势。伸出食指和中指，掌心向外，其语义主要表示胜利（英文 victory 的第一个字母）；掌心向内，在西欧表示侮辱、下贱之意。这种手势还时常表示"二"这个数字。

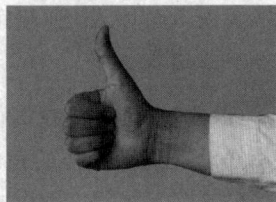

图 2-35　伸大拇指手势

📦【小故事】

小明的手势

小明刚上三年级，这天他考数学，自我感觉考得挺好。他放学回到家，90 多岁的太奶奶就问他："今天考得咋样啊?"他说考得挺好,冲太奶奶做了个 V 字形手势,他太奶奶哪懂得洋手势的意思呀,说道："哦,这孩子学习不行,考了个'鸭巴子'。""鸭巴子"是方言,就是指得了 2 分,鸭子的形状不是像阿拉伯数字 2 嘛。第二天放学,太奶奶又问小明："孩子你今天考得咋样啊?"小明今天考的是语文,他自我感觉考得也很好,就冲太奶奶做了一个 OK 手势,他太奶奶还是不懂这个洋手势的意思,叹了口气,说道："唉,这孩子学习不行,还不如昨天呢,考了个大零蛋!"

(4) 伸出食指手势。伸出食指在我国以及亚洲一些国家表示"一""一个""一次"等,在法国、缅甸等国家则表示"请求""拜托"之意。使用这一手势时,一定要注意不要用手指指人,更不能在与人面对面时用手指指着对方的面部和鼻子,这是一种不礼貌的动作,且容易激怒对方。

(5) 捻指作响手势。就是用手的拇指和中指弹出声响,其语义或表示高兴,或表示赞同,或表示无聊之举,或表示轻浮之感。应尽量少用或不用这一手势,因为其声响有时会令他人反感或觉得这人没有教养。尤其是不能对异性运用此手势,这是带有挑衅、轻浮之举的手势。

3. 克服不良的手势

手势是人的第二面孔,具有抽象、形象、情意、指示等多种表达功能,在使用手势和手势语时,以下的不良手势和手势语应注意克服,否则将会给对方传达出不良信息。

(1) 指指点点。工作中绝不可随意用手指对交际对象指指点点,与人交谈时更不可这样做。指点着别人说话,往往会引起他人较大的反感。

🔍 【小案例】

错误的数数法

某日,小郑奔赴机场,准备接待当天到达的重要客户。小郑笑容可掬地站在机场出口,迎候客户的到来,接着小郑按惯例开始清点人数："1,2,3,4,…"小郑轻轻地念着,同时用手指点数客户。在接下来的接待中,小郑服务十分周到,但是他发现客户们还是有点不对劲。小郑百思不得其解。

【点评】 在人际交往过程中,应掌握不同情况下手势的正确使用。在清点人数时,可以采用默数的方式,即用目光进行清点,心里默记。本案例中,小郑的行为既不礼貌,也不符合职业道德。

(2) 随意摆手。在接待服务对象时,不可将一只手臂伸在胸前,指尖向上,掌心向外,左右摆动。这种动作的一般含义是拒绝别人,甚至还有极不耐烦之意。

(3) 端起双臂。双臂抱起,然后端在胸前这一姿势,往往暗含孤芳自赏、自我放松或置之度外、袖手旁观、看他人笑话之意。

(4) 双手抱头。这一体态的本意是自我放松,但在服务时这么做,则会给人目中无人之感。

(5) 摆弄手指。工作中无聊时反复摆弄自己的手指,活动关节或将其捻响,打响指,要么莫名其妙地攥紧拳,或是手指动来动去,在桌面或柜台上不断敲扣,这些往往会给人不严肃、散漫之感,令人生厌。

(6)手插口袋。这种表现会使客人觉得服务人员在偷懒,在工作方面并未尽心尽力。

(7)搔首弄姿。这种手势,会给人矫揉造作、当众表演之感。

(8)抚摸身体。在工作之时,有人习惯抚摸自己的身体,如摸脸、擦眼、搔头、挖鼻、剔牙、抓痒、搓泥,这会给别人缺乏公德意识、不讲究卫生、个人素质极其低下的印象。

(9)勾指手势。请他人向自己这边来时,用一根食指或中指竖起并向自己怀里勾,其他四指弯曲,示意他人过来,这种手势有唤狗之嫌,对人极不礼貌。

【课堂训练】

两人一组进行训练,练习运用不同的手势(手势语),互相纠正不雅观或者不正确的地方。

课 后 练 习

1.案例分析。

扫描二维码,阅读案例原文,然后回答每个案例后面的问题。

2.作为女士,请用5分钟时间给自己化一个漂亮的工作妆。如果结果不令你满意,要继续实践,反复练习,直到取得满意效果为止。

3.根据自己的脸形、头形、身材及性格等设计一款适合自己的发型。

4.根据自己的脸形、五官特征和皮肤状态,找到自己化妆时必须掩盖和修饰的部分及相应的解决方法。

5.有人说:"化妆不只是技术,还是一门艺术,一种生活。"请谈谈你对这句话的理解。

6.请根据你同学(同事)的脸形、形体和个性特点,给他(她)在服饰上提些合理化建议。

7.服装美的最高境界是外在美和内在美的统一,你对这个问题是怎样理解的?请结合下面这个案例谈谈。

列夫·托尔斯泰的《安娜·卡列尼娜》一书中有这样一段情节:在安娜和渥伦斯基相识的舞会上,安娜穿着全黑的天鹅长裙,长裙上镶着威尼斯花边,闪亮的边饰把黑色点缀得既美丽安详又神秘幽深,这同安娜富有个性的脸庞十分相称。当安娜出现在舞会的门口时,吸引了在场所有人的目光,吉蒂看到安娜的装束后,也强烈地感受到安娜比自己美。安娜的黑色长裙在轻淡柔曼的裙海中显得高贵典雅、与众不同,也与安娜藐视世俗的个性融为一体。

8.组织不同场合的服饰展示会。学生分组穿着半正式场合、休闲场合、运动场合、商务酒会场合等的服饰。每组学生都进行角色扮演，演示各场合服饰的穿戴与搭配，用数码摄像机记录整个过程，然后投影回放，学生自我评价，找出不合规范之处，授课教师总结点评学生存在的个性和共性问题，最后，评选出"最佳表现组"。

9. 你对自己的仪态满意吗？请观察一下你周围人士的站姿、坐姿、走姿等方面存在什么问题，提醒自己避免出现这些问题。

10. 分析判断。

一个人的体态可以间接地传递出他（她）的心理状态。了解体态语与心理态势之间的关系，有助于指导我们在交际场合中用好体态语，或借助对交际对象体态语的理解，来作出相应的心理调整，实现与交际对象的心理沟通，从而有效地调控口语交际活动的进行。请你对以下体态语逐一加以分析，看看它们分别传递了交际者的哪些心理信息。

抬头仰靠座椅，双手环抱于胸；

脚搁在桌子上；

分腿叉腰站立；

只将坐具坐了一半，一直看着自己的脚尖；

晃动二郎腿；

不时变换坐姿或站姿；

行走时忽左忽右，方向不定，变化多端；

行走时左顾右盼，或频频回头注视身后。

11. 你的眼神是否充满自信和活力？怎样才能使眼神充满自信和活力？

12. 观察一下日常生活中各个微笑的脸，说说"微笑的脸"有哪些特征。

13. 今天你微笑了吗？试着每天清晨起床后，对着镜子整理仪容的同时，把甜美愉快的笑容留在脸上。

14. 人际交往中，有哪些手势显得失礼，是我们要避免使用的？

第三章 交 往 礼 仪

生活里最重要的是礼貌,它比最高的智慧、比一切学识都重要。

——[俄]赫尔岑

教养体现于细节,细节展示素质,素质决定成败。

——金正昆

学习目标

- 在交际中能够得体地称呼对方,掌握问候的基本礼仪规范;
- 能够得体地进行自我介绍、居间介绍,更好地与人相识;
- 能够熟练运用标准的握手礼节;
- 拜访、接待符合礼仪规范;
- 能够与交际对象得体地进行交谈。

案例导入

如 此 会 面

小李今年刚大学毕业,在大华公司总经理办公室做秘书工作。一天,公司王总经理派他到机场去接广州明光公司销售部的吴丽晶经理。小李准时来到机场,在出口处吴经理见到小李手中的字牌,走到小李面前说:"你好! 你是小李吧,我是吴丽晶!"小李连忙用不太标准的普通话说:"是的是的,我是小李,您好! 您就是广州过来的狐狸精(吴丽晶)吧? 我是王总派来接您的。我是东方大学行政管理专业毕业的研究生,现在是王总的秘书。"一边说一边伸手准备与吴经理握手。面对小李这样的称呼、这样的自我介绍、这样的握手方式,吴经理会是什么感觉呢?

【思考题】 小李在与吴经理会面中存在哪些礼仪问题?

第一节 会 面

会面是交际的开始。会面礼仪是与人交往中最基本、最常用的礼节,它最能反映出一个人及社会的礼仪水平。人们见面后互致问候,不熟悉的人之间相互介绍,握手,互换名片,寒暄后进入正题。这看似简单,却蕴含着复杂的礼仪规则,表达着丰富的交际信息。

掌握基本的会面礼仪,能使现代人适应各种交际场合的礼仪要求,赢得交际对象的好感,塑造良好的社交形象。

一、称呼

在社交中,双方见面时如何称呼对方直接关系到双方之间的亲疏、了解程度、尊重与否及个人修养等。一个得体的称呼,会令彼此如沐春风,为以后的交往打下良好基础;而一个不恰当或错误的称呼,可能会令对方心里不悦,影响到彼此的关系乃至社交的成功。

【小故事】

叶永烈采访陈伯达

著名传记作家叶永烈在着手写陈伯达传记时,必须采访陈伯达,采访时究竟怎样称呼陈伯达,叶永烈颇费了一番心思。采访的前一天晚上,叶永烈辗转反侧,明天见到了陈伯达到底该怎么称呼他呢?叫他陈伯达同志,不合适,因为陈伯达是在监狱服刑的犯人;叫他老陈,也不行,因为陈伯达已经是84岁的老人了,而自己才48岁,究竟应怎样称呼他呢?突然叶永烈灵机一动,称呼他陈老,这是再恰当不过的称呼了。果然,第二天采访时,叶永烈一声"陈老"亲切得体的称呼,令陈伯达听了感动万分,眼里充满了泪花。由此可见,一个得体的称呼真可谓交际的"敲门砖"啊!

1. 常用的称呼

(1) 职务性称呼。以交往对象的职务相称,以示身份有别、敬意有加。这是一种最常见的称呼,一般在较为正式的职业场合,如官方活动、公司活动中使用。这种称呼具体可以分为三种情况。

① 只称职务,如董事长、市长等。

② 职务前加上姓氏,如王总经理、张市长等。

③ 职务前加上姓名,如李兵主任、谭承旭处长等。

(2) 职称性称呼。对于有专业技术职称,尤其是具有中高级职称者,可以直接以其职称相称。这种称呼具体也可以分为三种情况。

① 只称职称,如教授、工程师等。

② 职称前加上姓氏,如李教授、刘工程师等。

③ 职称前加上姓名,如刘亚珍教授、吴俊明工程师等。

(3) 行业性称呼。在职场中按对方所从事的行业进行称呼,一般可直接以职业作为称呼,如教师、医生、会计、律师等。此类称呼前均可以加上姓氏或姓名,如汪老师、张医生、李敏律师等。

(4) 学衔性称呼。在职场中按对方的学衔进行称呼,一般可以增加被称者的权威性,也有助于增强现场的学术气氛。这种称呼具体可以分为四种情况。

① 只称学衔,如博士。

② 学衔前加上姓氏,如王博士。

③ 学衔前加上姓名,如王晓明博士。

④ 将学衔具体化,说明其所属学科,并在后面加上姓名,如生物工程学博士王晓明。这种称呼最正式。

（5）姓名性称呼。在职场中直接称呼姓名，一般只适用于同事、同学和熟人之间。这种称呼具体也可以分为三种情况。

① 直呼姓名，如王艳洁、张岩松等。

② 只称其姓，不称其名，一般要在姓氏前面加上"老""小""大"等前缀，如老刘、小王、大赵等。

③ 只称其名，不称其姓，一般在亲友、同学、邻里间使用，尤其适用于上级称呼下级、长辈称呼晚辈，如岩松、艳洁等。

【小贴士】

中国人的名、字、号

（6）亲属性称呼。亲属，即与本人直接或间接拥有血缘关系者。在日常生活中，对亲属的称呼也已约定俗成，人所共知。面对外人，对亲属可根据不同情况采用谦称或敬称。

① 对本人的亲属应采用谦称。称辈分或年龄高于自己的亲属，可在其称呼前加"家"字，如"家父""家叔"。称辈分或年龄低于自己的亲属可在其称呼前加"舍"字，如"舍弟""舍侄"。称自己的子女，则可在其称呼前加"小"，如"小儿""小女""小婿"。

② 对他人的亲属应采用敬称。对其长辈，宜在称呼前加"尊"字，如"尊母""尊兄"。对其平辈或晚辈，宜在称呼前加"贤"字，如"贤妹""贤侄"。若在其亲属的称呼前加"令"字，一般可不分辈分与长幼，如"令堂""令爱""令郎"。

（7）性别性称呼。对于从事商界、服务性行业的人，一般约定俗成地按性别的不同分别称呼"小姐""女士""夫人""先生"，其中，"小姐"是对未婚女性的称呼，"夫人"是对已婚女性的称呼，"女士"是对已婚或婚姻状况不明确者的称呼，"先生"主要是对男士的称呼。

【小故事】

小姐还是太太

一位先生为一位外国朋友订做生日蛋糕。他来到一家酒店的餐厅，对服务小姐说："小姐，您好，我要为我的一位外国朋友订一份生日蛋糕，同时打一份贺卡，您看可以吗？"小姐接过订单一看，忙说："对不起，请问先生，您的朋友是小姐还是太太？"这位先生也不清楚这位外国朋友结婚没有，从来没有打听过，他为难地抓了抓后脑勺，想想说："小姐？太太？一大把岁数了，还是叫太太吧。"生日蛋糕做好后，服务员小姐按地址到酒店客房送生日蛋糕，敲门，一女子开门，服务员小姐有礼貌地说："请问，您是怀特太太吗？"女子愣了愣，不高兴地说："错了！"服务员小姐丈二和尚摸不着头脑，抬头看看门牌号，又回去打电话问那位先生，没错，房间号码没错。再敲一遍，开门，"没错，怀特太太，这是您的蛋糕。"那女子大声地说："告诉你错了，这里只有怀特小姐，没有怀特太太！""啪"的一声，门被用力关上，蛋糕掉在了地上。

2. 称呼的禁忌

（1）忌使用错误的称呼。如因字多音而叫错对方的姓氏、误称未婚女性为夫人等，容易使人产生不悦或误会。

（2）忌使用过时的称呼。如对官员使用"老爷""大人"等过时的称呼，不符合现代社会的标准，显得不伦不类。

（3）忌使用不通行的称呼。如南京人爱称人"师傅"，山东人爱称人"伙计"，但这样的称呼具有一定的地域性，在全国不通行，有时还会引起误会，如广东等地的南方人把"师傅"当成是"出家人"，把"伙计"当成是"打工仔"。

（4）忌使用不当的行业称呼。行业称呼具有行业特点，如工人可以称为"师傅"，称呼政府职能部门的公务人员为"师傅"则不合适，同样，现在一些美容院和发廊将美容师和理发师称呼为老师也是不合适的。

（5）忌使用庸俗低级的称呼。在正式或商务沟通中，使用得体的称呼是展现专业素养和尊重对方的重要方式。应避免使用庸俗、随意或过于亲昵的称呼。

（6）忌使用绰号为称呼。在交际中，特别是职场中不能随意用绰号来称呼对方；还有一些人的小名也不能叫，如"小狗子""狗剩"等过去家人起的所谓贱名。

（7）忌使用替代性的称呼。在交际中，不应该使用替代性的称呼来代替正规的称呼，如医院的护士用病人的床号"八床""五床"等替代病人的姓名，服务行业称呼客人为"几号"或"下一个"等。

（8）忌使用不适当的简称。有时为了显示亲热，有人会使用简称来称呼领导，如"李局（长）""张处（长）"，但并不是所有的称呼都可以用简称的，如范局长不能简称为"范局"，戴校长不能简称为"戴校"。

（9）忌不使用称呼。不使用称呼，即和别人沟通时用"喂""哎"等词语开头，这是很不礼貌的，也会令人十分不满从而引起误会。

（10）忌使用昵称。在正式交际场合中坚决不能使用"宝贝""亲爱的""哥""姐"等昵称，一来反映自身的素质问题，二来会令人十分尴尬。

【小案例】

"小"字别乱喊

【课堂训练】

以小组为单位，分组分角色进行称呼礼仪模拟训练。

二、问候

问候即与人见面时微笑、点头问好、打招呼，或以语言向对方致意的一种方式。问候的礼仪要求注意问候的次序、态度、内容等。

【小故事】

问候的作用

1. 问候的次序

（1）一个人问候另一个人。讲究"位低者先问候"，即辈分、身份较低者首先向辈分、身份较高者问候。如晚辈先问候长辈，下级先问候上级，主人先问候客人，男士先问候女士。

（2）一个人问候多人。如果同时遇到很多人，可以笼统地加以问候，可以说"大家好"；也可以逐一加以问候。当逐一问候许多人时，可以按由尊而卑、由长而幼的次序进行，也可以采用由近及远的顺序进行。

2. 问候的态度

（1）要主动。遇到认识的人要积极主动地问候对方。当他人首先问候自己时，要立即热情地予以回应，不能不理不睬，失礼于人。

（2）要热情。问候他人时，通常要表现得热情、友好。面无表情地问候还不如不问候。

（3）要自然。主动、热情地问候他人，更要表现得自然大方。问候时，要面带微笑，注视对方的双眼，并且要专心致志。

（4）要专注。问候的时候，要面含笑意，以双目注视对方的双眼，以示口到、眼到、意到，专心致志。不要在问候对方的时候，眼睛看向别处，让对方不知所措。

【课堂训练】

从打招呼方式看性格

新的一天往往是从"早上好"等招呼语开始的。请问，你平常都是怎么打招呼的？

A. 扬手打招呼。

B. 微笑点头打招呼。

C. 只动嘴巴，表情不变。

D. 拍拍对方的肩膀或手臂，说："你好！"

从打招呼方式看
性格测试结果

3. 问候的方式

（1）语言问候。一般熟人相见，使用频率最高的问候语是"你好"或"您好"，另加"好久不见，近来可好（怎么样）"等。问候语应根据不同场合、不同对象而灵活机动地运用，总的来说，越简单越好。随着社会的发展进步，人们越来越喜欢用"你好"或"您好"来表达见面时的喜悦和礼貌。

（2）动作问候。动作问候有点头、微笑、握手、拥抱、吻礼、鞠躬等。与外国人见面时，视对象场合的不同而所采用的礼节也不同：对日本人等多数东方国家来说，鞠躬是最常见的；欧洲人则更喜欢拥抱的礼节。

■【小贴士】

路遇的问候

（1）遇到不太熟悉的异性。很多人都有这样的感受，就是在路上遇到不太熟悉的异性会觉得尴尬，不打招呼显得不礼貌，打招呼又不太好意思，或怕对方误会。正确的做法应该是：一位女士在路上偶然遇见不熟悉的男士，应点头招呼，但不要显得太热情，也不要用冷冰冰的面孔来点头；一位男士在路上偶然遇见不太相熟的女士，应首先打招呼，但表情不可过分殷勤。

（2）遇到好久不见的老朋友。遇到好久不见的老朋友时，不要大声惊呼，也不要隔着几条马路或隔着人群就大声呼唤，如果边喊边穿马路是非常危险的。在问候之后，如果还想多谈一会儿，应该避开拥挤的行人，找一个相对安全和安静的地方谈，或另约时间、地点继续交谈，不要站在来往人流中进行攀谈。

（3）两人以上同行，遇到熟人。两人以上同行，遇到熟人时，你应主动介绍一下这些人与你的关系，如"这是我的同事"或"这是我的朋友"，但也没有必要一一介绍；然后应向同伴们介绍一下你的这位熟人，但也只要说一下他（她）与你的关系即可，如"这是我的邻居"，被介绍者应相互微笑，点头致意。

如果是两对夫妇或两对情侣路遇，相互致意的顺序应是：女士们首先互相致意，然后男士们分别向对方的妻子或女友致意，最后才是男士们互相致意。

4. 问候的内容

（1）直接式。直接式问候就是直截了当地以问好作为问候的主要内容。它适用于正式的公务交往，尤其是宾主双方初次相见。

（2）间接式。间接式问候就是以某些约定俗成的问候语，或者在当时条件下可以引起的话题作为问候的内容，主要适用于非正式、熟人之间的交往。比如，"忙什么呢""您去哪里"等，来替代直接式问候。交谈者可根据不同的场合、环境、对象进行不同的问候，常见的问候语如下。

① 表示礼貌的问候语。如"您好！""早上好！""节日好！""新年好！"之类。根据问候对象的不同，问候语可大致分为几类：如从年龄上考虑，对少年儿童要问："几岁了？"或者问："上几年级了？"对成年人问："工作忙吗？"从职业上考虑，对教师可以问："今天有课吗？"对作家问："又有大作问世了吧？"对朋友、邻居、同事的问候就更为丰富。问候语如果用得好就能密切关系、增进友谊。

② 表示思念之情的问候语。如"好久不见，你近来怎样？""多日不见，可把我想坏了！"等。

③ 表示对对方关心的问候语。如"最近身体好吗？""来这里多长时间了，还住得惯吗？""最近工作进展如何，还顺利吗？"等。

④ 表示友好态度的问候语。如"生意好吗？""在忙什么呢？"等。这些貌似提问的话

语,并不表明问候者真想知道对方的起居内容,往往只表达说话人的友好态度,听话人则把它当成交谈的起始语予以回答,或把它当作招呼语不必详细作答,这只不过是一种交际的媒介。

📦【小故事】

令人乏味的问候

🖱️【课堂训练】

面对以下情境该如何问候

下列都是经常出现在我们身边的情境,在这些情况下,应该如何问候呢?

情境1:当我们在校园里与老师迎面相遇时……

情境2:下课的铃声响了,同学们走出教室,这时意外发生了,两个急急忙忙走路的同学撞到了一起……

情境3:一位同班同学生病了,在宿舍养病……

三、介绍

介绍是人与人相互沟通的出发点,能有效地缩短人与人之间的距离。介绍分为自我介绍和居间介绍。

1. 自我介绍

自我介绍即将本人介绍给他人。从某种意义上说,自我介绍是进入社会交往的一把钥匙。在缺少介绍人的情况下,自我介绍是非常必要的,运用得好,可为交际活动的顺利进行助一臂之力。

自我介绍

(1)自我介绍的场合。自我介绍的场合一般选择在正式场合,在没有干扰的情况下进行。具体如下。

① 应聘求职、会议场合可以作自我介绍。

② 因为业务关系需要与相关人士接洽时,需要作自我介绍。

③ 当遇到你知晓或久仰的人士,他不认识你时,可以作自我介绍。

④ 出差、办事与别人不期而遇时,为了增加了解和信赖,可以作自我介绍。

⑤ 初次前往他人居所、办公室登门拜访时,需要作自我介绍。

⑥ 参加聚会,主人不可能作细致的介绍,与会者可以与同席或身边的人相互作自我介绍。

(2)自我介绍的顺序。自我介绍的顺序要求遵循尊者有优先知情权,位低者先行的原则。具体如下。

① 职位高者与职位低者相识,职位低者应该先作自我介绍。

② 男士与女士相识,男士应该先作自我介绍。

③ 长辈与晚辈相识,晚辈应该先作自我介绍。

④ 资深人士与资历浅者相识,资历浅者应该先作自我介绍。

⑤ 已婚者与未婚者相识,未婚者应该先作自我介绍。

（3）自我介绍的方式。根据不同场合、环境的需要,自我介绍的方式有应酬式、公务式、礼仪式、社交式和问答式五种,如表 3-1 所示。

表 3-1　自我介绍的方式

类　型	适 用 场 合	使 用 目 的	内 　容	举 　例
应酬式	适用于公共场合、一般性的社交场合,如旅途中、商场里	面对泛泛之交而不想深交的人	只包括本人姓名	"你好,我叫/是张明。"
公务式	适用于工作场合,如业务洽谈、工作联络	与对方建立工作关系	包括本人姓名、单位、部门或从事的具体工作三要素,缺一不可	"你好,我叫张明,是五湖四海医药公司的营销部经理。"
礼仪式	适用于讲座、报告、演说、庆典、仪式等正规场合	向对方表示友好、敬意	包括本人姓名、单位、职务等项内容,还可以适当加一些谦辞、敬语等	"各位来宾,大家好! 我叫张明,我是五湖四海医药公司的营销部经理。我代表本公司热烈欢迎大家的光临……"
社交式	适用于各类社交活动,如私人交往、联谊会、网络交流等	使对方认识自己、了解自己,建立进一步交往的平台	包括本人姓名、职业、籍贯、爱好、自己跟交往对象双方所共同认识的人等	"你好,我叫张明,我是 2018 届营销班的。李军是我的老乡,我们都是北京人……"
问答式	适用于普通性交际应酬场合	应聘求职、应试求学、初次交往等	主要根据提问进行介绍,有问必答	问:"请问您贵姓?"答:"您好! 免贵姓张。"

🔍【小案例】

罗兰的自我介绍

罗兰去参加朋友的生日宴会,在那里她遇上了几个不认识的人。当时朋友正在忙里忙外地招呼客人,所以没有顾得上更多地关照罗兰这个"自己人"。正当性格内向的罗兰胆怯地坐在客厅一角,不知道自己该不该和那些陌生人寒暄几句,更不知道自己应该如何启齿时,一位温文尔雅的先生走了过来,主动跟她打招呼:"小姐,您好! 我叫邓雨轩,请问您怎么称呼?"缺乏准备的罗兰有点儿慌乱地随口应道:"叫我小罗好了。"

其实,罗兰这时打心眼里感谢这位不熟悉的邓先生过来跟她打招呼,使她不至于"孤立无援",而且她也真想大大方方地同邓先生聊上几句。然而意想不到的是,罗兰就那么一句"叫我小罗好了",让邓先生的热情顿减,立马扭头走了回去。

【点评】　在作自我介绍时需选用恰当的方法,把握好相应的时机和场合,掌握好分寸。本例中属于一般性的社交场合,需介绍自己的姓名,而不应该只介绍自己的姓。

（4）自我介绍的注意事项。作自我介绍时应注意以下几方面。

① 注意时机。要抓住时机,在适当的场合进行自我介绍。在对方有空闲,而且情绪较好,又有兴趣时作自我介绍,就不会打扰对方。

② 注意态度。自我介绍的态度一定要自然、友善、亲切、随和,应镇定自信、落落大方、彬彬有礼,既不能怯场,又不能虚张声势、轻浮夸饰。语气要自然、语速要正常、语音要清晰。作自我介绍时如果出现畏怯紧张、结结巴巴、目光不定、面红耳赤等情况,会给人缺少经验、缺乏自信的感觉,为他人所轻视。

③ 注意时间。自我介绍要简洁、言简意赅,尽量节省时间,以半分钟为佳,不宜超过一分钟,且越短越好。话说得多了,不但显得啰唆,而且交往对象未必记得住,也未必感兴趣。为了节省时间,作自我介绍时,还可利用名片、介绍信作为辅助手段。

④ 注意内容。自我介绍的内容包括三项基本要素:本人的姓名、现供职的单位以及具体部门、担任的职务和所从事的具体工作。在自我介绍时,这三项基本要素应一鼓作气连续报出,这样既有助于给人完整的印象,又可以节省时间。要真实诚恳、实事求是,不可自吹自擂、夸大其词。

◆【小贴士】

自我介绍要善于巧解姓名

名字是一个人的有声名片,要向他人介绍自己的名字,让人印象鲜明,恒久不忘,就需要巧解姓名,把自己的名字介绍得顺耳入心。

相声大师马三立有段著名的自我介绍:"我叫马三立。就是马啊,剩三条腿还立着呢——马三立! 三立,立起来,被人打倒;立起来,又被人打倒;最后,又立起来了。"

从自己的名字中寻找特点、亮点,与众不同、标新立异地予以介绍,想必会收到意想不到的效果。

⑤ 注意方法。在自我介绍前,应先向对方点头致意,得到回应后再向对方介绍自己。如果有介绍人在场,自我介绍则被视为不礼貌的行为。应善于用眼神表达自己的友善、表达关心以及沟通的渴望。如果想认识某人,最好预先获得一些有关他的资料或情况,诸如性格、特长及兴趣爱好等,这样在自我介绍后,便很容易融洽交谈。在获得对方的姓名之后,不妨口头加重语气重复一次,因为每个人都乐于听到自己的名字。

他人在进行自我介绍时,我们也要注意以下方面:一是引发对方作自我介绍时应避免直话相问,缺乏礼貌,如"你叫什么名字",而应该尽量客气一些,用词更敬重些,"请问尊姓大名""您贵姓""不知怎么称呼您""您是……"等;二是要仔细聆听他人的自我介绍,记住对方的姓名、职业等。如果没有听清楚,不妨在个别问题上仔细再问一遍,这比他人作过自我介绍,而你还是不明情况的好;三是等一个人作了自我介绍后,我们也应作相应的回应——向对方作自我介绍,这才是礼貌的。

◆【小贴士】

尴尬不堪的介绍

情境:A 男士和 B 女士两位秘书在门口迎接来宾。

一辆小轿车驶到，一男士下车。B女士走向前，道："王总您好!"呈上自己的名片，又道："王总，我叫李月，是××集团的秘书，专程前来迎接您。"王总道谢。A男士上前："王总您好! 您认识我吧?"王总点头。A男士又问："那我是谁?"王总尴尬不堪。

【点评】 介绍是社交场合相互了解的一种方式，自我介绍应做到及时、准确、清楚，不应该理所当然地认为对方认识自己，即使原来有一面之交，也许会忘记，所以不应该让对方难堪。

2. 居间介绍

（1）居间介绍的时机。居间介绍即交际中的第三者介绍。在居间介绍中，为他人作介绍的人一般为社交活动中的东道主、社交场合中的长者、家庭聚会中的女主人、公务交往活动中的公关人员（礼宾人员、文秘人员、接待人员）等。

居间介绍的时机包括：在家中接待彼此不相识的客人；在办公地点接待彼此不相识的来访者；与家人外出，路遇家人不相识的同事或朋友；陪同亲友，前去拜会不相识的亲友；本人的接待对象遇见了其不相识的人士，而对方又跟自己打了招呼；陪同上司、长者、来宾时，遇见了其不相识者，而对方又跟自己打了招呼；打算推介某人加入某一交际圈；受到为他人作介绍的邀请。

（2）居间介绍的顺序。为他人介绍时，要注意顺序。先确定被介绍的双方哪一方更应该被尊敬，更应该受尊敬的人有优先了解对方信息的权利。在我国古代习惯以职位高低、资历深浅、年龄大小来决定受尊敬的程度。在西方，习惯以性别来决定受尊敬的程度，女士优先。国际上公认的介绍顺序如下。

① 将男性介绍给女性。

② 将年轻者介绍给年长者。

③ 将职位低者介绍给职位高者。

④ 将未婚女子介绍给已婚女子。

⑤ 将晚到者介绍给早到者。

如果被介绍的人同时具备以上两个原则，应该按后一个原则来介绍。如当一个晚到的女客人遇到一个早到的男客人时，就需要把晚到的女客人介绍给早到的男客人；当一位年轻的女士遇到一位年长的男士时，就需要把女士介绍给男士。

介绍的顺序应该注意场合。如严肃的工作场合，就要按照职位高低来介绍，把职位低的人介绍给职位高的人。对于公司的客户，就算是公司的总裁，在面对一个普通客户时，也要把总裁介绍给客户，因为客户永远是上帝。

⊕ **【小案例】**

不注重细节的小李

（3）居间介绍的方式。居间介绍的方式如表 3-2 所示。

表 3-2　居间介绍的方式

类　型	适用场合	使用目的	内　容	举　例
标准式	适用于正式场合，如业务洽谈、宴会	使双方认识，并建立工作关系、交换联系方式	以双方的姓名、单位、职务等为主	"我给两位引见一下，这位是我们公司营销部的李小姐，这位是五湖四海医药公司的总经理张先生。"
礼仪式	适用于正式场合，是一种最为正规的他人介绍的方式	与标准式略同，只是语气、表达、称呼上都更为礼貌、谦恭	包括双方姓名、单位、职务等项内容，还可以适当加一些谦辞、敬语等	"张先生，您好！请允许我把我们公司的销售部经理李军先生介绍给您。李先生，这位是五湖四海医药公司总经理张明先生。"
推荐式	适用于比较正规的场合	将被介绍者举荐给另一位被介绍者	通常会对主要被介绍者的优点加以重点介绍	"这位是五湖四海医药公司的张明总经理，这位是我们公司的李军总经理。李总经理是管理方面的专业人士，他还是经济学博士呢。张先生，我想您一定愿意结识他吧。"
强调式	适用于各类社交活动，如私人交往、联谊会等	使双方认识，并引起对其中一位被介绍者的重视	包括双方的姓名，往往还会刻意强调其中一位与介绍者之间的特殊关系	"这位是张教授的学生，这位是李经理，请李经理多多关照。"
引见式	适用于普通的交际应酬场合	将被介绍者双方引到一起即可	不需要具体介绍双方，由他们自行认识	"两位认识一下，这位是张经理，请张经理多多关照。"
简介式	适用于一般的社交场合，如聚会、茶话会、舞会	使双方认识	双方姓名一项，甚至只提到双方姓氏为止	"我来介绍一下，这位是小李，这位是小周，你们认识一下吧。"

（4）居间介绍的注意事项。在为他人作介绍时，介绍者对介绍的内容应当字斟句酌，慎之又慎。在为他人作介绍时，由于实际需要的不同，介绍时所采取的方式也会有所不同。

在正式场合，内容以双方的姓名、单位、职务等为主。在一般的交际场合，其内容往往只有双方姓名一项，甚至只提到双方姓氏。接下来，则由被介绍者见机行事。在比较正规的场合，介绍者有备而来，有意将某人举荐给某人，因此在内容方面，通常会对被举荐者的优点着重介绍。

在进行居间介绍时，介绍者与被介绍者都要注意自己的表达、态度与反应。介绍者为被介绍者介绍之前，不但要尽量征求一下介绍双方的意见，而且在开始介绍时还应再打一下招呼，切勿上去开口即讲而显得突如其来，让被介绍者措手不及。

介绍时要注意实事求是，掌握分寸，不能胡吹乱捧。介绍姓名时，一定要口齿清楚，发音准确，把易混的字音咬准，如"王"和"黄"、"刘"和"牛"等；对同音字、近音字必要时要加以解释，如"邹"和"周"、"张"和"章"、"徐"和"许"等。居间介绍如图 3-1 所示。

（5）接受介绍时的礼仪。介绍需要讲究必要的礼节，而接受介绍时应采取什么态度和行为来表现自己呢？被介绍者在介绍者询问自己是否有意认识某人时，一般不应拒绝或扭扭捏捏，而应欣然表示接受。实在不愿意时，则应说明缘由。

当介绍者走上前来，开始为被介绍者进行介绍时，被介绍的双方应起身站立，面带微笑，神态庄重、专注，被介绍者的目光一定要注视着对方的面部，无论对方是男是女。不要让其他事情分散你的注意力，不要东张西望，以免给对方留下心不在焉、不重视或不欢迎的印象。

图3-1　居间介绍

当介绍者介绍完毕后，如果双方均为男性，握手绝对必要，这象征着信任和尊敬。握手时问候对方并复述对方姓名。你可以说"能认识你很高兴，李先生"或"你好，张先生"等。此时的常用语还有"久仰大名""认识你非常荣幸""幸会，幸会"等。必要时还可作进一步的自我介绍。如果把男性介绍给女性认识时，女性觉得有握手必要时，可以先伸出手来，表示出热诚。

交谈后离开时要互相道别，一声"再见"可以给对方留下很好的印象。

在接受介绍时，你没有听清对方的名字，可以请对方再说一遍，千万不要觉得不好意思。你可以说："对不起，我没听清楚你的名字，可否请你再讲一次。"别人不仅不会生气，甚至会觉得很受用，因为这表示你很在乎他的名字。

（6）集体介绍的礼仪。集体介绍是他人介绍的一种特殊形式，是指介绍者在为他人介绍时，被介绍者其中一方或者双方不止一人而是多人。集体介绍时，原则上应参照他人介绍的顺序进行。在正式场合或隆重场合，介绍顺序是个礼节性极强的问题，其要领如下。

① 当被介绍双方地位、身份大致相似时，应是一人礼让多数人、人数少的一方礼让人数多的一方，先介绍一人或人数少的一方，再介绍人数较多的一方或多数人。

② 当被介绍双方的地位、身份存在明显的差异，地位、身份明显高者为一个人或人数少的一方时，应先向其介绍人数多的一方，再介绍地位、身份高的一方。

③ 被介绍双方均为多人时，应先介绍位卑的一方，后介绍位尊的一方；先介绍主方，后介绍客方。介绍各方人员时，则应由尊到卑，依次而行。

④ 当被介绍者不止双方而是多方时，应根据合乎礼仪的顺序，确定各方的尊卑，由尊而卑，按顺序介绍各方。如果需要介绍各方成员时，也应按由尊到卑的顺序依次介绍。

▌【小贴士】

集体介绍的特别注意

在集体介绍时有两点需要特别注意。一是尽量不要使用被介绍方单位的简称。例如，将"上海吊车厂"简称为"上吊"、将"怀来运输公司"简称为"怀运"等。这样听上去容易使人产生歧义，甚至哗然大笑。至少，要在首次介绍时使用准确的全称，然后方可采用不产生歧义的简称。二是在介绍时要庄重、亲切，切勿随意拿被介绍者开玩笑。

▌【课堂训练】

以小组为单位，分别分角色进行自我介绍和他人介绍礼仪的模拟训练。

四、握手

🏳️ 【小贴士】

握手的由来

当今,握手已成为世界上最为普遍的一种礼节,其应用的范围远远超过了鞠躬、拥抱、亲吻等礼节。在日常交际中,我们必须注意握手的基本礼节。

1. 握手的要求

握手的标准方式是行礼时行至距握手对象约 1 米处,双腿立正,上身略向前倾,伸出右手,四指并拢,拇指张开与对方相握。握手时的手势如图 3-2 所示。握手时应用力适度,上下稍许晃动 3~4 次,随后松开手来,恢复原状,如图 3-3 所示。具体应注意以下几点。

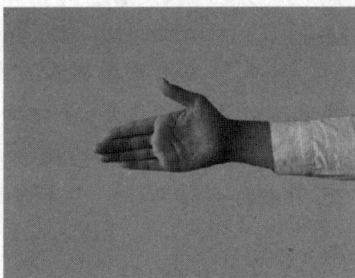

图 3-2 握手时的手势

图 3-3 握手

(1) 讲究次序。根据礼仪规范,握手时双方伸手的先后次序一般应当遵守"尊者先伸手"的原则,应由尊者首先伸出手来,位卑者只能在之后予以响应,绝不可贸然抢先伸手,不然就是违反礼仪的举动。其基本规则如表 3-3 所示。

表 3-3 握手次序的基本规则

类 型	基 本 规 则
男女握手	男女之间握手,男士要等女士先伸出手后才能握手。如果女士不伸手或无握手之意,男士向对方点头致意或微微鞠躬致意。男女初次见面,女士可以不和男士握手,只是点头致意即可
	男女握手时,男士要脱帽和脱右手手套,如果偶遇匆匆忙忙来不及脱,要道歉。女士除非与长辈握手,一般可不必脱下手套
主宾握手	主人有向客人先伸出手的义务。在宴会、宾馆或机场接待宾客,当客人抵达时,不论对方是男士还是女士,女主人都应该主动先伸出手,以示对客人的欢迎
	客人告辞时,则应由客人首先伸出手来与主人相握,在此表示的是"再见"之意

续表

类　型	基 本 规 则
长幼握手	长幼之间握手，年幼者一般要等年长者先伸手。和长辈及年长的人握手，不论男女，都要起立趋前握手，并要脱下手套，以示尊敬
上下级握手	下级要等上级先伸出手。但涉及主宾关系时，可不考虑上下级关系，做主人的应先伸手
一个人与多人握手	应讲究先后次序，由尊而卑，即先年长者后年幼者，先长辈后晚辈，先教师后学生，先女士后男士，先已婚者后未婚者，先上级后下级，先职位、身份高者后职位、身份低者

值得注意的是，在公务场合，握手时伸手的先后次序主要取决于职位、身份；而在社交、休闲场合，则主要取决于年龄、性别、婚否。

🔍【小案例】

不懂握手规矩的小李

小李大学毕业后被恒达商业集团公司录用，并被安排在办公室工作。一次，单位接到一个通知，说某省考察团要来拜访，单位领导非常重视，让办公室认真负责。办公室主任把这次接待任务交给了小李，特意叮嘱他不能出现任何差错。经过多方请教和努力，小李很快拟订了一个极其详尽而且合理的接待方案，递交上去后，得到了办公室主任的认可和赞赏。

巧合的是，小李与这次来访的考察团团长非常熟识，故被列为主要迎宾人员并陪同有关部门领导前往机场迎接贵宾。当考察团团长率领其他工作人员到达后，小李面带微笑，热情地走上前去，先于部门领导与考察团团长握手致意，然后转身向自己的领导介绍这位考察团团长，接着又热情地向考察团团长介绍了随自己同来的部门领导。小李自以为此次接待相当顺利，但他的某些举动却令其领导十分不满。

【思考题】 小李的举动为什么会令其领导不满？小李的问题何在？

（2）神态专注。与人握手时神态应专注、热情、友好、自然。在通常情况下，与人握手时，应面带微笑，目视对方双眼，并且口道问候。在握手时切勿显得自己三心二意、敷衍了事、漫不经心、傲慢冷淡。如果在此时迟迟不握他人早已伸出的手，或一边握手一边东张西望、目中无人，甚至忙于跟其他人打招呼，都是极不礼貌的行为。

（3）注意力度与时间。握手时应适度用力，不轻不重、恰到好处。如果手指轻轻一碰，在刚触及时就离开，或是懒懒地、慢慢地相握，缺少应有的力度，会给人勉强应付、不得已而为之的感受。一般来说，握手较紧是在表示热情，男人之间可以握得较紧，甚至另一只手也加上，握手时手可以大幅度上下摆动，或者在两手相握时，左手又握住对方胳膊肘、小臂甚至肩膀来表示热烈、重托。但是注意用力适度，不能握得太使劲，使人感到疼痛，也不能显得过于柔弱，不像个男子汉。对女性或陌生人，轻握是很不礼貌的行为，尤其是男性与女性握手时应热情、大方、用力适度，通常是握紧后打完招呼松开即可。但如亲密朋友意外相遇、敬慕已久而初次见面、至爱亲朋依依惜别、衷心感谢难以表达等场合，握手时间可稍长，甚至可以紧握不放，说话不休。在公共场合，如列队迎接外宾，握手的时间一般较短。握手的时间应根据与对方的亲密程度而定。

🏴 【小贴士】

握手方式与性格

2. 握手的禁忌

在人际交往中,握手虽然司空见惯,看似寻常,但是由于它可被用来传递多种信息,因此在行握手礼时应努力做到合乎规范,注意以下禁忌。

(1) 不要用左手与他人握手,尤其是在与阿拉伯人、印度人打交道时要牢记此点,因为他们认为左手不洁。

🔍 【小案例】

郑某吃哑巴亏

郑某是一个推销员,常驻西安。一次,一家建筑公司老板进门谈生意,握手时,郑某因只顾和熟人说话,竟用了左手。建筑公司老板嫌郑某没礼貌,起身就走,并撂下话说:"八台搅拌机不从你们这儿买了。"郑某懊悔地说:"那种搅拌机一台 1 万多元,不懂礼仪让我吃了个哑巴亏。"

【思考题】 你如何理解"不懂礼仪让我吃了个哑巴亏"这句话?

(2) 不要在握手时争先恐后,而应当遵守秩序,依次而行。

(3) 特别要记住,如与基督教信徒交往时,要避免两人握手时相握的手形成交叉状。

(4) 不要戴着手套握手,在社交场合女士的晚礼服手套除外。

(5) 不要在握手时戴着墨镜,只有患有眼疾或眼部有缺陷者才能例外。

(6) 不要在握手时将另外一只手插在衣袋里。

(7) 不要在握手时另外一只手依旧拿着香烟、报刊、公文包、行李等东西而不肯放下。

(8) 不要在握手时面无表情,不置一词,好似根本无视对方的存在,而纯粹是为了应付。

(9) 不要在握手时长篇大论、点头哈腰、滥用热情,显得过分客套,让对方不自在、不舒服。

(10) 不要在握手时把对方的手拉过来、推过去,或者上下左右抖个没完。

(11) 不要在与人握手之后,立即擦拭自己的手掌,好像与对方握一下手就会使自己受到感染。

✋ 【课堂训练】

两人一组训练标准的握手姿势,并要能说出握手的禁忌。

第二节 拜 访

拜访是公务、商务等社会活动中的经常性工作,是最常见的社交形式,同时也是联络感情、增进友谊的有效方法。要使拜访更得体、更有效,更好地实现拜访的目的,就要重视和学习拜访的礼仪。

拜访的礼仪

一、约好时间

拜访前,应事先联络妥当,尽可能事先告知,最好提前和对方约定时间,以免扑空或打乱对方的日程安排,即使是电话拜访也不例外,不告而访是非常失礼的行为。如果双方有约,应准时赴约,不能轻易失约或迟到。但如果因故不得不迟到或取消访问,一定要设法在事前通知对方,并表示歉意。

拜访应选择适当的时间,选择一个对方方便的时间。做客拜访一般可在平时晚饭后或假日的下午,要避免在吃饭和休息的时间登门造访。

【小故事】

守时的康德

【小幽默】

换 只 手 表

乔治·华盛顿是美国的第一任总统。他有一个年轻的秘书,一天早晨,这位秘书来迟了,他发现华盛顿正在等候着,感到很内疚,便说他的表出了毛病。华盛顿平静地回答:"恐怕你得换一只表,否则我得换一位秘书了。"

二、做好准备

拜访具体要做好以下准备工作。

1. 明确拜访目的

无论是初次拜访还是再次拜访,都要事先明确拜访的主要目的。

2. 准备有关资料

商务拜访,比如客户拜访,要准备的资料就包括公司及业界的资料、相关产品资料、客户的相关信息资料、销售资料及方案、针对可能出现的情况事先拟订的解决方案或应对方案及一些小礼品等。此外,名片、电话号码簿等资料也要事先准备好。

3. 设计拜访流程

要针对拜访环节准备好最稳妥、最得体的称呼和开场白,选择好话题材料,确定话题范围等。

4. 电话预约确认

出发前应致电被拜访者,再次确认本次拜访人员、时间和地点等事宜。

5. 注意礼仪细节

到达前,最好先稍事整理服装仪容。如果是重要的拜访对象,要事先关掉手机,这体现了对拜访对象的尊敬及对访问事宜的重视。

【小故事】

有 备 无 患

王莉在某公司市场部工作,她准备去拜访顺达公司的市场部经理胡军先生。王莉预约的拜访时间是本周三下午三点。事前王莉准备好了有关的资料、名片,并对顺达公司及胡军先生进行了了解。拜访前王莉对自己的仪容、仪表进行了精心、得体的修饰。到了周三,王莉提前五分钟到达顺达公司。在与胡军先生的交谈过程中,王莉简明扼要地表达了拜访的来意,交谈中始终紧扣主题,给胡军先生留下了很好的印象,最终促成了合作。

三、上门有礼

到达拜访地点后,如果对方因故不能马上接待,可以在对方接待人员的安排下在会客厅、会议室或前台安静地等候。如果等待时间过久,可以向有关人员说明,并另定时间,不要显出不耐烦的样子。有抽烟习惯的人,要注意观察该场所是否有禁止吸烟的警示,即使没有,也要问问工作人员是否介意抽烟。如果接待人员没有说"请随便看看"之类的话,就不要随便东张西望,到处窥探,那是非常不礼貌的行为。

到达被访人所在地时,一定要事先轻轻敲门,进屋后等主人安排好座位再坐下。后来的客人到达时,先到的客人应站起来,等待介绍或点头示意。对室内的人,无论认识与否,都应主动打招呼。

如果与对方是第一次见面,应主动递上名片或作自我介绍,熟人间可握手问候。如果客人带其他人来,要介绍给主人。

进门后,应把随身带来的外套、雨具等物品搁放到接待人员指定的地方,不可任意乱放。

接茶水时,应从座位上欠身,双手捧接,并表示感谢。

吸烟者应在主人敬烟或征得主人同意后,方可吸烟。和主人交谈时,应注意掌握时间,有要事必须与主人商量或向对方请教时,应尽快表明来意,不要不着边际,浪费时间。

【小案例】

如 此 拜 访

四、礼貌告辞

拜访结束时彬彬有礼地告辞，可给对方留下良好的印象，同时也给下次的拜访创造良好氛围和机会，所以及时告辞、礼貌告辞这一环节相当重要。

拜访时间的长短应根据拜访目的和主人意愿而定，通常宜短不宜长、适可而止。当接待者有结束会见的表示时，应立即起身告辞。

告辞时要同主人和其他客人一一告别。如果主人出门相送，应请主人留步并道谢，热情地说声再见。

拜访中途因特殊情况不得不离开时，无论主人在场与否，都要主动告别，不能不辞而别。

【小幽默】

话 别

小林是个不太会说话的人。有一天他去火车站送别妻子，妻子怕小林难受，就说："亲爱的，你不要到站台送我了，我怕你伤心，而且还要花一块钱买站台票。"小林脱口而出："没关系，花一块钱就能把你送走，挺值的！"

五、拜访过程应注意的礼仪

1. 准时到达

让被拜访者无故等候无论因何原因都是严重失礼的行为。如果是对方要晚点到，要耐心等待，可充分利用剩余的时间检查准备工作。

2. 控制时间

谈话时应开门见山，不要海阔天空，浪费时间。最好在约定时间内完成拜访，如果被拜访者表现出有其他要事的样子，千万不要再拖延时间，如未完成工作，可约定下次拜访时间。

3. 注意言谈举止

要以优雅得体的言谈举止体现素质、涵养和职业精神，赢得对方的好感和敬重。即便与接待者的意见相左，也不要争论不休，要注意观察接待者的举止神情，当其有不耐烦或为难的表现时，应转换话题或口气，总之，要避免出现不愉快的场面。

4. 注意见面礼节

必须事先搞清对方人员的真实身份,根据主次或亲疏的关系,去施行握手礼、拥抱礼还是其他见面礼节,处理好见面时的礼仪关系十分必要。

5. 尊重对方习惯

由于被拜访者的国别、民族、年龄、性别以及爱好、兴趣、习惯各有不同,事先要了解清楚,并给予充分的尊重。

6. 讲究服饰

服饰事关拜访者自身的职业形象和所代表的机构形象,也体现对被拜访者的尊重,所以,拜访者应在拜访前对服饰进行选择和斟酌,马虎不得。

7. 及时致谢

对拜访过程中接待者提供的帮助要及时适当地致以谢意。

8. 事后致谢

若是重要约会,拜访之后给对方寄一封谢函或发一条短信,会加深对方的好感。

😀【小幽默】

拜 访 耶 稣

一位教师在课堂上打了一会儿瞌睡,当他醒来时,他哄骗学生说:"我做了个梦,梦里我去见耶稣了。"

第二天,他的一个学生也在课堂上打起了瞌睡,这位教师就拿着教鞭敲着桌子叫醒他,说:"你怎么能在上课时睡觉?"

学生回答说:"我也去拜访耶稣了。"

教师问道:"那么耶稣对你说什么了呢?"

学生回答:"他告诉我说他昨天根本没看见我尊敬的教师。"

✋【课堂训练】

以小组为单位,创设社交的情境,模拟练习拜访,注意相关细节。

第三节 接 待

迎来送往是社交接待活动的最基本形式,是表达主人情谊、体现礼仪素养的重要环节。在整个接待过程中,应遵循以下礼仪规范。

一、准备礼仪

迎接是给客人良好第一印象的最重要工作。在接待工作中,把迎宾工作做好,对来宾表示尊敬、友好与重视，来宾就会对东道主产生良好印象，从而为下一步深入接触打下基础。在迎宾工作中，要注意做好以下前期准备工作。

1. 掌握基本状况

接待人员一定要充分掌握来宾的基本状况，尤其是主宾的个人情况，如姓名、性别、年龄、籍贯、民族、单位、职务、专业、偏好等，必要时还需了解其婚姻、健康状况、政治倾向与宗教信仰等。如果来宾尤其是主宾曾经来访过，则在接待规格上要注意前后一致，无特殊原因不宜随意升格或降格。来宾如报出自己的计划，比如来访的目的、来访的行程、来访的要求等，应在力所能及的前提下满足其特殊要求，尽可能给对方以照顾。

2. 制订具体计划

为了避免疏漏，一定要制订详尽的接待计划，以便按部就班地做好接待工作。根据常规要求，接待计划至少应包括迎送方式、迎送规格、交通工具、膳宿安排、工作日程、文娱活动、游览、会谈、会见、礼品准备、经费开支以及接待、陪同人员等基本内容。

3. 确认抵达时间

有时候，来宾到访时间或因其健康状况，或因紧急事务缠身，或因天气变化、交通状况等的影响，难免会有较大变动，因此，接待方务必在对方正式启程前与对方再次确认一下抵达的具体时间，以便安排迎宾事宜。

【小故事】

周公吐哺，天下归心

周公姓姬名旦，是周文王第四子，武王的弟弟，我国古代著名的政治家，曾两次辅佐周武王东伐纣王，并制作礼乐，天下大治。因其采邑在周，爵为上公，故称周公。

关于"周公吐哺"的典故，据说周公自言："吾文王之子，武王之弟，成王之叔父也；又相天下，吾于天下亦不轻矣。然一沐三握发，一饭三吐哺，犹恐失天下之士。"周公唯恐失去天下贤人，洗一次头时，曾多回握着尚未梳理的头发；吃一顿饭时，也数次吐出口中食物，迫不及待地去接待贤士。周公堪称礼贤下士的待客典范，也为后世为政者的典范。孔子的儒家学派把周公作为人格的最高典范，孔子终生倡导的是周公的礼乐制度。

二、迎宾礼仪

1. 迎宾人员

一般来说，迎宾人员与来宾的身份要相当，但如果己方当事人因临时身体不适或不在当地等原因不能前来迎送也可灵活变通，由职位相当的人士或由副职出面。遇到这种情况，应从礼貌角度出发向对方做出解释。另外，迎宾人员最好与来宾专业对口。

2. 迎宾地点

来宾的地位身份不同，迎宾地点往往有所不同。一般情况下，迎宾的常规地点有交通工具停靠站（如机场、码头、火车站等）、来宾临时住所（如宾馆）、东道主的办公地点门外等。

在确定迎宾地点时,还要考虑以下因素:双方的身份、关系及自身的条件。

3. 迎宾时间

到车站、机场去迎接客人,应提前到达,绝不能迟到让客人久等。客人刚下飞机或下车就能看见有人等候,一定会感激万分;如果是第一次到这个城市,还能因此获得安全感。若迎接来迟,会使客人感到失望和焦虑不安,还会因等待而产生不快,事后无论怎样解释都无法消除这种失职和不守信誉造成的印象。

4. 迎宾标识

如果迎宾人员与客人素未见面,一定要事先了解一下客人的外貌特征,最好举个小牌子去迎接。小牌子上尽量不要用白纸写黑字,这样会给人晦气的感觉;也不要写"××先生到此来",而应写"××先生,欢迎您""热烈欢迎××先生"之类的字样;字迹力求端正、大方、清晰,不要用草书书写。一个好的迎宾标识,既便于找到客人又能给客人留下美好印象——当客人迎面向你走来时会产生自豪感。在单位门口,不要千篇一律地写上 Welcome 一词,而应根据来宾的国籍随时更换语种,这样会带给来宾亲切感。

5. 问候与介绍

接到客人后,切勿一言不发、漠然视之,而要先与之略作寒暄,比如说一些"一路辛苦了""欢迎您来到我们这个美丽的城市""欢迎您来到我们公司"之类的话。然后要向客人介绍自己的姓名和职务,如有名片更好;客人知道你的姓名后,如一时还不知如何称呼你,你可以主动表示"就叫我小×或××好了"。其他接待人员也要一一向客人作自我介绍,有时可由领导介绍,但更多的时候是由秘书承担这一职责。在作介绍时,态度要热情,要端庄有礼,要正视对方并略带微笑,可以先说"请允许我介绍一下",然后按职务高低将本单位的人员依次介绍给来宾。对于远道而来、旅途劳顿的来宾,一般不宜多谈。

6. 握手

握手是见面时最常见的礼节,双方相互介绍之后应握手致意。握手时,要注视对方,微笑致意,并使用"欢迎您"等礼貌用语。迎接来宾时,迎宾人员一定要主动与对方握手。

7. 献花

有时迎接重要宾客还要向其献花,一般以献鲜花为宜,并要保持花束的整洁、鲜艳。在社交场合,献什么花、怎么献花,常因民族、地域、风情、习俗、目的的不同而有所区别。一般情况下,应注意从鲜花的颜色、数目和品种三个方面加以考虑。

8. 为客代劳

接到来宾后,在走出迎宾地点时应主动为来宾拎拿行李,但对来宾手上的外套、钱包或是密码箱等则不必"代劳"。客人如有托运的物件,应主动代为办理领取手续。

9. 休息室接待

在迎送身份特殊的客人(VIP)时,可事先在机场、车站、码头安排贵宾休息室并准备饮料、播放高雅的音乐,以消除客人旅途的劳顿。如对方是外宾,休息室内还可挂上所在国的国旗,摆放一些报刊,以增加酒店与客人之间的感情。

三、陪同礼仪

1. 话题

在接待客人时,客人一般会对将要参加活动的有关背景资料、筹备情况、有关的建议,当地风土人情、气候、物产,富有特色的旅游地点,近期本市发生的大事,本市知名人士的情况,当地的物价等话题感兴趣。

2. 陪车

客人抵达后从机场到住地以及访问结束后由住地到机场,有时需要主人陪同乘车。主人在陪车时,应请客人坐在自己的右侧。有司机的时候,后排右位最佳,应留给客人。上车时,应主动打开车门,以手示意请客人先上车,自己后上。最好让客人从右侧车门上车,主人从左侧车门上车,以免从客人座前穿过。如客人先上车坐到了主人的位置上,则不必请客人挪动位置。

3. 宾馆接待

将来宾送至宾馆,陪同者要主动代办登记手续,并将其送入房间。进入客人房间后,应告知客人餐厅何时营业,有何娱乐设施,有无洗衣服务等信息以使客人心中有数。客人一到当地,最关心的就是日程安排,所以应事先制订活动计划。客人到宾馆后,应马上将日程表送上,以便客人据此日程安排私人活动。根据活动安排,客人将与哪些人会面与会谈,也应向客人作简略介绍。为了帮助客人尽快熟悉访问地的情况,还可以准备一些有关方面的出版物给客人阅读,如本地报纸、杂志、旅游指南等。考虑到客人旅途劳累,主人不宜久留,应让客人早些休息,分手前要说好下一次见面的时间和地点,并留下自己的地址和电话号码,以便客人有事时联系。

4. 奉茶

我国人民习惯以茶水招待客人。在招待尊贵客人时,选择什么茶具、怎样倒茶和递茶都有许多讲究。在给客人送茶时,茶具不能有破损和污垢,要洗干净、擦亮,杯内的茶水倒至八分满即可,不可倒满,免得溢出来洒到客人身上。茶水冷热也要控制好,千万别烫着客人。端送茶水最好使用托盘,既雅观又卫生;托盘内放一块抹布更好,以便茶水溢出时擦拭。端茶时,有杯柄的茶杯可一手执杯柄一手托在杯底或单手执杯柄;若茶杯没有杯柄,注意不要用手握住茶杯口,以减少手指和杯沿部分的接触,更不可把拇指伸入杯内。敬茶时可以按从右往左的顺序逐个奉上,也可按主要宾客或年长者—其他客人、上级领导—其他客人这个顺序敬奉。

【小幽默】

倒 茶 水

有客人来家里。爸爸倒了杯茶水,对四岁的儿子说:"去,给叔叔端杯茶。"
儿子端着杯子送到客人手里,不小心把茶水洒到了客人的裤子上。

爸爸连忙向客人道歉,帮忙清理完,对儿子说:"茶水太少了,再倒点去。"

儿子一听,把剩下半杯茶水也倒在客人裤子上了。

5. 引导

宾主双方并排行进时,引导者应主动走在外侧,而请来宾走在内侧。三人并行时,通常中间的位次最高,内侧的位次居次,外侧的位次最低,宾主的位置可依此酌定。在单行行进时,循例引导者应走在来宾前两三步;走到拐角处时,引导者一定要先停下来,转过头说"请向这边来";引导客人上楼时,应该让客人走在前面,引导者走在后面;引导途中,引导者切勿与客人高谈阔论,更不许与客人玩笑打闹,以免客人走神当众摔跤出丑;下楼时,引导者应走在前面靠墙壁一侧,而让客人走在后面靠楼梯栏杆一侧。

6. 乘电梯

引导客人乘坐电梯时,接待人员应先进入电梯,按住电梯"开"钮,等客人进入后关闭电梯门;到达相应楼层后,接待人员应按住"开"钮,让客人先出电梯。如果电梯由专人控制,接待人员则应后入先出。在电梯内,接待人员切忌两眼直盯客人,可视与客人的熟识程度与客人交谈,以示友好。

【小故事】
不懂电梯礼仪的营销人员

营销人员王强要到工作室所在的办公大楼门口迎接前来体验产品的顾客张太太。这是王强第一次接待顾客,表现得极为热情,一见面就嘘寒问暖。进入电梯时,王强抢先踏入,紧靠着最里面站好,想把更多的空间留给顾客。

电梯里,除了王强和张太太外,还有其他乘梯者。王强为了不冷场,便充分发挥了他的口才,继续和张太太攀谈,问这问那,口若悬河,但是张太太只是礼貌性地冲他微笑,偶尔轻声简单回答他的问题,并没有攀谈的意思。这让王强觉得非常尴尬。最终,张太太匆匆地参观了工作室,并表示有急事要先回去了。

后来,王强才知道,原来是因为上次在电梯里对顾客接待不周的原因,顾客认为她没有得到应有的尊重。知道原因后,王强非常后悔自己的电梯失仪行为。

【点评】 电梯虽小,礼仪也十分重要,乘电梯尤其考验人的礼仪修养水平。通过得体的电梯礼仪,可以在短短的几十秒内给他人留下良好的印象。

7. 开门

引导客人至会客厅,应先敲门,再开门。如果门是向外开的,应用手按住门,让客人先进;如果门是往里开的,则自己先进,按住门后再请客人进入。一般应右手开门,再转到左手扶住门,面对客人,请客人进入屋内再关门。无论房门是推开式还是拉开式,都必须将其完全敞开。为了不让客人看到自己的背部,引导者应用单手开关房门。

8. 会客室接待

进入会客室后,客人如有外套、帽子、雨伞等物,可接过挂放于衣帽架或明显处,并向客人说明:"××先生,您的外套挂在这里。"应将来客让至上座入座,以示尊重和欢迎。一般来说,室内离门口最远的座位就是上座。如果上司还没到,在与客人聊天时,接待者注意不要谈论本公司的长短及涉密事项,可聊一些轻松的无关紧要的话题。

【小案例】

小李的接待观

【小贴士】

接待中令人不悦的 10 种表现

(1) 当客人进来时,假装没看见,继续忙自己的工作。

(2) 一副爱答不理甚至厌烦的应对态度。

(3) 以貌取人,依客人外表而改变态度。

(4) 言谈举止速度过快,缺乏耐心。

(5) 身体背对着客户,只有脸向着客人。

(6) 未停止与同事聊天或嬉闹的动作。

(7) 无精打采打哈欠。

(8) 继续微信聊天。

(9) 双手抱胸迎宾。

(10) 长时间打量客人。

四、送别礼仪

送别是留给客人良好最后印象的一项重要工作。不管前面的接待工作做得多么周到,如果最后的送别让客人备受冷落,那么整个接待工作就会功亏一篑。做好送别工作,关键在于一个"情"字。具体而言,送别时应注意以下礼仪。

1. 提出道别

在日常接待活动中,宾主双方由谁提出道别是有讲究的。按照常规,道别应当由客人先提出来,假如主人先予来客道别,会给人以厌客、逐客的感觉。

2. 送别用语

宾主道别,彼此都会使用一些礼貌用语表达与对方的惜别之情,最简单、最常用的莫过于一声亲切的"再见",除此之外,"您走好""有空多联系""多多保重"等也是得体的送别用语。

3. 送别的表现

一般客人告辞离去,秘书只需起身将其送至门口并说声"再见"即可。如果上司要求你代其送客,则应视需要将客人送至相应地点;如果对方是常客,通常应将其送至门口、电梯门口或楼梯旁、大楼底下、大院门外;如果是初次来访的贵客,则要陪伴对方走得更远些;如果只将客人送至会议室或办公室门口、服务台边,则要说声"对不起,失陪"并目送客人走远;如果将客人送至电梯门口,则宜点头致意,目送客人至电梯门关上为止;若将客人送至大门口或汽车旁,则应帮客人携带行李或稍重物品,并帮客人拉开车门,开车门时右手置于车门顶端,按先主宾后随员、先女宾后男宾的顺序或客人的习惯引导客人上车,同时向客人挥手道别,祝福旅途愉快,目送客人离去。在送别的过程中,切忌流露出不耐烦、急于脱身的神态,以免给客人匆忙打发他走的感觉。

【课堂训练】

以小组为单位,模拟在社交场合运用接待礼仪接待客人的情境,注意相关细节。

第四节 交 谈

交谈是一门艺术,正如古语云:"一言之辩,重于九鼎之宝;三寸之舌,强于百万之师。"精湛的语言艺术在人际交往中具有不可低估的威力。成功的交际活动往往依赖于成功的交谈,要提高交谈的质量,首先就要从交谈的礼仪入手,表达得体、说话得当,这样,彼此的交往才可大为增色。

一、交谈的基本礼仪

1. 态度谦虚诚恳

交谈首先要有一个正确的谈话态度。正确的谈话态度是坦率、真诚,要讲实话、讲肺腑之言。坦率往往能唤起彼此间的信任感和亲切感,加深双方的了解与友谊,这是交谈成功与否的关键所在。真诚是指话语从内容到语气都诚恳可信,使人愿意同你交往。同时,在交谈中必须精神专注、思想集中,而不是糊弄应付;否则就会话不投机半句多,影响谈话效果。

2. 表情亲切自然

表情是人体语言最丰富的部分,人的喜怒哀乐都可以通过表情来反映。交谈时的表情要亲切自然,首先应当注意保持微笑,因为真诚的微笑最能打动他人;同时要养成用目光与对方交流的习惯,用目光传递真诚与尊重。

3. 语调平和沉稳

语气语调是说话者真情实感的"显示器",恰当地运用语气语调,可以增强语言魅力。多姿多彩的语气,会给话语添上形象色彩、感情色彩、理性色彩、风格色彩。

要善于根据不同的交际对象,运用不同的语调恰当得体地表现不同的思想感情。如果是夫妻、母女等亲密者之间的交谈,语气语调应为"气徐声柔",给人以温馨感;如果谈话对象是长辈、领导、师长,则应表达敬爱之情,语气语调应为"气平声谦",给人以敬重感;如果谈话对象是下级、晚辈或年幼者,想要表达关心与爱护之情,语气语调应为"气舒声长"，给人以亲切感；如果谈话对象是朋友、同事，想要抒发信任之情，语气语调应为"气平声沉"，给人以诚挚感；如果谈话对象是陌生人，语气语调应为"气缓声轻"，给人以礼貌感。

4. 举止大方得体

为了表示交谈的诚意，举止一定要与之配合。坐姿要端正，不能懒散地靠在沙发上，诸如双腿叉开、高跷二郎腿等不雅坐姿都应避免。手势要自然得体，不能过多，不要出现用笔敲击桌面、玩弄钥匙等小动作，也不要出现用手指指人等幅度过大、不礼貌的动作。

5. 话题贴切妥帖

话题选择得当，可使交谈有个良好的开端，引导双方各抒己见，深入交谈；话题选择不当，交谈就容易中断、错位，很快陷入困境。选择话题要明确什么是恰当的话题，什么是忌讳的话题。

（1）恰当的话题。具体包括以下方面。

① 既定的话题。既定的话题是指社交中双方事先约定的主题，这是交谈中最直接、最简洁的谈话主题，既省时又省力。如双方约定见面是为了签订某项协议或合同，见面时，作简单介绍后，直接进入谈判主题。

② 高雅的话题。高雅的话题内容涉及哲学、文学、艺术、历史或其他专业方向的知识，能体现双方的层次和教养。其适用于讲究品位的正式谈话，但要选择双方共同感兴趣的话题作为谈话的主题。如，美国一名记者第一次采访肯尼迪，见面就说："我看你像个人文主义者。"一下子引起了肯尼迪的兴趣，破例与这名记者谈了近两小时。

③ 愉快的话题。与人初次接触时，谈话以哲学、历史等为主题，在一定意义上确实可以提高自己谈话的品位，但这样的交谈主题往往会给人以一种厚重、压抑的感觉。因此，与其这样，不如谈一些轻松愉快的话题，如文艺演出、旅游观光、风土人情等。

④ 擅长的话题。在社交中，如果找到对方擅长的话题，就很容易让对方谈得开心，引起对方共鸣。即所谓"闻道有先后，术业有专攻"。谈论对方所擅长的话题，给对方提供一个展示自己的机会，从而营造一种良好的交谈氛围，这样往往会有事半功倍的效果。

⑤ 流行的话题。正式谈话前，在不能确定对方的特长、爱好和擅长谈及的话题时，选择时下流行的话题作为谈话的主题，应该说是一个非常明智、聪明的选择。如职业篮球赛、某歌手的演唱会、热播的电视剧等，都是比较好的谈话主题。

（2）忌讳的话题。具体包括以下方面。

① 个人隐私。社交双方涉及个人隐私的问题不能随便讨论。尊重对方隐私就等同于尊重对方。与外国人交谈时，尤其应回避个人隐私，具体包括"五不问"：不问收入、不问年龄、不问婚否、不问健康、不问个人经历。

② 别人短处。这包括生理的缺陷、以往的过失、遭遇的不幸、伤心的往事等。"莫对失意者说得意之事"，否则将伤害对方的自尊。如不要在残疾人面前谈论运动与健美，不要在大龄未婚女子面前谈论家庭与孩子等。同时，也不可炫耀自己的成就与财富，因为炫耀自己等同于贬低别人。

③ 非议他人。不可在背后议论领导、同行或同事的不足，尤其是在外人面前议论领导、同行或同事的不足，会让别人对自己的人格、信誉产生怀疑，哪怕是关乎自己的晋升或商务竞争也不能如此。而在交谈中搬弄是非、无中生有、造谣生事是一种不礼貌、不光彩的行为。

④ 庸俗话语。在社交过程中的交流不仅可体现出一个人的修养和魅力，而且在一定程度上也代表个人形象和所在组织的形象。如果将一些低级趣味的东西，如家长里短、小道消息、桃色新闻、黄色段子等当作谈资，并津津乐道，会贻笑大方，使对方觉得自身素质不高，有失教养，进而对自己疏远。

⑤ 机密之事。无论是涉及国家秘密、企业秘密还是商业秘密，无论是关键技术、营销策略还是经营信息，都不应在社交中谈及，以免给国家和企业造成不必要的损失。

由于受到个人经历、职业、兴趣、学习状况以及所掌握的话题状况各不相同等条件的局限，作为现代人必须尽量扩大话题储备。其中，知识储备尤为重要。如果一个人有理想、有追求，思想境界高，而且肯下功夫学习，广泛阅读，广泛涉猎各类知识和信息，并关注社会现实生活，把看到、听到的东西有意识地加以记忆和积累，那么，他（她）就会变得学识渊博，通晓时事政策、天文地理、政治外交、文艺体育、花鸟鱼虫、音乐美术等知识。由于视野开阔，所以，谈论的话题自然会比别人宽得多。

6. 掌控周到适度

同时与几个人交谈，目光应照顾到在场的每一个人，不要把注意力只集中在你感兴趣的一两个人身上，冷落任何一个人都是失礼的行为。有人欲与你谈话，应乐于与之交谈。有人想参与你们的谈话，应点头示意，表示欢迎，并在谈话中眼光不时朝向新来者，以示认可。

谈话要注意把握分寸。措辞要得体、文明，不庸俗，不粗鲁；要有放有抑有收，不过头，不嘲弄，把握好"度"；不要唱"独角戏"，夸夸其谈，忘乎所以，不给别人插嘴的机会，或者没完没了，以致影响别人的工作和休息；要察言观色，注意对方的情绪，对方不爱听的话少讲，一时接受不了的话不要急于讲；开玩笑要看对象和场合，一般不与性格内向、多疑敏感的人开玩笑，对方情绪低落、心情不快时不要开玩笑，庄重、肃穆的场合不要开玩笑。

谈话还要注意把握时间。和其他形式的交际活动一样，交谈也要有时间观念，要适可而止，见好就收，要多给他人留下说话的时间。如普通场合的小规模交谈，以 30 分钟内结束为宜，最长不要超过 1 小时；个人的发言，最长也应控制在 3～5 分钟。

7. 寒暄恰当得体

寒暄是谈话之前的开场白，是谈话进入正题的必要过渡，寒暄可以打破陌生人之间的界限，缩短交谈双方的情感距离，顺利引出交谈的话题。因此，一个恰当的寒暄过程，往往预示着正式谈话的顺利进行。寒暄的内容常常是天气冷暖、身体状况、工作忙闲、最近活动、谈话环境等。

社交中和对方初次见面，标准的说法有"您好！""很高兴认识您！""见到您非常荣幸！

等"；比较文雅一点的，可以说"久仰！""幸会！"等；跟熟人寒暄，用语应该亲切一些，如"好久不见了！""您的气色真不错！""今天天气真好！""上班去吗？"等。

【小贴士】

皮埃尔的"润滑原则"

二、交谈的语言要求

1. 准确流畅

在交谈时如果词不达意、前言不搭后语，则容易被人误解，达不到交际的目的。因此在表达思想感情时，应做到口音标准、吐字清晰，说出的语句应符合规范，避免使用似是而非的语言。应去掉过多的口头语，以免语句割断；语句停顿要准确，思路要清晰，谈话要缓急有度，从而使交流活动畅通无阻。

语言准确流畅还表现在能让人听懂，因此言谈时尽量不用书面语或专业术语，因为这样的谈吐让人感到太正规、受拘束或是理解困难。

【小幽默】

自 作 自 受

古时候有一笑话说的是有一书生，突然被蝎子蜇了，便对其妻子喊道："贤妻，速燃银烛，你夫为虫所袭！"他的妻子没有听明白，书生更着急了："身如琵琶，尾似钢锥，叫声贤妻，打个亮来，看看是什么东西！"其妻仍然没有领会他的意思，书生疼痛难忍，不得不大声吼道："快点灯，我被蝎子蜇了！"真乃自作自受。

2. 委婉表达

交谈是一种复杂的心理交往，人的微妙心理、自尊心往往在里面起重要的控制作用，触及它们，就有可能让不愉快发生。因此，对一些只可意会不可言传的事情、人们回避忌讳的事情、可能引起对方不愉快的事情，不能直接陈述，只能用委婉、含蓄、动听的话去说。常见的委婉说话方式有以下几种。

（1）避免使用主观武断的词语，如"只有""一定""唯一""就要"等不带余地的词语，要尽量采用与人商量的口气。

（2）先肯定后否定，学会使用"是的……但是……"这个句式。把批评的话语放在表扬之后，就显得委婉一些。

（3）间接地提醒他人的错误或拒绝他人。

【小幽默】

一 个 笑 话

某人请五人吃饭,还有一个人左等右等也没到。见此情境,主人说道:"该来的怎么还不来?"

客人甲听了,心想:这不是说我们不该来的倒来了吗? 真气人! 于是说:"对不起,我有点儿事,得先走了!"

主人见他走了,很着急,就说道:"不该走的怎么走了呢?"

客人乙心想,这分明是暗示我该走却赖着不走,于是说:"我有点儿事,失陪了。"

主人更着急了,脱口而出:"唉,他俩真多心,我说的又不是他们!"

客人丙、丁大怒,心想:那你说的肯定是我们俩了! 于是他们铁青着脸一言不发,拂袖而去。一场宴席就这样还没有开始就不欢而散了。

3. 适时赞美

善于发现他人的优点,恰到好处地赞美他人能促进人际关系的和谐,有利于交谈的顺利进行。但赞美别人也要讲究技巧,赞美要适时并要给人真诚之感。例如,当看到对方理了新发型、换了新衣服,如果适时地给予赞美,立刻能使对方感到愉悦,如:"新发型真时尚啊!""你的新衣服真不错!"但赞美时也要注意语言表达,如果告诉对方:"你的新衣服真不错,我从来没看到你穿得这么漂亮!"那么这句赞美将适得其反。

赞美千万不要过分地恭维他人,那样只会让人觉得虚情假意。赞美应因人而异,要了解不同人群喜欢听什么样的赞美。男人喜欢别人称赞他幽默风趣、有风度、有才华;女人渴望别人注意自己年轻、漂亮、时尚;老人希望别人欣赏自己身体健康、养生有道、经验丰富;孩子则爱听别人表扬自己聪明、懂事。

【小贴士】

赞美的话语

经常使用的赞美的话语如表 3-4 所示。

表 3-4　赞美的话语

语　意	常用口头语
表示一般性赞美	好!(竖起大拇指) 好极了!(太好了! 实在太好了! 真是有史以来最好的。) 好主意!(很不错! 太棒了! 了不起! 太奇妙了! 你的点子真妙!) 做得好!(做得非常好! 你做得漂亮极了!) 真可爱!(你真是太可爱了!) 我很喜欢你。 恭喜你!(你走对路了。这正是我说的好事!) 你还记得呢!(你记性真好呢!) 你真是乐于助人。 你真让我们大家开心!(有你在,真的让我们感到快乐!) 我们为你今天所取得的成绩而骄傲。 做得漂亮! 做得好极了! 真让我吃惊!

语　意	常用口头语
评价合作情况	就照你说的办。 时间真快，我们已经是亲密战友了。 你真是我的最佳搭档。（我真高兴有你这样的伙伴。你真是好帮手，我们一起努力。） 这是我们合作得最好的一次。（今天大家配合得比平常好。）
评价努力情况	继续试试看。（继续加油努力。再努一把力就快做到了。继续努力，你会越来越成熟。） 这是像你那样做的。（你下次会做得更好。） 你一定练习了很久了。（你正尽力地做好它。） 你真的在不断进步。（你学习进步得真快。你每个月都有很大进步。） 你已经有很好的开始。（现在你可以一路顺风了。） 你这么快就领悟了精髓。（看到你这段时间的进步，使我觉得很欣慰。） 你马上就要做到了。（你快要成功了。你一定可以办到的。） 你很快就做上路了。（你很快就办得到了。）
评价当前状态或表现	继续保持。 哇！看你的了。 你做得很顺手。（我们都做得很好。） 那就是了！（那就对了！对了，就是这样做。你做得很对。） 你今天做得很认真。（你今天做了不少事。你今天确实做得很好。） 真高兴你如此表现。（你今天有极佳的表现。你表现很突出。你今天的状态特别好。） 你的选择是正确的。（这正是你该做的。） 你做到了。（我就知道你能做到。） 我以你为荣。（你真是团队的宝贝。） 你没有任何错嘛。
评价个人能力	没有人是十全十美的。 你很能干。（你几乎像个高级领导人了。） 我很喜欢你那样做。 你已经懂很多了。（你已经有把握了。） 你现在比刚加入时好多了。 你真学到了不少东西。
表示感谢	万分感激你。 真让我感激！（真的谢谢你。） 我很感激你的帮忙。
表示效果	这样好多了！（进行得很顺利嘛。） 简直不可思议。 这件事简直是太完美了。（这件事你做得真好。） 那真是一件温馨的事。

资料来源：袁红兰. 演讲与口才［M］.北京：航空工业出版社，2014.

🌶【小贴士】

回应他人赞美的艺术

4. 幽默风趣

交谈本身就是一个寻求一致的过程,在这个过程中常常会出现不和谐之处并产生争论或分歧,这就需要交谈者随机应变,凭借机智抛开或消除交谈障碍。幽默还可以化解尴尬局面或增强语言的感染力,它建立在说话者高尚的情趣、较深的涵养、丰富的想象、乐观的心境、对自我智慧和能力自信的基础上,它不是要小聪明或"卖嘴皮子",它使语言表达既诙谐又入情入理,体现出一定的修养和素质。

😀【小幽默】

还没插秧呢

有一次,一位先生的女儿自国外返乡探望父亲,他们便邀请了几位亲友到一家饭店就餐。酒菜齐全,唯独白米饭久等不来。经一催二催之后,仍不见白米饭踪影。这位先生无奈,待服务小姐入室上菜之际,笑着问她:"怎么饭还不来,是不是稻子还没收割?"服务小姐眼都没眨一下,答称:"还没插秧呢!"本是一个不愉快的场面,经服务小姐这一妙答,举座大乐。

5. 耐心倾听

交谈是一个互动的沟通过程,而倾听是沟通有效的前提。苏格拉底说:"自然赋予人类一张嘴、两只耳朵,也就是要我们多听少说。"为了理解倾听的重要性,首先需要明确倾听的内涵。那么,什么是倾听呢?倾听和听有什么区别呢?《现代汉语词典(第7版)》对于"听"的解释是"用耳朵接受声音"。倾听,简单来说就是"认真地听"。

接下来,请先完成以下"课堂训练",阅读以下三个情形(对话),然后回答问题,判断这些情形是不是倾听。写下你觉得对话结束后,说话者可能会有怎样的感受,并与同学讨论一下倾听的内涵。

✋【课堂训练】

情形 1
爸爸回到家,孩子兴高采烈地拿着新做的手工作品给他看。
孩子:"爸爸,我做了一台超酷的小电扇!"
爸爸:"嗯,不错。你的作业写完了吗?"
孩子:"爸爸,你知道哪里是开关吗?"
爸爸:"嗯,是这个吧。作业写完了没有?"
孩子:"写完了。"
爸爸:"那再去看半小时书吧。"
孩子:"爸爸,你试试我做的电扇!"
爸爸:"好的,等会儿。"

情形 2
张梅这一天过得很崩溃,自从辞去工作后,每天照顾两个孩子,让她觉得生活毫无意义。丈夫李强下班回来,两人展开了一段对话。

李明："今天过得还好吗?"

张梅："好什么好！每天都是重复的生活!"

李明："哦,别烦躁。现在孩子小,但总会越来越好的。"

张梅："你知道什么！孩子长大是一瞬间的事吗?"

李明："好啦好啦,你总是这么唠唠叨叨。"

张梅："你以为我喜欢唠叨吗? 你不会说些好听的话吗?"

李明："说了好听的你又不听,那我该说什么呢?"

【思考题】

(1) 李明在倾听吗? 为什么?

(2) 张梅的感受是怎样的?

情形3

领导安排小李写一份年终总结报告,第二天早上交给他审核,但是小李忘记了,因此被领导批评,要求小李无论如何也要当天把材料写好。小李加班到很晚才完成,懊恼地回到和朋友小王合租的公寓。

小李："今天真是又累又气!"

小王："这么晚才回来,这是怎么了?"

小李："气死了,被领导狠批了一顿!"

小王："真可惜,是发生什么事了吗?"

小李："天天这么忙,让我写年终总结报告,我给忘了。但是我太忙了啊!"小王："嗯,是啊,年底事情就是多。那你是加班补写材料了吗?"

小李："对啊,刚刚才做好。"

小王："那就好啦,明早还要上班,快去休息吧。"

【思考题】

(1) 上述3种情形中,爸爸、李明、小王在倾听吗? 为什么?

(2) 上述3种情形中,孩子、张梅、小李的感受分别是怎样的?

通过以上练习我们发现,如果仅以"用耳朵接受声音"来判断,"爸爸""丈夫""朋友"都在听,却并非都做到了倾听。爸爸虽然听了,但是他的关注点和孩子不一样,他并没有对电扇表现出兴趣,只关注孩子的作业有没有完成,明显是在敷衍孩子。丈夫李强虽然听了,也试图针对张梅的话进行回应,并且没有岔开话题,可张梅还是觉得很气愤,因为李强并没有站在张梅角度去感受,没有给出适当的反馈。朋友小王专心地听小李抱怨工作的不顺,以同理心去和小王对话,既没有一同骂领导,也没有对小李进行挖苦,顺利地平复了小李的怨气,这就是倾听。

为了更加明确倾听的内涵,请看表3-5所示的对比听与倾听。

表3-5 对比听与倾听

比 较 项	听	倾 听
性质	生理过程	"生理＋心理"过程
参与器官	耳朵	耳朵、眼睛、嘴巴、大脑、心

比 较 项	听	倾 听
对象	声音	声音、语调、表情、手势、体态等
主动性	被动接受	主动搜寻
反馈与否	不一定	有反馈与互动

由此可以总结出倾听的内涵：倾听是倾听者积极主动地接收说话者传达的信息（包括声音、语调、表情、手势、体态等），以感兴趣的态度对信息进行分析与加工，并给予适当的反馈，以求达到认知的一致和感情的通畅。[①] 与人交谈不但要善于表达自己的意思，而且要善于聆听他人说话，这在社会交往活动中是个不容忽视的问题。认真听取他人讲话可以获得更多的信息，抓住机会向别人学习；可以避免和减少说话的失误，使谈话简而精；同时也体现出对对方的尊重。我们不仅口才要好，还要有一副好"耳才"，做一个善于倾听的人。

【小案例】

我还要回来

6. 用语礼貌

用语礼貌即是要求交谈中多使用礼貌用语，这样不仅会得到人们的尊重，提高自身的信誉和形象，还会对自己的事业起到良好的辅助作用。在现代交际中，日常礼貌用语归结起来，主要可划分为如表 3-6 所示的几个大类。

表 3-6　礼貌用语

序号	礼貌用语类型	举　例
1	问候用语	"您好！""各位好！""小姐好！""××先生好！""××主任好！""早上好！""中午好！""下午好！""晚安！""各位下午好！""××经理早上好！"
2	欢迎用语	"欢迎！""欢迎光临！""见到您很高兴！""恭候光临！""××先生，欢迎光临！""欢迎再次光临！""欢迎您又一次光临本店！"
3	送别用语	"再见！""回头见！""慢走！""走好！""欢迎再来！""保重！""一路平安！""旅途顺利！"
4	请托用语	"请稍候！""请让一下！""劳驾！""拜托！""打扰！""请关照！""请您帮我一个忙！""劳驾您替我看一下这件东西！""拜托您为这位女士让一个座位！"
5	致谢用语	"谢谢！""××先生，谢谢！""谢谢，××小姐！""谢谢您！""十分感谢！""万分感谢！""多谢！""有劳您了！""让您替我们费心了！""上次给您添了不少麻烦！"

① 崔景茂，刘仁三，李学灵.沟通艺术[M].2 版.北京：电子工业出版社，2020：41-43.

序号	礼貌用语类型	举 例
6	征询用语	"您需要帮助吗？""我能为您做点什么？""您需要点什么？""您需要哪一种？""您觉得这件工艺品怎么样？""您不来一杯咖啡吗？""您是不是很喜欢这种方式啊？""您是不是先来试一试？""您不介意帮助您吧？""您打算预订雅座，还是散座？"
7	应答用语	"是的。""好。""很高兴能为您服务。""好的，我明白您的意思。""请不必客气。""这是我们应该做的。""请多多指教。""过奖了。""不要紧。""没关系。""不必，不必。""我不会介意。"
8	赞赏用语	"太好了！""真不错！""对极了！""相当棒！""非常出色！""您真有眼光！""还是您懂行！""您的观点非常正确，看来您一定是一位内行。""哪里，哪里，我做得还很不够。""承蒙夸奖，真是不敢当。""得到您的肯定，的确让我们很开心！"
9	祝贺用语	"祝您成功！""一帆风顺！""心想事成！""身体健康！""生意兴隆！""全家平安！""节日快乐！""活动顺利！""新年好！""春节快乐！""生日快乐！""旗开得胜，马到成功！"
10	推脱用语	"您可以到对面的商场去看一看。""我可以为您向其他专卖店询问一下。""下班后我们酒店还有其他安排，很抱歉不能接受您的邀请。"
11	道歉用语	"抱歉。""对不起。""请原谅。""失礼了。""失言了。""失陪了。""失敬了。""失迎了。""不好意思，多多包涵。""很惭愧。""真的过意不去。"

要求拒绝不文明语言。表 3-7 中的语言在交谈中均不宜采用。

表 3-7　不文明语言示例

类型	示 例
粗话	为了显示自己为人粗犷，出言必粗，如把爹妈叫"老头儿""老太太"；把吃饭叫"撮一顿"，在交际中使用这种粗话有失身份
脏话	讲脏话，即口带脏字，讲起话来骂骂咧咧，出口成"脏"；讲脏话的人，非但不文明，而且自我贬低，低级无聊
黑话	黑话，即流行于黑社会的行话，讲黑话会令人反感厌恶，难以与他人进行真正的沟通和交流
荤话	荤话，即说话者把艳事、绯闻、男女关系之事挂在口头，说话"带色""贩黄"，不但表明说话者品位不高，而且对交谈对象也不够尊重
怪话	有些人说话或怪里怪气，或讥讽嘲弄，或怨天尤人，或黑白颠倒，或耸人听闻，专要以自己的谈吐之"怪"而令人刮目相看；爱讲怪话的人，难以令人对其产生好感
气话	气话，即说话时闹意气、泄私愤、图报复，大发牢骚，指桑骂槐；在交谈中说气话，不但无助于沟通，而且还容易伤害人、得罪人

🔍【小案例】

"不是叫，是请。"

著名文学家、戏剧家、文艺界的老前辈夏衍先生临终前感到十分难受。秘书说："我去叫大夫。"正在他开门欲出时，夏衍突然睁开了眼睛，艰难地说："不是叫，是请。"随后昏迷过去，再也没有醒来。在场的每个人无不为之动容。

夏衍先生在弥留之际还给我们留下了珍贵的精神财富。照理，夏衍先生 90 多岁的高龄，从年龄看，医生应该是他的晚辈，夏衍先生怎么"叫"医生都是可以的。但夏衍先生一辈子都注意尊重他人,既医生是为自己看病的,无论辈分大小,都要用"请"这一礼貌用语,而不是"叫"!

【点评】 "不是叫,是请。"一句简短的尊重言辞把这位著名的文学家、戏剧家高尚的品格修养充分体现了出来,也使人们对这位老前辈无比崇敬。我们一定要向夏衍先生学习,时刻不忘尊重他人,从小事做起,在日常生活中多用"请"等礼貌用语。

【课堂训练】

以小组为单位,创设交谈情境,分角色进行交谈礼仪的训练。

课后练习

1. 案例分析。

扫描二维码,阅读案例原文,然后回答每个案例后面的问题。

2. 请面对全班同学用一分钟进行自我介绍。

3. 3～5人一个小组,每组设计一个见面场景,将称呼、介绍、握手等见面礼、问候、递接名片等交际礼仪,连贯地演示下来,学生对各组的表演进行评价,最后教师总结。表演之前,每组应就设计的场景和成员的角色进行说明。

4. 假如你明天要拜访一位重要客户,你需要做哪些形象准备和资料准备?

5. 你是五湖集团公司办公室的接待人员,明天上午四海集团公司的总经理亲自带队,来你公司参观考察并落实合租事宜。你将怎样安排这次接待工作?

6. 请根据交谈礼仪的要求与同学模拟一次交谈。

7. 在人际交往中,语言文明是处理好人际关系的基本要求,语言文明应以真诚自然为最高准则,避免烦琐。在①宴请时客人到来;②舞会结束,舞伴要离开两种常见的情境下,请说明应分别以怎样的文明用语应对。

8. 讨论在交谈中遇到以下三种情况该如何处理。

(1)对方不知不觉将话题扯远了。

(2)对方心血来潮,忽然想到了他得意的事。

(3)对方故意转变话题,不愿意再谈原来的事。

9. 将全班学生分为三组,一组学生负责提出问题,一组学生负责回答问题,一组学生负责进行观察及评判;问题最好涉及一个主题,比如,恋爱、学习、理想、网络等。可依照顺序进行轮转。

第四章 活动礼仪

有什么样的目的,就有什么样的礼仪。

——[古罗马]西塞罗

礼节及礼貌是一封通向四方的推荐信。

——[西班牙]伊丽莎白女王

学习目标

- 组织洽谈会、发布会、展览会、茶话会等会议,在会议进程中遵循礼仪规范;
- 签字仪式、开业仪式、剪彩仪式符合礼仪规范,成功地组织各类仪式活动;
- 做好求职面试的各项准备;
- 能够根据自身实际设计出引起用人单位关注的简历;
- 面试符合礼仪规范,拥有职业化的举止;在面试中得体地与面试官沟通交流,展现良好的职业形象。

案例导入

成功的开业庆典

某青年企业家为了庆祝他的第三家金店开业,特地安排了开业庆典活动。秘书具体筹备了这个活动。

在新开业的分店中,特别布置了新品陈列区,展出企业独家款式的黄金、珠宝产品。店内所有柜台上都请专人设计了优雅舒适的灯光,既有实用照明作用,又能衬托首饰的艺术品位。

开业庆典过程中,秘书选派了最资深的导购人员陪同嘉宾、介绍饰品,并帮助试戴。这些导购人员经验丰富,态度热情礼貌,并统一穿着金店为她们定制的深蓝色西服套裙,取送首饰时还佩戴白色手套。不仅让到场的宾朋都感到了家一般的温暖,还展示了企业工作人员的良好业务素质,增加了宾客对金店的信任度。

开业活动还安排了模特佩戴珠宝首饰走秀活动,不仅吸引了到场嘉宾的眼球,连路过的人们也驻足观看。走秀活动将开业庆典的气氛推向了高潮。

为了给到场嘉宾留下深刻而美好的印象,也为了彰显企业实力和特色,这位企业家亲手为每位嘉宾送上了精美的企业名片。

【思考题】 此次庆典活动的成功举办得益于哪些方面?

第一节 会 议

会议是指三人以上参加、聚集在一起讨论和解决问题的一种社会活动形式。人们通过会议去交流信息、集思广益、研究问题、决定对策、协调关系、传达知识、布置工作、表彰先进、鼓舞士气等。会务礼仪是适应会议工作内容的需要而产生的礼仪规范,如何有条不紊地做好各项会务工作是每个工作人员必须面对且做好的事情。

一、洽谈会

商界中有一条格言:"商界无处不洽谈。"许多商家往往通过洽谈为自己开辟一条通往成功的道路。洽谈是指在商务交往中,存在着某种关系的各方,为了保持接触、建立联系、进行合作、达成交易、拟定协议、签署合同、要求索赔,或是为了处理争端、消除分歧,而坐在一起进行面对面的讨论与协商,以求达成某种程度上的妥协。因洽谈而举行的有关各方的会晤,称为洽谈会。洽谈比起商务谈判更普遍、更经常、更简约,它更多突出的是彼此和睦对话的方式,色彩更温和,形式更灵活。洽谈会总体原则是平等、互利、双赢。洽谈程序一般包括探询、准备、磋商、小结、再磋商、终结、洽谈的重建等环节。其中的每个环节又都有自己特有的"起、承、转、合",需要洽谈人员沉着应对,处变不惊,对具体问题具体分析,见机行事、随机应变,直到取得最终的成功。

1. 洽谈会的准备

(1) 广泛收集信息。在双方洽谈前,如果能够对对方有着全面而深入的了解,提前着手准备,就可以在洽谈过程中"以我之长,克敌之短",达到自己预期的效果。商务洽谈前主要应收集的信息如下。

① 对方公司的基本情况。如对方的法人资格、诚信状况、经营范围、历史沿革、主导产品、市场占有率、产品竞争情况、公司规模和管理水平等。与外商洽谈还要注意查清对方的法人资格、对方身份以及经中国银行认可的外国银行的资本和信誉证明。

② 洽谈对手的基本情况。洽谈前一定要充分了解主谈对手的基本情况,包括他的年龄、学历背景、资历、个性特征、心理特点、做事风格以及他对我方的态度和评价等。对于参与此次洽谈的其他对手及对方的整支团队情况也应做到心中有数。

(2) 确定洽谈地点。根据商务谈判举行的地点不同,可以分为客座洽谈、主座洽谈、客主座轮流洽谈以及第三方地点洽谈。

① 客座洽谈是在洽谈对手所在地进行的洽谈。

② 主座洽谈是在我方所在地进行的洽谈。

③ 客主座轮流洽谈是在洽谈双方所在地轮流进行的洽谈。

④ 第三方地点洽谈是在不属于洽谈双方任何一方的地点进行的洽谈。

这四种洽谈地点的确定,应通过双方或多方协商一致,不可自作主张。如果我方担任东道主出面安排洽谈,一定要在各个环节安排到位,使之合乎礼仪。

(3) 安排洽谈座次。在洽谈会上,如果我方为东道主,那么不仅应当依照礼节布置好洽谈厅,预备好相关的用品,还应当特别重视座次问题,因为它既是洽谈者对规范的尊重,也是洽谈者给对手的礼遇。举行双边洽谈时,应使用长方形桌子或椭圆形桌子,宾主应分别坐于桌子两侧。若桌子横放,则面对正门的一方为上,应属于客方;背对正门的一方为下,应属于主方。若桌子竖放,则应以进门方向为准,右侧为上,属于客方;左侧为下,属于主方。在进行洽谈时,各方的主谈人员应在自己的一方居中而坐,其余人员遵循右高左低的原则,依照职位的高低由近而远地分别在各自主谈人员的两侧就座。假如需要译员,则应安排其就座于仅次于主谈人员的位置,即主谈人员的右面。举行多边会谈时,为了避免失礼,按照国际惯例,一般均以圆形洽谈桌来举行"圆桌会议"。如此一来,尊卑的界限就被淡化了。双边洽谈会如图4-1所示。

图 4-1　双边洽谈会

2. 洽谈会的礼仪

(1) 介绍得体。在商务洽谈中,首先要相互进行自我介绍。介绍时,不必过于拘泥小节。如果是同行,就更要表现得自然、轻松,作自我介绍时要姓和名并提,还可以简短地说明自己所在的单位和职务、职称等信息。问及对方的姓名时注意礼节,讲究文明。

(2) 提问礼貌。在商务洽谈中,相互提问在所难免,但提问一定要注意礼仪。

① 注意内容,不要"打破砂锅问到底",提问对方难以应对的问题。

② 委婉发问,不要像查户口般盘问对方。

③ 要善于转换话题,特别是对方一时答不上来或面露难色时,不宜生硬地再度追问。

(3) 沉着应对。商务洽谈在某种意义上说是一种心理、精神、智力上的较量。因此,洽谈人员在与对手"交战"时要时刻保持清醒的头脑与平和的心态,才能沉着应战,以智取胜。为此,在洽谈前,应当想方设法了解对方的动机、心绪、态度、目标、优势与不足,甚至对方为人处世的态度与方法。洽谈中最忌讳的就是急躁,当洽谈遇到挫折时,老到的洽谈人员会冷静地分析洽谈的进展与已经达成的共识,希望能求同存异,寻找到"柳暗花明"的最佳途径,避免洽谈陷入僵局导致关系破裂。

(4) 文明交谈。洽谈既是一个紧张思考的过程,又是一个具有高度语言运用艺术的过程。在这一过程中,洽谈用语的运用,如叙述、辩驳、论证、说服等功能被综合使用,并得到最大限度的发挥。洽谈的成功与失败,以及如何在最有利的条件下达成一致,建立合作协议,收获圆满的结果,在一定程度上都取决于洽谈中语言技巧的运用以及语言表达的礼仪。

商务洽谈中的文明交谈不仅体现在要健谈,还体现在要成为一个好的聆听者。倾听对方谈话时要用心、要真诚、要善于从对方的谈话中发现问题,从而有的放矢地打动对方。口若悬河、滔滔不绝,不给对方发表意见的机会,甚至不礼貌地打断对方谈话,往往会让对方产生强烈的反感,使洽谈无法顺利进行。

此外,还要注意洽谈的时间要合理,视具体情况而定。洽谈之前一定要对洽谈内容进行充分而妥善的准备,以便用最短的时间以最有效的方式完成洽谈任务,实现洽谈目标。

二、发布会

发布会一般是指新闻发布会,又称记者招待会。政府、企业、社会团体或个人都可公开举行,邀请各新闻媒体参加。举行发布会主要是为了把组织较为重要的成就以及信息报告给所有新闻机构,所以,在发布会上发布的消息对于产品和产品形象、组织和组织形象、先进人物和重要人物当选具有重要的价值。

1. 发布会的准备

筹备发布会,要做的准备有很多,其中最重要的,要做好时机的选择、人员的安排、记者的邀请、会场的布置和材料的准备等工作。

(1) 时机的选择。在确定发布会的时机之前,应明确两点:一是确定新闻的价值,即对某一消息,要论证其是否具有专门召集记者前来予以报道的新闻价值,要选择恰当的新闻"由头";二是应确认新闻发表紧迫性的最佳时机。以企业为例,新产品的开发、经营方针的改变或新举措、企业首脑或高级管理人员的更换、企业的合并、逢重大纪念日、发生重大伤亡事故等事件时,都可以举行发布会。如果基于以上两点,论证确认需要召开新闻发布会,应选择恰当的召开时机:要避开节假日,避开本地的重大活动,避开其他单位的发布会,还要避开与新闻界的宣传报道重点相左或撞车。恰当的时机选择是发布会取得成功的保障。

(2) 人员的安排。发布会的人员安排关键在于选好主持人和发言人。发布会的主持人应由主办单位的公关部部长、办公室主任或秘书长担任,基本条件是仪表堂堂、年富力强、见多识广、反应灵活、语言流畅、幽默风趣,善于把握大局、引导提问和控制会场,具有丰富的主持会议经验。

发言人应由本单位主要负责人担任,除了在社会上口碑较好、与新闻界关系较为融洽外,对其基本要求是修养良好、学识渊博、思维敏捷、能言善辩、彬彬有礼。

发布会还要精选一批负责会议现场礼仪工作的接待人员,一般由相貌端正、工作认真负责、善于交际应酬的年轻女性担任。

值得注意的是,所有出席发布会的人员均需在会上佩戴会前统一制作的胸卡,胸卡上面要写清姓名、单位、部门与职务。

(3) 记者的邀请。对出席发布会的记者要事先确定其范围,具体应视情况涉及范围或事件发生的地点而定。一般情况下,与会者应是与特定事件相关的新闻界人士和相关公众代表。组织为了提高单位的知名度,扩大组织的影响而宣布某一消息时,邀请的新闻单位通常多多益善;而在说明某一活动、解释某一事件,特别是本单位处于劣势而这样做时,邀请新闻单位的范围则不宜过于宽泛。邀请时要尽可能地先邀请影响大、报道公正、口碑良好的新闻单位。如果事件和消息只涉及某一城市,一般请当地的新闻记者参加即可。

另外,确定邀请的记者后,请柬最好提前一星期发出,会前还应用电话提醒。

【小贴士】

"通知"惹的麻烦

某公司就自己新开发的一个新产品系列,想通过新闻发布会形式推向市场。时间安排在周一上午十点钟。眼看时间就要到了,可是前来参加新闻发布会的媒体代表只有三四人,总经理非常焦急,询问负责发放通知的办公室主任小王,小王说:"我都通知到了呀。"总经理想了一下又问:"你是怎么通知的?"小王说:"我给各媒体单位一一打了电话,他们也答应要来参加,可谁想到他们都没来。"总经理听后气不打一处来,但只是瞪了半天眼睛,没有发火。他拍着自己的脑袋说:"这也怪我没交代清楚。"

（4）会场的布置。发布会的地点除了可考虑在本单位或事件所在地举行外,还可考虑租用大宾馆、大饭店举行,如果希望造成全国性的影响,则可在首都或某一大城市举行。发布会现场应交通便利、条件舒适、大小合适。会议地点确定后,应实地考察,在会议召开前认真进行会场布置。会议的桌子最好不用长方形而用圆形,大家围成一个圆圈,气氛会显得和谐、主宾平等,当然这只适用于小型会议。大型会议应设主席台席位、记者席位、来宾朋友席位等。

（5）材料的准备。在举行发布会之前,主办单位要事先准备好如下材料:一是发言提纲。它是发言人在发布会上进行正式发言时的提要,应紧扣发布会主题,体现全面、准确、生动、真实的原则。二是问答提纲。为了使发言人在现场正式回答提问时表现自如,可在预测会被提问的主要问题的基础上,形成问答提纲及相应答案,供发言人参考。三是报道提纲。会前必须精心准备一份以有关数据、图片、资料为主的报道提纲,并认真打印出来,在发布会上提供给新闻记者,在报道提纲上应列出本单位的名称、联系方式等,便于日后联系。四是形象化视听材料。这些材料供与会者利用,可增强发布会的效果,内容一般包括图表、照片、实物、模型、录音、录像、影片、PPT、光碟等。

2. 发布会进行过程中的礼仪

（1）搞好会议签到。要搞好发布会的签到工作,让记者和来宾在会前准备的签到簿上签下自己的姓名、单位、联系方式等内容。记者及来宾签到后礼仪人员按座位安排把与会者引到会场就座。

（2）严格遵守程序。要严格遵守会议程序,主持人要充分发挥主持者和组织者的作用,宣布会议的主要内容、提问范围以及会议进行的时间,一般不要超过2小时。主持人、发言人讲话时间不宜过长,过长会影响记者提问,对记者所提问题应逐一予以回答,不可与记者发生冲突。会议主持人要始终把握会议主题,维护好会场秩序,主持人和发言人会前不要单独会见记者或提供任何信息。

（3）注意相互配合。在发布会上,主持人和发言人要相互配合。为此要明确分工,各司其职,不允许越俎代庖。在发布会进行期间,主持人和发言人通常要保持一致的口径,不允许公开顶牛、相互拆台。当新闻记者提出的某些问题过于尖锐或难以回答时,主持人应想方设法转移话题,不使发言者难堪。而当主持人邀请某位记者提问之后,发言人一般要给予对方适当的回答,否则对新闻记者和主持人来说是不礼貌的行为。

（4）态度真诚主动。发布会自始至终都要注意对待记者的态度,因为接待记者的质量如何直接关系到新闻媒介发布消息的成败。记者希望接待人员对其尊重热情,并了解其所在的新闻媒介及其作品等,也希望接待人员为其提供工作方便,如一条有发表价值的消息,一个有利于拍到照片的角度等,以上记者的合理要求要尽量满足。对待记者千万不能趾高气扬、态度傲慢,一定要温文尔雅、彬彬有礼。

新闻发布会如图 4-2 所示。

图 4-2　新闻发布会

3. 发布会的善后事宜

发布会举行完毕,主办单位需在一定的时间内进行一次认真的评估善后工作,主要包括以下方面。

（1）整理会议资料。整理会议资料有助于全面评估发布会会议效果,为今后举行类似会议提供借鉴。发布会后要尽快整理出会议记录材料,对发布会的组织、布置、主持和回答问题等方面的工作进行回顾与总结,从中吸取经验,找出不足。

（2）收集各方反映。首先要收集与会者对会议的总体反映,检查在接待、安排、服务等方面的工作是否有欠妥之处,以便今后改进;其次要收集新闻界的反映,了解一下与会的新闻界人士有多少人为此次新闻发布会发表了稿件,并对其进行归类分析,找出舆论倾向;最后要对各种报道进行检查,若出现不利于本组织的报道,应作出良好的应对策略。若发现不正确或歪曲事实的报道,应立即采取行动,说明真相;如果是由于自己失误所造成的问题,应通过新闻机构表示谦虚接受并致歉意,挽回声誉。

三、展览会

组织通过举办展览会,运用真实可见的产品和热情周到的服务、全面透彻的资料、图片介绍和技术人员的现场操作,吸引大量的参观者,使其留下深刻的印象。展览会是组织重要的公关活动之一。

1. 展览会的特点

（1）形象的传播方式。展览会是一种非常直观、形象、生动的传播方式,通常以展出实物为主,并进行现场示范表演,如在产品展览会上,有专人讲解并示范产品的使用方法。这种直观、形象的活动,容易给参观者留下深刻的印象。

(2) 极好的沟通机会。展览活动给组织提供了与公众直接沟通的极好机会,通常展览会上都有专人解答参观者的问题,并就他们感兴趣的问题进行深入讨论。这样参展单位在让公众了解本组织的同时,还能及时收获公众对本组织传播内容的反馈,参展单位可以根据公众反馈的信息进一步做好工作。

(3) 多种传媒的运用。展览会是一种复合型传播方式,是同时使用多种媒介进行交叉混合传播的过程,它集多种传播媒介于一体,有声音媒介,如讲解、交谈和现场广播;又有文字媒介,如印刷的宣传手册、资料;还有图像媒介,如各种照片、录像、PPT等。这种复合型的沟通效果,其他传播媒介无法比拟。

2. 展览会的组织

举办展览会要精心组织,做好以下工作。

(1) 明确展览会的主题。每一次不同类型的展览会都应有明确的主题和目的。只有主题明确,才能提纲挈领,对所有展品进行有机的排列组合,充分展示展品的风采。如若主题不明,眉毛胡子一把抓,很难把展品与各类资料有机地结合起来,势必影响展览效果。

(2) 搞好展览整体设计。任何一项展览都是一项系统工程,要求必须有详细的设计,包括展览场地、标语口号、展览徽志、参展单位及项目、辅助设备、相关服务部门的设置和人员安排、信息的发布与新闻界的联络、对工作人员的培训等,如若在任何一个环节安排不当都会影响整个展览的效果。

(3) 成立对外新闻发布机构。成立对外新闻发布的专门机构,负责与新闻界密切联系。展览过程中往往会产生许多有新闻价值的内容,这就需要有关人员以敏锐的观察力去挖掘、去分析并写成各种新闻稿件发表,以扩大展览影响,同时还要组成专门的机构来负责新闻发布的计划,如确定发布内容、发布时机、发布形式等,这样效果会更好些。

(4) 进行展览的效果测定。展览的效果一般体现在观众对展品的反映上、对组织形象的认知以及对整个展览会从内容到形式上的总体看法等方面。为了检验举办各类展览活动的目的是否达到,必须对展览效果进行检测。测定的方法很多,如设立观众留言簿,召开座谈会听取反映,检验公众对展品的留意程度等。

✏ 【小贴士】

小展位引人注目的八点技巧

(1) 采用照明系统。根据调查,照明可将展品认知度提高30%～50%。

(2) 成立主题式展览摊位。大企业通常是采用传统方式展览,且依赖大规模场地,而小企业可以创新设计以凸显自己。

(3) 依展位大小选择大小合适的展示用品及参展产品,以免过度拥挤或空阔。

(4) 善加利用组合式展览用具,避免使用看似低廉的桌布覆盖桌子。

(5) 尽量整齐化展览,展示一项或两项产品。

(6) 选用少量且较大的图片,创造出强烈的视觉效果。太过密集或太小的图片皆不易被读取。

（7）将图片放置在视线以上，图片要应自壁板36英寸高以上的地方开始放置。

（8）展位要使用大胆且抢眼的颜色，从远距离即可凸显出来，避免易融入背景的中性色彩。

3.展览会的礼仪

展览会的工作人员应当具备良好的素质，明确办展览的目的和主题，了解展览的知识和技能，具备与展览产品相关的专业素质，还要懂得礼仪，从各自不同的角度出发来影响观众，使观众满意。

（1）主持人礼仪。主持人是一个展览会的操纵者，应该表现出决定性人物的权威性。在着装上，要穿西服套装、系领带，拿一个真皮公文包，显示主持人气派，由此使观众也对其主持的展览会和产品产生信赖感，因为主持人的形象就是组织实力的一种体现。与宾客握手时，主持人应先伸出手去，等宾客先放手后再放手。

（2）讲解员礼仪。讲解员应热情礼貌地称呼观众，讲解流畅，不用生僻字，让观众听得懂。介绍的内容要实事求是，不弄虚作假，不愚弄听众。语调清晰流畅，声音洪亮悦耳，语速适中。解说完毕，应对听众表示谢意。讲解员着装要整洁大方，打扮自然得体，举止庄重，动作大方，不要怪异或过于追求新奇而喧宾夺主。

（3）接待员礼仪。接待员站着迎接参观者时，双脚略分开，与肩同宽，双手自然下垂或在身后交叉，这种站姿不但大方而且有力。站立时切勿双脚不停地移动，表现出内心的不安稳、不耐烦，也不要一只脚交叉于另一只脚前，因为这是不友善的表示。接待员不可随心所欲地趴在展台上或跷着二郎腿，嚼着口香糖，充当守摊者。随时与参观者保持目光距离，目光要坚定，不可游移不定，也不可眼看别处，要表现你的坦然和自信。

展览会如图4-3所示。

图 4-3　展览会

四、茶话会

茶话会是我国传统的聚会方式。非正式的茶话会，一般是民间自发组织或形成的，如一帮熟人聚在一起聊天，这家主人自然会给每位客人敬上一杯茶，大家边喝边说，热热闹闹，十分惬意，谈话一般也没有固定的议题。现在很多组织也经常利用这一形式进行日常的沟通，所以熟悉茶话会的礼仪十分必要。

1. 茶话会的准备

正式茶话会一般有主办单位或主办人，事先要发通知或请柬给被邀请人，其举办地是在会议厅、客厅或花园里。正式茶话会除了备有足够茶水外，一般还备有水果、糕点、瓜子、糖果等食品。茶话会多在节日举办，如五一劳动节、五四青年节、中秋节、国庆节、元旦等，借节日之题而发挥，一般采用漫谈形式，无中心议题。在正式茶话会上的中心议题可以是祝贺、发感慨、谈感想、作总结、提建议、谈远景，也可以吟诗作唱，畅叙友谊，无一固定格式，气氛也比较活跃、轻松、自由，如图4-4所示。

图4-4　茶话会

举办茶话会时，除了准备上好的茶叶外，还应注意擦净茶具。茶具一般以泥制茶具和瓷制茶具为佳，其次是玻璃茶具和搪瓷茶具。在我国，泡茶一般不加其他配料，但某些民族以及国外的一些国家喜欢在泡茶时加上牛奶、白糖、柠檬片等。有的茶话会还准备咖啡等饮料。

正式茶话会简便易行，在服饰上也没有什么严格规定或特殊要求。正式茶话会有主办人和有关领导，主办人要负责对来宾的迎送和招呼以及主持会议；有关领导也常常以一个普通与会者的身份发言。茶话会不排座次，宾主可以随意交谈。

2. 茶话会的举行

茶话会开始时，一般由主办人致辞，讲话应开宗明义地说明茶话会宗旨，还要介绍与会单位代表或个人，为交流和谈话创造适宜的气氛。

茶话会主持人要随时注意来宾在茶话会上的反映，随时把话题引导到大家都感兴趣的问题或轻松愉快的话题上。参加茶话会的每一个人都有义务维护茶话会的气氛，不使茶话会冷场，也不可使秩序混乱。

有人讲话时，要专心致志地倾听，不要随意打断他人的讲话，也不可显露烦躁、心不在焉的神态，更不要妄加评论他人的话。自己发言的时候，用词、语气、态度要表现出文明礼貌修养，神态要自然有神，仪态要端庄大方，仪态过分拘谨或做作都会使人不快。发言时口里应停止咀嚼食物，更要防止嘴角上留有残渣。

自由交谈时不要独座一隅，纹丝不动，而应与左右交谈，尽快找到共同的话题，打破僵局，融洽气氛。

幽默风趣的语言在茶话会上十分受欢迎，但要避免开玩笑去伤害他人自尊；行为举止也不能无一约束,随便走动,推推搡搡来搅乱秩序。

茶话会结束时,来宾不仅应向主人道别,也要和新朋友、老相识辞行。不要中途退场或不辞而别。

茶话会应讲究实效,时间不宜过长,以 1～2 小时为宜。茶话会不带任务,但追求气氛与聚会的效果,通过与会者的交谈、畅叙,结合坐在一起喝茶时共同创造的氛围,来感受他人的思想感情,增进相互间的了解和友谊。

【小贴士】

个人参加会议应遵守的礼仪规范

【课堂训练】

以小组为单位,现场组织安排一次小规模的会议活动,注意相关细节。

第二节 仪 式

当今社会,对组织而言,仪式起着重要的作用,它有利于提高组织的知名度和美誉度,塑造组织形象;有利于鼓舞员工的士气,激发员工对组织的热爱,培育员工的价值观念,增强组织的凝聚力;有利于传递组织信息,使组织赢得更多的成功机会和合作伙伴;有利于沟通情感,传达意愿,增进友情。讲究仪式礼仪是现代交际的一项重要内容,也是一个组织的成功关键。在现实生活里,我们可能接触到的仪式很多,诸如签字仪式、庆典仪式、开业仪式、剪彩仪式等。

一、签字仪式

签字仪式是组织与对方经过会谈、协商,形成了某项协议或协定而后互换正式文本的仪式。它是一种比较隆重的活动,应严格按照其礼仪规范来施行。

1. 签字仪式的准备

签字仪式是组织具有"里程碑"意义的事件,组织应予以充分准备,做到万无一失。

(1) 准备待签文本。洽谈或谈判结束后,双方应指定专人按谈判达成的协议做好待签文本的定稿、翻译、校对、印刷、装订、盖印等工作。文本一旦签字就具有法律效力,因此,准备文本的工作应当郑重严肃。

在准备文本的过程中,除了核对谈判协议条件与文本的一致性以外,还要核对各种批件,一般是项目批件、许可证、设备分交文件、用汇证明、订货卡等是否完备,合同内容与批件内容是否相符等。审核文本必须对照原稿件，做到每字不漏，对审核中发现的问题要及时互相通报，双方通过再谈判达到谅解，并相应调整签约时间。在协议或合同上签字的有几个单位，就要为签字仪式提供几份样本。如有必要，还应为各方提供一份副本。与外商签订有关的协议、合同时，按照国际惯例，待签文本应同时使用宾主双方的母语。

待签文本通常应装订成册，并以仿皮或其他高档质料作为封面，以示郑重。其规格一般为大八开，所用的纸张务必高档，印刷务必精美。作为主方应为文本的准备提供准确、周到、快速、精美的条件和服务。

（2）布置签字场地。签字场地有的常设专用的签字厅，也可临时以会议厅、会客室来代替。布置的总原则是庄重、整洁、清净。签字厅布置如表 4-1 所示。

表 4-1　签字厅布置

项　　　目	操　作　说　明
挂屏风式挂画	厅室正面挂屏风式挂画
布置签字桌	（1）将长条桌摆放在离墙 2.5 米处，并居中； （2）在长条桌上均匀铺上深绿色台呢：外侧长，距地面 10 厘米；内侧短，距地面 40 厘米
布置签字椅	将两张高背扶手椅摆放在签字桌后面，两椅相距 1.5 米
布置照相设备	（1）在椅子背后 1.2 米处，根据人数多少摆上梯式照相脚架； （2）照相脚架两侧陈设常青树
摆放待签文本	在两个座位前的台面上摆放待签文本，右上方放置文具
摆放旗架	签署双方性涉外商务合同时，需摆放旗架，将旗架摆放在两个文本中间的前方位置上，注意"客右主左"
摆放沙发	两侧可布置少量沙发，供休息用

（3）进行座次安排。签字仪式的座次安排最能体现礼仪规范，因此，主方应当认真安排签字仪式的座次。签字仪式的座次排列常有并列式、相对式和主席式三种。[①]

① 并列式座次排列。并列式座次排列主要适用于双边签字仪式，其基本规则如下。

- 签约双方的主签人与其随席人员并列位于签字桌的一侧。
- 双方的主签人按照以右为尊（以室内面向正门的视角为基准）的惯例居中、面门而坐，客方居右，主方居左。
- 双方的助签人站在各自主签人的外侧。
- 双方的随席人员分别站在己方主签人的座位后面，并按照职位高低、由中间向两侧依次排开。
- 若是涉外双边签字仪式，则还应将签约双方的国旗分别插放在主签人的正前方，并与双方的主签人相对应，即客方国旗居右，主方国旗居左，如图 4-5 所示。

② 相对式座次排列。相对式座次排列与并列式座次排列基本相同，二者唯一的差别在于：相对式座次排列将签约双方的随席人员移到了主签人的对面，如图 4-6 所示。

---

① 万文斌,郝素玲,陈明华.商务礼仪[M].北京：航空工业出版社,2012：85-86.

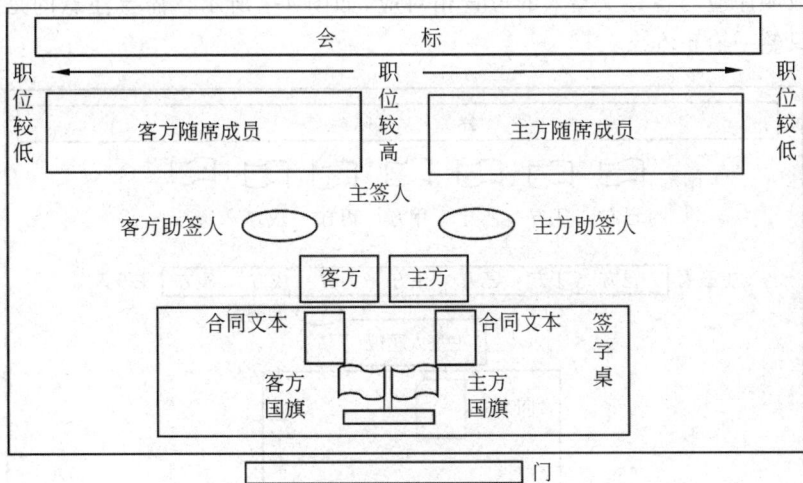

图 4-5　并列式座次排列

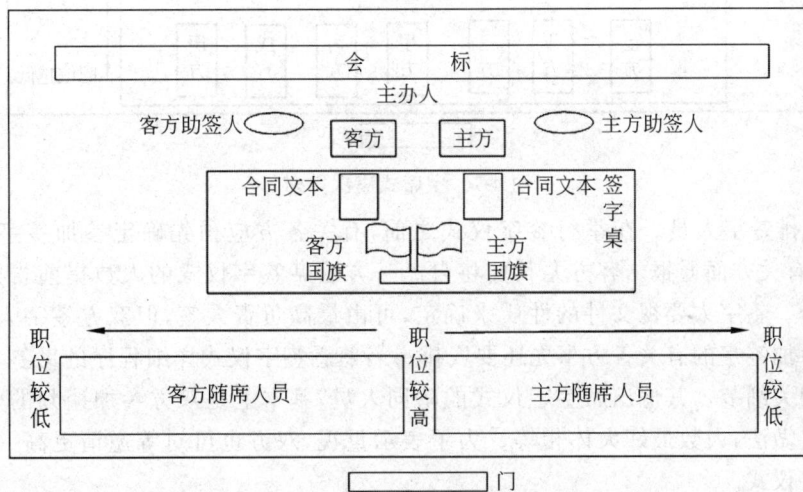

图 4-6　相对式座次排列

③ 主席式座次排列。主席式座次排列主要适用于多边签字仪式,其基本规则如下。

- 签字桌前只设一张签字椅,签约各方的主签人按照各方事先同意的顺序(如按国家英文名称首字母的先后顺序等)站在签字椅后面并面向签字桌,其中,排在第一顺序的主签人居中,其他主签人按照先右后左的顺序向两侧由近及远地依次排开。
- 签约各方的随席人员背对正门并面向签字桌就座于主签人的对面,再按照职位高低从前往后依次排开,通常,每一方随席人员的位置与其主签人的位置相对应。
- 签字时,各方主签人按照签约各方事先同意的先后顺序依次入座签字,各方的助签人则随其所在方的主签人上前助签,并按照以右为尊的原则站立在主签人的左侧。
- 若是涉外多边签字仪式,则还应在会标与主签人之间插放签约各方的国旗,国旗的插放顺序应与各方主签人的位置相对应，如图 4-7 所示。需要注意的是，这种情况下只签一份正本。

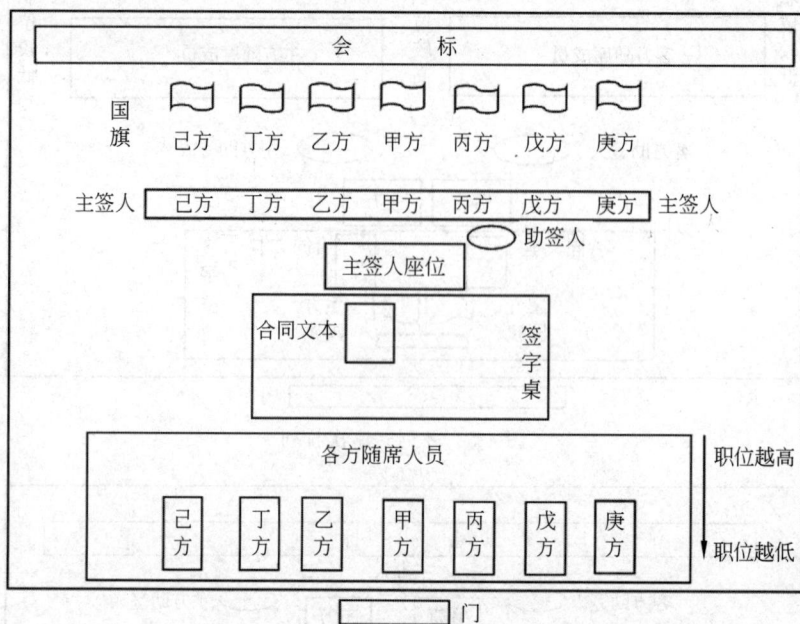

图 4-7　主席式座次排列

（4）安排签字人员。在举行签字仪式之前，有关各方应预先确定参加签字仪式的人员，并向其有关方面通报。客方尤其要将自己一方出席签字仪式的人数提前告知主方，以便主方安排。签字人要视文件的性质来确定，可由最高负责人签，但双方签字人的身份应该对等。参加签字的有关各方事先还要安排一名熟悉签字仪式详细程序的助签人，并商定好签字的相关细节。其他出席签字仪式的陪同人员，基本上是双方参加谈判的全体人员，按一般礼仪做法，人数最好大体相等。为了表示重视，双方也可对等邀请更高一层的领导人出席签字仪式。

由于签字仪式的礼仪性极强，签字人员的穿着也有具体要求。按照规定，签字人、助签人以及随员，在出席签字仪式时，应当穿着具有礼服性质的深色西装套装或西装套裙，并且配以白色衬衫与黑色皮鞋。

参加签字仪式的服务人员（礼仪人员），可以穿自己的工作制服或旗袍一类的礼仪性服装。签字服务人员应注意仪态，举止要落落大方、得体自然，既不要过分严肃，也不要喜形于色。服务人员的具体礼仪如表 4-2 所示。

表 4-2　服务人员的具体礼仪

项　　目	操作说明
门口候客	（1）服务人员站立在门口，迎候签字人员； （2）签字人员到达时，敬语相迎，引领至签字桌旁，并拉椅让座； （3）照应其他人员按顺序就位

项 目	操 作 说 明
双方仪式开始	服务人员手托摆有香槟杯的托盘(杯中酒约七分满),站立两旁,在距签字桌两侧约2米远处
双方签字完毕	(1) 服务人员看到签字人员握手并交换文本时,迅速将签字椅撤除; (2) 立即将酒杯送到双方签字人员面前,并讲"请"; (3) 从桌后站立者的中间处开始,向两边依次送让; (4) 等干杯后,立即上前用托盘接收酒杯
送客	(1) 签字仪式结束,为签字人员开门; (2) 引领签字人员到电梯口按电梯,用敬语送别

2. 签字仪式的程序

虽然签字仪式的时间不长,但它是合同、协议签署的高潮,其程序规范、庄重而热烈。主要有以下几项。

(1) 签字仪式开始。有关各方人员进入签字厅,在既定的位次上坐好。双方签字人按照主居左、客居右的位置入座,双方其他陪同人员分主客两方以各自职位、身份高低为序,自左向右(客方)或自右向左(主方)排列站于己方签字人之后,或坐在己方签字人的对面。双方助签人分别站在己方签字人的外侧,协助翻揭文本,指明签字处,并为业已签署的文件吸墨防洇。

(2) 签字人签署文本。其通常的做法是先签署己方保存的合同文本,接着再签署他方保存的合同文本,这一做法在礼仪上称为"轮换制"。它的含义是在位次排列上,轮流使有关各方都有居于首位的机会,以显示机会均等、各方平等。

(3) 交换合同文本。双方签字人正式交换已经由有关各方正式签署的文本,交换后,双方签字人应热烈握手,互致祝贺,并交换各自方才使用过的签字笔,以示纪念。此时全场人员应该鼓掌表示祝贺。

(4) 共同举杯庆贺。交换完已签订的合同文本后,礼宾小姐会用托盘端上香槟酒,有关人员尤其是签字人当场喝一杯香槟酒,这是国际上通用的,旨在增添喜庆色彩的做法。

(5) 有秩序退场。举杯庆贺后,双方最高领导者及客方先退场,然后东道主再退场。整个签字仪式以半小时为宜。

【小贴士】

香 槟 酒

签字仪式如图 4-8 所示。

社
交
礼
仪
与
沟
通
技
巧
（
第
2
版
）

图 4-8　签字仪式

【小贴士】

产权交易项目签约仪式的主持用语

女士们、先生们、朋友们：

（出让方）＿＿＿＿＿与（受让方）＿＿＿＿＿就（项目名称）＿＿＿＿＿出售（兼并、租赁、经营权转让、合资、合作）的项目签约仪式现在开始。

A.（项目简介）

该项目主要内容及规模

该项目总资产　　　　　万元

成交额　　　　万元

B. 出席签约仪式的受让方代表（外方）：

单位　　　　（职务）　　　　（姓名）　　　　（先生、女士、小姐）

出席签约仪式的出让方代表：

单位　　　　（职务）　　　　（姓名）　　　　（先生、女士、小姐）

请二位先生（女士、小姐）到签约台前就座（待坐好后）

C. 请各位嘉宾领导到签约台上就位（待坐好后）

D. 签约开始（待双方签约完毕后）

E. 双方交换签约文本

F. 祝酒

G. 签约仪式结束

H. 鼓掌

【点评】　从上面的"产权交易项目签约仪式的主持用语"可见，签字仪式具有基本固定的程序，商务人员在策划、参加这一活动时，应尽量遵照执行。

二、庆典仪式

1. 庆典仪式的类型

庆典是各种庆祝礼仪式的统称。举行开业庆典，要遵循"热烈、隆重、节俭"的原则。就内容而论，商界所举行的庆典仪式大致可以分为四类，如表 4-3 所示。

表 4-3　庆典仪式的类型

庆典类型	具 体 适 用
周年庆典	通常这是逢五、逢十进行的。即在本单位成立五周年、十周年及相应年的倍数时进行
荣誉庆典	当单位荣获了某项荣誉称号或单位的"拳头产品"在国内外重大展评中获奖之后,这类庆典基本上会举行
业绩庆典	本单位取得重大业绩的庆典,如千日无生产事故、生产某种产品的数量突破 10 万台或某商品的销售额达到 1 亿元等
发展庆典	本单位建立集团、确定新的合作伙伴、兼并其他单位及分公司或连锁店不断发展时举行的庆典

2. 组织并筹备庆典

庆典的组织及筹备至少要注意出席者名单的确定、来宾的接待、环境的布置、庆典的程序四大问题。

(1) 精心确定出席者名单。庆典的出席者不应有滥竽充数之人,也不应让对方勉为其难。确定庆典的出席者名单时,应始终以庆典的宗旨为指导思想。一般来说,庆典的出席者包括以下各方,如表 4-4 所示。

表 4-4　庆典参加人员的邀请

庆典参加人员	邀请原因及目的
上级领导	地方党政领导、上级主管部门的领导,大都对单位的发展给予过关心、指导。邀请他们参加,主要是为了表示感激之情
社会名流	社会各界的名人对公众最有吸引力,能够请到他们,将有助于更好地提高本单位的知名度
大众传媒	大众传媒被称为"第四权力",邀请并主动与大众传媒合作,将有助于使本单位的成就获得公正地介绍,进而加深社会对本单位的了解和认同
合作伙伴	在商务活动中,合作伙伴经常是彼此同呼吸、共命运的,所以,应邀请他们来与自己一起分享成功的喜悦
社区关系	他们是指那些与本单位共居于同一区域、对本单位具有种种制约作用的社会实体。邀请他们参加本单位的庆典,会使对方进一步了解本单位、尊重本单位、支持本单位,或是给予本单位更多的方便
单位员工	员工是本单位的主人,单位每一项成就的取得,都离不开他们的努力奋斗。让他们参加庆典可增强他们的主人翁意识,增强集体荣誉感

以上人员的具体名单一旦确定,就应尽早发出邀请或通知。鉴于庆典的出席人员甚多,牵涉面极广,故不到万不得已,绝不许将庆典取消、改期或延期。

(2) 精心安排来宾的接待。与一般的组织交往中的接待工作相比,对出席庆典仪式的来宾的接待应更突出礼仪性的特点,如安排专门的礼宾小姐。不但应热心、细致地照顾好全体来宾,而且还应通过主办方的接待工作,使来宾感受到主人真挚的尊重与敬意,使每位来宾都能心情舒畅。

最好是庆典一经决定举行就成立对此全权负责的筹备组。筹备组通常由各方面相关人士组成,他们应当是能办事、会办事、办实事的人。

庆典的筹备组应根据具体的需要,下设若干专项小组,在公关、礼宾、财务及会务等各方面"分兵把守"，各管一段。公关组负责有关庆典的对内、对外的宣传及联络；礼宾组负责来宾的迎送、引导、陪同、招待；财务组负责庆典各项费用预算及支出；会务组负责庆典的策划、现场的布置及各项活动统筹。

凡应邀出席庆典的来宾，绝大多数人对本单位都是关心和友好的，因此，当他们光临时，主人没有任何理由不让他们受到热烈且合乎礼仪的接待。若对来宾的接待工作马马虎虎，会伤害来宾的自尊心。

（3）精心布置庆典仪式现场。举行庆祝仪式的现场是庆典活动的中心地点，对它的安排、布置是否恰当会直接关系到庆典留给全体出席者的印象。依据仪式礼仪的有关规范，在布置庆典的现场时，需要通盘思考的主要问题如表 4-5 所示。

表 4-5　庆典的现场布置

项　目	具　体　细　节
地点的选择	应结合庆典规模、影响力及本单位实际情况来定。单位礼堂、会议厅，本单位内部或门前的广场，以及外借的大厅等地点均可选择。在室外举行庆典时，切勿因地点选择不慎，而将其变为制造噪声、妨碍交通或治安的活动
环境的美化	在力行节俭的同时，着力美化庆典现场环境。可悬挂彩灯、彩带，张贴宣传标语并悬挂标明庆典具体内容的大型横幅，还可以请由本单位员工组成的乐队、锣鼓队演奏音乐或敲锣打鼓，热闹热闹。但这类活动要适度
场地的大小	应当牢记，场地并非越大越好。场地的大小应同出席者人数的多少相匹配
音响的准备	举行庆典之前，务必要把音响、麦克风及传声设备准备好。可在庆典举行前后播放一些喜庆、欢快的乐曲。对于播放的乐曲，应先期进行审查

庆典仪式如图 4-9 所示。

图 4-9　庆典仪式

（4）精心拟定庆典的程序。庆典举行的成功与否与其具体的程序有紧密关系。仪式礼仪规定，拟定庆典的程序时，必须坚持两条原则。一是庆典时间宜短不宜长。应以一小时为其极限，这既是为了确保良好的效果，也是为了尊重全体出席者，尤其是为了尊重来宾。二是程序宜少不宜多。若程序过多，不但会延长时间，而且还会分散出席者的注意力，给人以内容过于凌乱之感。总之，不要使庆典内容太凌乱。依照常规，一次庆典大致应包括表 4-6 所示的几项程序。

表 4-6　庆典的程序

序号	庆 典 程 序	具 体 细 节
1	预备	请来宾就座，出席者安静，介绍嘉宾
2	宣布庆典正式开始	全体起立，奏国歌，唱本单位之歌
3	本单位主要负责人致辞	对来宾表示感谢，介绍此次庆典的缘由等，其重点是报捷及介绍庆典的可"庆"之处
4	邀请嘉宾讲话	出席庆典的上级领导、协作单位及社区关系单位均应有代表讲话或致贺词，但应当提前约好，不要当场当众推来推去
5	安排文艺演出	这项程序可有可无，如果要安排，则应慎选内容，不要使其有悖于庆典的主旨
6	邀请来宾进行参观	安排来宾参观本单位的有关展览或车间等，此项程序有时也可省略

【小案例】

嘉宾为何不高兴

　　某企业在新商场布置完毕，定于周日举行开业仪式，开业仪式的组织者派发了请柬，来宾到了现场，根据名签找到了自己的座位就座。大会仪式开始了，主持人宣布开业庆典开始。奏国歌，然后企业领导致辞，上级主管领导致辞，直到开业仪式结束，也没有对重要的嘉宾作一介绍，连主席台上的嘉宾也未作介绍。开业仪式一结束，嘉宾们都很不高兴地离开，有的边走边议论："这是什么开业？连开业的规矩都不懂。"

　　【点评】　介绍来宾是开业庆典一个重要环节，万不可省略，这体现出企业对来宾的尊重。

　　3. 参加庆典的礼仪

　　参加庆典时，不论是主办单位的人员还是外单位的人员，均应注意自己临场的举止及表现，其中主办单位人员的表现尤其重要。在举行庆祝仪式之前，主办单位应对本单位的全体员工进行必要的礼仪教育，还应要求本单位出席庆典的人员了解相关规定，并且在临场之时务必要严格遵守。在这一问题上，单位的负责人，尤其是出面迎送来宾和上主席台的人士，应"身先士卒"，绝不允许有任何例外。按照仪式礼仪的规范，作为东道主的商界人士在出席庆典时，应当严格注意的问题如表 4-7 所示。[①]

---

　　①　张学娟.实用商务礼仪[M].北京：人民邮电出版社，2015：168-171.

表 4-7　参加庆典的礼仪

注意事项	具 体 细 节
仪容整洁	所有出席庆典的人员都应事先洗澡、理发,男士还应刮光胡须
服饰规范	有统一制服的单位,员工应以制服为庆典着装;无制服的单位,其员工及被邀请参加庆典的嘉宾应穿着礼仪性服装。即男士应穿深色中山装套装或穿深色西装套装,配白衬衫、素色领带及黑色皮鞋。女士应穿深色西装套裙,配长筒肉色丝袜和黑色高跟鞋,也可穿深色的套裤或花色素雅的连衣裙
遵守时间	上到本单位最高负责人,下到级别最低的员工,都不得迟到、无故缺席或中途退场。若庆典起止时间已有规定,则应准时开始,准时结束。要向社会证明本单位言而有信
表情庄重	在庆典的整个过程中,表情都要庄重且聚精会神。若庆典中有升国旗、奏国歌、唱"厂歌"的程序,则一定要依礼行事:起立、脱帽、立正,面向国旗或主席台行注目礼,并且,认认真真,表情庄严、肃穆地和大家一起唱国歌、唱"厂歌"
态度友好	遇到来宾,要主动、热情问好。对来宾提出的问题,要立即予以友善的答复。当来宾发表贺词时,要主动鼓掌,以表示欢迎或感谢
行为自律	以自己的实际行动来确保庆典的顺利与成功,不应当因为自己的举止失当,而使庆典效果打折扣
发言简短	上下场时要沉着冷静,发言时要讲究礼貌,要在规定的时间内结束,发言时少做手势,发言时坚决不用含义不明的手势

【小贴士】

宾客参加庆典的礼仪

(1) 准时参加。如有特殊情况不能到场,应尽早通知主办方,说明理由并表达歉意。

(2) 最好送贺礼。贺礼可以选择花篮、镜匾、楹联等,以表示对开业方的祝贺,并在贺礼上写明庆贺对象、庆贺缘由、贺词及祝贺单位。

(3) 恭致祝贺。致贺词要简短精练,以贺顺利、发财、兴旺的吉利话为主,不能随意发挥。

(4) 广交朋友。到场后应礼貌性地与周围的人打招呼,可通过自我介绍、互换名片等方式结识更多的朋友。

(5) 礼节性支持。如鼓掌、合影、跟随参观、写留言等。

(6) 礼貌告辞。仪式结束后应和主办人握手告别,并致谢意。

【小案例】

言行之中见德行

王佳参加一公司的开业典礼,安排他就座前排,由于单位有急事,他来到该公司开业典礼现场时,已经进行了半个多小时,王佳环顾左右寻找自己的座位,并大摇大摆地走向座位,刚坐下,手机铃声又响个不停,随后又大声接听电话,无视周围嘉宾感受和整个开业典礼的热烈氛围。

【点评】　参加庆典不应该迟到,迟到后还招摇入场是错上加错。当着嘉宾大声接听电话,也不符合职场人之间相处的道德准则。

三、开业仪式

独特的开业仪式

开业仪式是指在单位创建、开业,项目完工、落成,某一建筑物正式启用,或是某工程正式开始之际,为了表示庆贺和纪念按照一定程序隆重举行的专门仪式。筹备和举行开业仪式应始终按照"热烈、隆重、节约、缜密"的原则进行。

1. 开幕仪式

开幕仪式是开业仪式常见的形式之一,通常是指公司、企业、宾馆、商店、银行等正式启用前,或各类商品的展示会、博览会、订货会正式开始之前所正式举行的相关仪式。开幕仪式举行之后,公司、企业、宾馆、商店、银行等将正式营业,有关商品的展示会、博览会、订货会将正式接待顾客与观众。一般举行开幕仪式时要在比较宽敞的活动空间中进行,如门前广场、展厅门前、室内大厅等处都是较为合适的地点。

开幕仪式的主要程序为:①宣布仪式开始,全体肃立,介绍来宾。②邀请专人揭幕或剪彩。揭幕时揭幕人行至彩幕前恭敬地站立,礼仪小姐双手将开启彩幕的彩索递交给对方。揭幕人随之目视彩幕,双手拉起彩索,展开彩幕。全场目视彩幕,鼓掌并奏乐。③在主人的亲自引导下,全体到场者依次进入幕门。④主人致辞答谢。⑤来宾代表发言祝贺。⑥主人陪同来宾参观,开始正式接待顾客或观众,对外营业或对外展览宣告开始。开幕仪式如图 4-10 所示。

图 4-10　开幕仪式

2. 奠基仪式

奠基仪式是指一些重要的建筑物,如大厦、场馆、亭台、纪念碑等,在动工修建前,正式举行的庆贺性活动。其举行地点应选择在动工修建建筑物的施工现场，一般在建筑物的正门右侧。在奠基仪式的举行现场应设有彩棚，安放该建筑物的模型、设计图、效果图，并使各种建筑机械就位待命。

用来奠基的奠基石应是一块完整无损、外观精美的长方形石料。奠基石上文字应当竖写，在其右上款，写上建筑物的名称，正中央应有"奠基"两个大字，左下款刻有奠基单位的全称以及举行奠基仪式的年月日。奠基石上的字体，大都用楷体刻写，并且最好选用白底金字或黑字。在奠基石的下方或一侧，还应安放一只密闭的铁盒，内装与该建筑物相关的各有关资料以及奠基人的姓名。届时，它将同奠基石一道被奠基人等培土掩埋于地下，以示纪念。

奠基仪式的主要程序为：①仪式正式开始，介绍来宾，全体起立；②奏国歌；③主人对建筑物的功能、规划设计等进行介绍；④来宾致辞道贺；⑤正式进行奠基，奠基人双手持握系有红绸的新锹为奠基石培土，再由主人与其他嘉宾依次为之培土，直至将其埋没为止。奠基时应演奏喜庆乐曲或敲锣打鼓，营造良好的气氛，如图 4-11 所示。

图 4-11　奠基仪式

3. 落成仪式

落成仪式也称竣工仪式，是指本单位所属的某一建筑物或某项设施建设、安装工作完成之后，或是某一纪念性、标志性建筑物——诸如纪念碑、纪念塔、纪念堂等建成之后，以及某种意义重大的产品生产成功之后，所专门举行的庆贺性活动。落成仪式如图 4-12 所示。

图 4-12　落成仪式

落成仪式一般应在现场举行，如新落成的建筑物旁边，纪念碑、纪念塔的旁边等地点。

参加落成仪式要注意情绪,在庆贺工厂大厦落成、重要产品生产成功等时应表现出欢乐和喜悦;在庆祝纪念碑、纪念塔落成时应表现出庄严肃穆。

落成仪式的主要程序为:①宣布仪式开始,全体起立,介绍各位来宾;②奏国歌,并演奏本单位标志性乐曲;③本单位负责人发言,以介绍、回顾、感谢为主要内容;④进行揭幕或剪彩;⑤全体人员向刚刚落成的建筑物行注目礼;⑥来宾致辞;⑦全体人员进行参观。

4. 下水仪式

下水仪式是指造船厂在吨位较大的轮船建造完成、验收完毕、交付使用之际,为其正式下水启航而专门为之举行的庆祝性活动。

按照国际上目前所通行的做法,下水仪式基本上都是在新船码头上举行的。现场要进行一定程度的美化。例如,在船坞门口与干道两侧,应饰有彩旗、彩带。在新船所在的码头附近,应设置专供来宾观礼或休息之用的彩棚。对下水仪式的"主角"——新船,必须认真进行装扮。一般的讲究是要在船头上扎上由红绸结成的大红花,并且在新船的两侧船舷上扎上彩旗,系上彩带,如图 4-13 所示。

图 4-13 下水仪式

下水仪式的主要程序为:①主持人宣布仪式正式开始,介绍来宾,乐队演奏喜庆乐曲或敲锣打鼓。②全体肃立,奏国歌。③由主人简单介绍新船的基本状况。例如,船名、吨位、马力、长度、高度、吃水、载重、用途、工价等。④由特邀掷瓶人行掷瓶礼。砍断缆绳,新船正式下水。⑤来宾代表致贺词。

【小贴士】

掷 瓶 礼

行掷瓶礼,是下水仪式上独具特色的节目。它在国外由来已久,并已传入我国。它的目的是要渲染出喜庆的气氛。具体做法是:由身着礼服的特邀嘉宾双手持握一瓶正宗的香槟酒,用力将瓶身向新船的船头投掷,使瓶破之后酒沫飞溅,酒香四溢,如图 4-14 所示。在嘉宾掷瓶以后,全体到场面向新船行注目礼,并随即热烈鼓掌。此时,现场可再度奏乐或演奏锣鼓,放飞气球,放飞信鸽,并且在新船上撒彩花、落彩带。

图 4-14　掷瓶礼

四、剪彩仪式

剪彩仪式是指有关单位为庆贺公司成立、企业开工、银行开业、商场和酒店开张、大型建筑物启用、道路开通、展会或博览会开幕等活动而隆重举行的一项礼仪性程序，主要活动内容是邀请专人使用剪刀剪断被称为"彩"的红色缎带，故称为剪彩。剪彩作为一种庆典仪式，可以在开业典礼中举行，也可以举行专门的剪彩仪式，以期引起社会各界的重视。

【小贴士】

剪 彩 仪 式

1. 剪彩的准备

剪彩仪式的准备工作一般与开业典礼的准备工作大同小异。在仪式开始前，要通过各种媒介进行广泛的宣传，制造轰动效应，以引起社会众多人士的关注，提高企业知名度。再者就是周全考虑后制定剪彩活动的具体执行方案。待剪彩活动的举行时间、地点确定之后，要向有关单位和个人发送请柬，特别应向剪彩者发出郑重邀请。剪彩者一般是上级领导、主管部门负责人或某一方面的知名人士，而且应是具有较高威望、深受大家尊敬和信任的人。接着应该进行场地的布置、环境的打扫、灯光和音响的预备、媒体的邀请、人员的培训等准备工作。

剪彩仪式的会场一般选在展销会、博览会等门口，如果是新建设施、新建工程竣工启用，会场一般安排在新建设施、新建工程的现场。会场标识上可写"某某商厦开张典礼"或"某某大桥通车仪式"等字样。会场四周可适当张灯结彩、悬挂气球等装饰。

2. 剪彩的必备用品

（1）红色缎带。剪彩仪式中的主角——"彩"，应当是由一整匹未曾使用过的红色绸缎中间结成数朵花团组成，也有的稍微简单些，直接以长度为两米左右的细窄的红色缎带或者以红布条、红线绳、红纸条作为"彩"。一般来说,红色缎带上所结的花团不但要生动、硕大、醒目,而且其具体数目还应同现场剪彩者的人数直接相关。基本情况有两种:一种是花团的数目较现场剪彩者的人数多一个;另一种是花团的数目较现场剪彩者的人数少一个。前者可使每位剪彩者总是处于两朵花团之间,尤显正式;后者则不同常规,也有新意。

(2)新剪刀。即专供剪彩者在剪彩仪式上正式剪彩时所用的剪刀,必须崭新、锋利而且顺手,保证现场剪彩人员人手一把。在正式剪彩开始之前,应该对剪刀进行认真的检查。剪彩结束后,主办方可将每位剪彩者所使的剪刀包装完好,送给对方以示纪念。

(3)白色薄纱手套。即专门为剪彩者准备的手套。最好每位剪彩者都配上一副白色薄纱手套,以示郑重其事。有时也可不准备白色薄纱手套。

(4)托盘。即剪彩仪式上助剪者手中用作盛放红色缎带、新剪刀及白色薄纱手套的托盘。最好是崭新的、洁净的托盘,通常首选银色的不锈钢制品,可以在使用时铺上红色绒布或绸布。就数量而论,剪彩时可以用一只托盘盛放剪彩用品,并依次向各位剪彩者提供剪刀与手套,并盛放所有红色缎带;也可以为每一位剪彩者配备一只盛放剪刀和手套的托盘,而红色缎带则专由一只托盘盛放。通常采用后一种方法,显示仪式更加正式。

(5)红色地毯。红色地毯主要用于铺设在剪彩者正式剪彩时的站立之处。其长度可视剪彩人数的多寡而定,其宽度则不应在一米以下。在剪彩现场铺设红色地毯,主要是为了营造一种喜庆的气氛,提升剪彩仪式的档次。有时也可不予铺设。

3. 剪彩人员的确定

剪彩人员主要是由剪彩者与助剪者两部分的人员组成。

(1)剪彩者。剪彩者的选择是剪彩仪式成功的关键,其身份地位与剪彩仪式的档次高低有着密切的关系。根据惯例,剪彩者可以是一个人,也可以是几个人,但是最多不应超过五人。通常剪彩者多由上级领导、合作伙伴、社会名流、员工代表或客户代表担任。

确定剪彩者名单,必须是在剪彩仪式正式举行之前确定。名单一经确定,即应尽早告知对方,使其有所准备。在一般情况下,确定剪彩者时,必须尊重对方个人意见,切勿勉强对方。如果邀请多位剪彩者一起剪彩,应事先征求每位剪彩者的意见,得到同意后才能正式确定下来。否则,对剪彩者来说是失礼的,甚至会闹出误会,而让剪彩气氛变得僵硬。剪彩者应由本企业领导亲自或派代表专程邀请。

必要时,在剪彩仪式举行之前,应将所有剪彩者聚集在一起,告知对方相关注意事项,并稍加排练。剪彩者着装应整洁庄重,精神饱满,给人以稳健干练的印象。剪彩者应着套装、套裙或制服出席,不允许戴帽子,或者戴墨镜,也不允许其穿着便装。

若剪彩者仅为一人,则剪彩时居中而立即可。若剪彩者不止一人时,就必须对同时上场剪彩者位次排序予以重视。一般的排序规矩是中间高于两侧,右侧高于左侧,距离中间站立者越远,位次越低,故主剪者应居于中央的位置。需要说明的是,之所以规定剪彩者的位次"右侧高于左侧",主要是因为这是一项国际惯例,剪彩仪式理当遵守。其实,若剪彩仪式并无外宾参加时,执行我国的"左侧高于右侧"的传统做法也并无不妥。

(2)助剪者。助剪者是指在剪彩仪式中为剪彩者和来宾提供服务的工作人员,主要是由主办企业的女职员担任或者从专业的礼仪公司邀请专业礼仪小姐担任。

礼仪小姐的基本条件是:容貌端庄、身材颀长、年轻健康、气质高雅、音色甜美、反应敏捷、机智灵活、善于交际。礼仪小姐的最佳装束应为化淡妆、盘头发，穿款式、面料、色彩统一的单色旗袍，肉色连裤丝袜、黑色高跟皮鞋，除戒指、耳环或耳钉外，不佩戴其他任何首饰。有时，礼仪小姐身穿深色或单色的套裙也可，但是穿着打扮必须尽可能地整齐划一。必要时，可向外单位临时聘请礼仪小姐。礼仪小姐的具体分工如表 4-8 所示。

表 4-8　礼仪小姐的具体分工

岗　位	任　务	人　数
迎宾者	在活动现场负责迎来送往	不止一人
引导者	在进行剪彩时负责带领剪彩者登台或退场	可为一人，也可为每位剪彩者各配一人
服务者	为来宾尤其是剪彩者提供饮料、安排休息	多人
拉彩者	在剪彩时展开、拉直红色缎带	通常应为两人
捧花者	在剪彩时手托花团	视花团的具体数目而定，一花对应一人
托盘者	为剪彩者提供剪刀、手套等剪彩用品	可为一人，也可为每位剪彩者各配一人

4. 剪彩的程序

在正常情况下，剪彩仪式应在即将启用的建筑、工程或者展销会、博览会的现场举行，正门外的广场、正门内的大厅也可以优先考虑。在活动现场可略作装饰。在剪彩之处悬挂写有剪彩仪式具体名称的大型横幅必不可少。一般来说，剪彩仪式宜紧凑，忌拖沓，在所耗时间上越短越好。短则一刻钟即可，长则不宜超过一个小时。独立完整的剪彩仪式，通常应包含以下六项基本的程序。

（1）请来宾就位。在剪彩仪式上，通常只为剪彩者、来宾和本单位的负责人安排座席。在剪彩仪式开始时，即应敬请大家在已排好顺序的座位上就座。

（2）宣布仪式正式开始。在主持人宣布仪式开始后，乐队应演奏音乐，现场可燃放鞭炮，全体到场者应热烈鼓掌。此后，主持人应向全体到场者介绍到场的重要来宾。

（3）奏国歌。此刻须全场起立。必要时，也可随之演奏本单位标志性的歌曲。

（4）代表发言。发言者依次应为东道主单位的代表、上级主管部门的代表、地方政府的代表、合作单位的代表等。其内容应言简意赅，每人不超过 3 分钟，重点分别应为介绍、道谢与致贺。

（5）剪彩开始。在剪彩前，主持人须向全体到场者介绍剪彩者。主持人宣布正式剪彩之后，剪彩开始。剪彩的过程中，剪彩者和助剪者应当注意以下礼仪。

① 主持人宣布剪彩后，助剪的捧花者和托盘者应立即登场。登场时，通常应排成一行从仪式台的右侧（以全体到场者面向仪式台的视角为基准）进场。登场后，捧花者均双手捧一朵花站成一排面向全体到场者，托盘者则站在捧花者身后约一米处，并自成一行，如图 4-15 所示。

② 助剪的引导者应行走在剪彩者的左前方，引导其从仪式台的右侧（以全体到场者面向仪式台的视角为基准）登场，使其在捧花者和托盘者之间站成一排，并面向全体到场者。若剪彩者不止一人，则众多剪彩者在登场时应自成一列行进，并使主剪者行进在前面。当主持人向全体到场者介绍剪彩者时，被介绍者应面带微笑向全体到场者欠身或点头致意。

③ 剪彩者到达既定的位置后，应向捧花者含笑致意。此时，托盘者应前行一步，到达

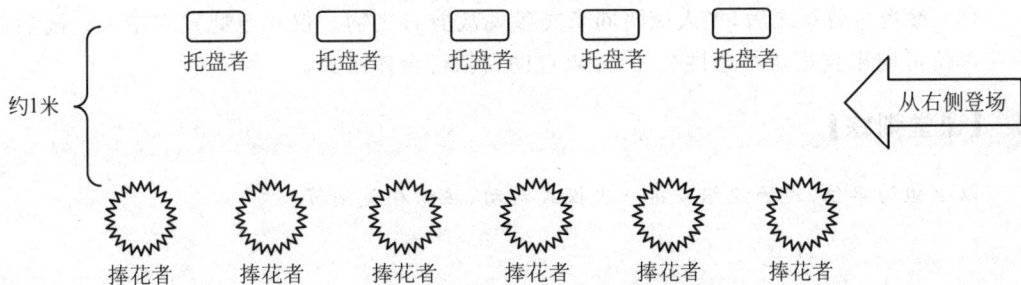

托盘者　　托盘者　　托盘者　　托盘者　　托盘者

约1米

从右侧登场

捧花者　　捧花者　　捧花者　　捧花者　　捧花者　　捧花者

图 4-15　捧花者和托盘者的站立位置

剪彩者的右后侧,以便为其递剪刀和手套。当托盘者递上剪刀、手套时,剪彩者应向其道谢。

④ 待捧花者准备好后,剪彩者即可集中精力,右手持剪刀,庄重地将红色缎带一刀剪断。若有多人同时剪彩,则各剪彩者应留意其他剪彩者的动作,以使彼此的剪彩动作协调一致,从而同时剪断红色缎带。

⑤ 剪彩后,剪彩者将剪刀和手套放回托盘,并举手鼓掌。随后剪彩者应依次与举办单位负责人握手道喜,并在引导者的引导下从右侧(以全体到场者面向仪式台的视角为基准)退场。

⑥ 待剪彩者退场后,捧花者和托盘者方可列队从右侧(以全体到场者面向仪式台的视角为基准)退场。

⑦ 无论是剪彩者还是主剪者,在登场和退场时都应步履稳健、神态自然、举止优雅,并保证现场井然有序。

剪彩仪式如图 4-16 所示。

图 4-16　剪彩仪式

【小案例】

剪彩利落才能讨到好彩头

某企业为了使剪彩仪式隆重热烈,特意邀请了一位 78 岁高龄的著名人士参加剪彩,仪式当天,当主持人宣布"剪彩"开始,老人手拿剪刀,却怎么也剪不断彩带。其他四位剪彩者已剪断彩带,把剪刀放回托盘了,这位老人还未剪断,情急之下,主持人过去才帮着老人剪断彩带。

【点评】　剪彩动作不利落,也会无形中影响剪彩仪式的喜庆氛围。

（6）参观。剪彩之后，主人应陪同来宾参观被剪彩之物。仪式至此宣告结束。随后东道主单位可向来宾赠送纪念性礼品，并以自助餐款待全体来宾。

【课堂训练】

以小组为单位，现场组织安排一次仪式活动，注意相关细节。

第三节　求　　职

现代社会在对每个人提出了种种挑战的同时，也提供了各种各样难得的机遇。如何在竞争激烈的人才市场中力挫群雄，一举应聘成功，在具备良好的专业素养的前提下，掌握必要的惯例与技巧也不容忽视，尤其是求职面试中的礼仪礼节，往往还起着举足轻重的作用。

一、求职的心理准备

1. 调整心态

求职面试前的准备首先是求职心态上的准备，要调整择业心态，端正择业态度，正确评价自己，理想值与期望值不要过高，特别是刚毕业的大学生要先就业，再择业，自我定位过高不可取。

【小案例】

不同的回答

现在有许多大学生求职时把自身看得很重，一味地追求待遇，你能给我什么待遇，每月少于多少工资不去，有些还挑岗位和专业。其实站在企业的角度考虑企业用人，那叫人力资源管理，是有成本的，劳动力的价格是由什么决定的？是由劳动力自身的价值决定的，你刚毕业，谈不上有什么工作实践、工作经历，实习经历也很有限，企业不知道你有什么本事，你有多大能耐，自然不可能一入职就给你高工资。

2. 知己知彼

每一个求职的人，都希望在面试时留给主考官一个好印象，从而增加录用的可能性。孙子说："知己知彼，百战不殆。"面试就如同一场试探性的战斗，战斗双方就是面试单位的主考官和参加面试的你自己。如果能事先了解用人单位的基本情况、研究好主考官、研究好你自己，才能在求职中争取主动，可以说，知己知彼是求职者迈向成功的第一步。

（1）了解用人单位。求职前要了解所要求职单位的规模、声誉、发展潜力、人员构成、业务范围、硬件设施、工作性质、岗位培训、晋升机会、福利待遇等，并在此基础上制定相应的应聘策略。

（2）研究主考官。首先，应聘者要明确主考官可能会从以下方面来考查、评价自己。

① 主考官可能会先评价应聘者的衣着、外表、仪态和行为举止。

② 主考官会对应聘者的专业知识、口才、谈话技巧做整体的考核。

③ 主考官可能会从面谈中了解应聘者的性格和人际关系，并从谈话过程中了解应聘者的情绪状况以及人格成熟程度。

④ 主考官会在面试时，观察应聘者对工作的热情程度和责任心，了解应聘者的人生理想、抱负和上进心。

其次，面对不同类型的主考官，应预先制定相应的策略。主考官不同，注重的能力侧重方面也不同。如果主考官是技术干部，他就会注重专业和处世能力；若是人事干部，就会注重应聘者的社会意识和处世能力；若是领导干部，则注重合作精神、办事能力及处理紧急事件的应变能力。在面试时应聘者要学会察言观色，注意主考官更加关注哪一方面，在他感兴趣的方面充分表现一下。

（3）研究自己。这包括以下几个方面。

① 了解自己的长处、兴趣、人生目标、就业倾向等。许多学校都会为毕业生就业求职开设一些辅导，帮助毕业生分析个人的专业和志向，作为毕业生可以充分利用这个渠道，为求职预先做好准备。

② 听取家人和有社会经验的亲友的意见与建议，修正个人的志愿也是很有必要的一步。

③ 参加面试一定要抱着谨慎的态度，不浪费每一次机会，并把每一次面试当作重要的经验积累起来。

④ 提前了解并演练一下必要的面试礼仪，可以放松紧张的心情，在面试时表现得轻松自如。

【小贴士】

招聘的绝招

用人单位为了招聘到合适的人才，会在招聘过程中使用各种招数。下面这个故事就是用人单位考验人的意志和毅力的招数，能够吃苦者经受住了考验，成为笑到最后的人。

某家企业招聘推销员，来了许多应聘者。然而，企业人事经理刚和大家见面，便说："对不起，电梯坏了。"于是，一部分人不慌不忙地待在一楼等修理电梯，另外一部分人拾级而上。可是，该企业位于第32楼，的确太难爬了，一些人半途而废，只有少数应聘者从一楼爬到32楼。结果，这些不怕累的应聘者被企业聘用。

二、求职的材料准备

1. 求职信

求职信是求职者为了寻求一份比较理想的工作，或是谋求一个比较合适的职业，而向有关单位或领导集中介绍自己的实际才能、专长，表达自己的就业愿望的一种专业文书。写好求职信是求职者开启成功求职的第一步，同时也是求职者和用人单位接触与联系的桥梁、纽带。写好求职信要注意以下几个方面。

（1）写全求职信的结构。求职信作为专用书信，为突出其目的性，一般要写明标题"求职信"；另外，在成文日期下靠左处要写清求职人的"联系方式（地址、电话、电子邮箱等）"，以便用人单位与求职者本人联系。

此外，为了更好地展示自己，求职者可以将有关证明材料，如学历证书、荣誉证书、技能证书等资料的复印件，附于求职信后面，因此，在求职信的结尾部分或正文之后写上附件说明，明确求职信具有的附件数量和名称等。

（2）写准求职信的称谓。求职信中，求职者和应聘单位的人事主管（经理）之间是一种特殊的人际关系，他们之间的人际关系不是建立在血缘或情缘基础上的人际交往，而是建立在机缘关系、平等基础上的人际往来，且双方多数是初次接触，所以，求职信的称谓多用"尊敬的×××"，而不使用"亲爱的×××"。

（3）写好求职信的内容。求职者必须围绕"岗位"的需要，充分展示自己能够胜任此职位所具有的职业知识、职业能力、职业素养、工作经历等，这是求职信的核心内容。

① 职业知识。职业知识就是社会实践中，人们完成职业岗位任务所必须具备的知识，一般包括基础知识和专业知识。

② 职业能力。是指人们从事某一职业或专业所需要的能力，它直接影响着人们工作的质量和效率。因此，招聘方对求职者的"职业能力"最为关注。

③ 职业素养。是指职业内在的规范和要求，是劳动者在职业过程中表现出来的综合品质，包含职业道德、职业行为、职业作风和职业意识等方面。具体体现为多个方面，如责任心、敬业精神、团队意识、职业操守等。求职者在求职信的写作中要有所观照。

④ 工作经历。是指应聘者的所有工作历史，无论是有偿的还是无偿的、全职的还是兼职的经历都可以称为工作历史。之所以要提供一些重要的工作经历，其目的是证明求职者自身的能力及其具备的职业经验，从而进一步提升自身的价值。如果是一位应届毕业生，则可以适当介绍自己的专业实习或实训经历、经验。

此外，正文结尾部分可提醒用人单位回复消息，并且给用人单位更为肯定的确认，"您给我一个机会，我会带给您无数个惊喜！"结束语后面写表示敬意的话，如"此致""敬礼"。

📌 【小贴士】

求 职 信

尊敬的××货运公司领导：

您好！感谢您在百忙之中阅读我的求职信！

从贵公司网站发布的招聘启事中得知贵公司要招聘 4 名报关员，我学的专业对口，所以我很想应聘这一岗位。我叫张××，是一名 2018 届专科毕业生，将于今年 6 月底从××职业学院经贸管理专业毕业。回首三年的大学生活，勤奋与收获同在，充实与快乐并存。三年中，我的学习成绩一直在本专业中排在前 10 名，并在大一时顺利通过普通话二级甲等、大二顺利通过全国计算机二级（VFP）考试，大三通过英语四级，并能熟练使用英语，同时已取得报关员和报检员资格证书，学习成绩和各种证书以附件中的复印件为证。

我性格开朗、乐观向上、自信稳重、勤奋务实，待人真诚。大一、大二时在系学生会担任办公室主任职务,工作认真负责,积极主动,培养了我能吃苦耐劳、在高强度工作环境下的抗高压能力。大二下学期我发起成立了××志愿者协会,在组织活动的过程中,锻炼了组织协调能力、实际动手能力和迅速适应环境的能力,培养了团队协作精神。在学校与同学关系融洽,在各类社会实践活动如家教、企业产品的销售和推广等工作中,与同事建立了良好的人际关系。这些社会实践工作培养了我敏锐的洞察力、独立的思考判断能力、果断的行事作风,学会了为人处世之道。

最后,再次感谢您对我的关注,并真诚地希望我能成为贵公司的一员,为贵公司的繁荣昌盛贡献自己的绵薄之力,期待您的回复并盼在面试中相见。

祝贵公司事业蒸蒸日上!

附件:

1. 大学三年学习成绩单。

2. 普通话二级甲等证书、英语四级证书、全国计算机二级证书、报关员和报检员资格证书复印件。

联系方式(略)

张××

2018 年 3 月 18 日

【点评】 这是一封规范而不失个性的求职信。它格式规范,通顺流畅,简洁质朴,语气真诚而委婉。其个性有三点:一是信息量丰富,除必要的"软硬件"外,还将大学三年中取得的成绩按时间顺序列举出来,让人感觉这是一位勤奋学习、吃苦耐劳的好学生。二是自我分析不虚不矜、有理有据,没有套话空话,显得真实可信。三是礼仪周全,表达贴切,有问候、有致谢、有祝愿,产生了"以诚感人"的效果。这种知道对方"要什么"、自己能"给什么"、明确"为什么要我"的求职信,无疑会赢得招聘者青睐。[①]

(4) 写好求职信的注意事项。写求职信时最好选用署有本校校名的信封、信纸,避免选用带有外单位名称的信封、信纸。字迹要清晰工整,如能写一手漂亮的书法,手写求职信是很不错的选择,因为更多的人相信"字如其人",如果字写得不好看,宜用打印件。篇幅要适中,不宜过长,1000 字左右较为合适。

求职信是求职者与用人单位的第一次沟通,所以文笔要自然流畅,既不要过高评价自己,也不要过于谦虚。行文可带有鲜明的个人风格,以给用人单位留下深刻的印象。

【小故事】

达·芬奇的求职信

---

① 赵玉柱.写出好的求职信需"三思"[J].应用写作,2015(4):30-31.

2. 简历

求职简历是求职者将自己与所求职岗位紧密相关的信息经过分析整理后清晰简要地表述出来的书面求职资料。求职者到招聘单位要做的第一件事情就是投递简历，而简历则成了招聘单位了解求职者的最初载体。一份优秀的简历，往往可以在众多求职简历中脱颖而出，给招聘单位人力资源部门或人员（以下简称 HR）留下深刻印象，从而帮助求职者成功谋取职位。

（1）形式赏心悦目。传统的表格式简历因信息散落于表格之中，不易让 HR 立即发现求职者的闪光点，且线条过多，显得不够简洁明了。赏心悦目是简历在形式上的设计目标，建议将传统表格的线条去除，改散点式表格为模块式形式，这样因信息集中会让 HR 很容易找到关注点，且去除表格后会使简历更显简洁、新颖、大气，收获传统表格式简历所达不到的效果。

模块式简历即根据简历的内容划分为若干块状结构进行信息描述。模块式简历首先要考虑的是布局及框架问题，一份简历大致包括姓名、性别、年龄、籍贯、照片、联系方式、自我评价、求职意向、教育背景、个人技能及所获奖项、在校及社会工作经历或项目经历等内容。从逻辑关系角度来看，简历中的姓名、性别、年龄、籍贯、照片、联系方式等一般都可归为基本信息范畴。弄清这种逻辑关系后，就可以将基本信息与其他模块进行切割，即将基本信息作为首部，将其他模块作为主体进行设计。在设计简历模块时，可以将基本信息置于简历的上部，或者分栏后放于左边或右边，有时为了突出其他模块也可将基本信息模块放于尾部。模块式结构不但让简历从视觉上更显鲜明，重要的信息更加突出，布局更加合理，而且降低了阅读障碍。

🖌 【小贴士】

加入个性化因素的简历

制作简历时可加入个性化元素，个性突出、特征鲜明的简历往往会散发出独有的光芒，从而吸引 HR 的目光。个性化简历可从以下几个方面来构思。

（1）从招聘单位角度构思。设计者事先要对应聘单位有所了解，设计新产品、企业标识、企业名称等企业识别元素，激发 HR 的好感和注意，比如将简历设计成新产品说明书的形式来应聘某制药企业。

（2）从应聘岗位角度构思。求职者可以根据岗位特征来设计带有岗位元素的简历形式，比如针对人力资源管理岗位，求职者可将简历做成计划引进的人才档案，内容可以是人才引进原因及人才主要成绩等。

（3）从专业角度构思。求职者可以根据专业特征来设计带有专业色彩的简历形式，比如针对广告专业，求职者可将简历设计成一份精美的广告。但创新应有"度"，不可让形式淹没了内容，过于花哨反而会带来负面效果。

（2）内容简洁明了。形式只是外表，简历的内容才是关键。求职者在描述内容时务必简洁明了，对 HR 来说，每天可能会浏览数以百计的简历，一般不可能有时间把每份简历都仔细看完，如果写得繁芜冗长、词不达意、空洞无物，反而会使简历的亮点被忽视。下面分别介绍各模块的写法。

① 基本信息。基本信息主要有姓名、性别、年龄、籍贯、照片、联系方式等内容。需注意以下两项。

- 照片：照片一定要采用穿正装的证件照，要给 HR 正式、严肃之感，不宜采用大头照或生活照。照片往往具有文字无法比拟的优势，网上投递简历的求职者更要对此加以重视。
- 联系方式：一般可以依次注明手机号码及 E-mail，邮箱不宜选择 QQ 邮箱，宜选择比较正式的网易邮箱、新浪邮箱等。

② 求职意向。求职意向宜适当宽泛，采用岗位群（核心岗位与相关岗位相结合）的形式描述会比较好，特别是参加招聘会的大学毕业生的简历更应如此。但如果应聘者已获悉确定的岗位，那么此时的求职意向应描述明确。

③ 教育背景。教育背景一般应注明最高学历、专业、毕业学校，对于所学课程，可以列核心或特色专业课，公共课、基础课等可不列。

④ 个人技能及所获奖项。个人技能主要从语言能力、计算机应用能力、专业能力三个方面介绍。语言能力包括中文、外语等；计算机应用能力包括各类计算机软件的使用技能等；专业能力包括与专业相关的各项能力或相关证书。所获奖项应列举级别较高、分量较重的奖项，为突出自身能力，可以在奖项之后注明级别或获奖名次/参赛人数等。

⑤ 在校及社会工作经历或项目经历。大学毕业生的经历一般包括在校工作经历、课外活动、义务工作、参加的社团、勤工俭学、实习经历等；社会人员则应强调自身社会工作经历或项目经历等。为简洁起见，每一部分只需列出最重要、最具代表性的 3～4 条即可，不宜过多。

描述经历时，宜用动宾结构的分句，按由近及远的顺序分条列举。可按照 3W1H（When、Where、What、How）法则或 STAR（Situation、Task、Action、Result）法则来描述，即以一句话概括时间段、单位、从事的职位及做了什么、如何做的及结果如何，确保描述的清晰性、条理性和逻辑性，让人一目了然。其模式为时间段＋单位＋职位＋工作内容＋能力的提高＋评价或成绩。示例如下。

2023.6—2024.7：××自动化股份有限公司。职位为技术人员。负责生产流水线的现场监控。适应能力更强，做事效率更高。实习成绩为优。

社会人员还要特别注意项目经历的描述，其模式为时间段＋单位＋项目名称＋职位＋工作内容＋工作业绩等。示例如下。

2023.7—2024.8：中国农业部重点农产品加工与贮藏实验室项目（北京）。职务为研究助理。制订工作计划进度表，亲自参与采样测定鸭梨果肉和种子经过不同处理的各种酶指标，初步判断"早采收、急降温"为防止黑心病的有效方案，创造性地提出微波处理钝化酶活力的方法，得到教授和博士的认可。增强了办事能力、科研能力及团队合作意识。

⑥ 自我评价。自我评价主要包括爱好、特长、性格、能力等，要根据自己的专业特点及求职岗位有针对性地进行介绍。

（3）注重细节。

① 仔细对照所投公司岗位的要求，突出自己的能力，增强简历的针对性、目的性。

② 多使用数字语言提高简历含金量，在强调工作经历或与之相关的技能时，尽量将自己的经历具体化、数字化表述，增强简历的说服力。

③ 简历要精益求精，不断修订，确保没有语法、字词及标点等错误。

④ 简历的语体应使用事务语体，做到准确平实、简明扼要。

⑤ 简历宜多用名词性短语及动宾结构的短语，少用修辞。

⑥ 简历要注意编辑排版，注意字体、字号、行距及颜色的搭配，做到疏密有致、主次分明。

⑦ 字体宜选微软雅黑，需要引起 HR 注意的地方可以把字体加黑凸显。网上投递简历时，应制成 PDF 格式文件连同 Word 文档一起投递，以免因版本或字体不同带来格式上的改变，最后影响阅读效果。

⑧ 简历要用 A4 纸制作，页数不宜过多，专科毕业生的简历一般以一页为宜，本科毕业生或社会人员的简历宜控制在两页之内。

【小贴士】

HR 筛选简历的过程

HR 筛选简历就两个过程：先是初选。这个过程很快，每份简历只看几个关键词，10～20 秒就会看完一份简历，大概选出 20% 的简历进行复选。复选时，HR 对每份简历看得比较仔细，主要是为了进一步了解每位求职者，在简历中寻找几个有针对性的面试问题。这个阶段，淘汰率不是很高，基本上都会得到面试机会。

【课堂训练】

以小组为单位，现场快速设计一封求职信或者一份简历，并相互点评。

三、面试的仪表礼仪

1. 妆容适度

求职时，妆容应简洁、大方、淡雅、自然，给人庄重感。对刚毕业的大学生而言，充满朝气的青春之美是任何化妆品都无法取代的。当然，如在此基础上适当加以修饰，增加美感也是可取的行为。

面试的仪表礼仪

女士妆容要有"度"，宜化淡妆，追求一种雅致的感觉，妆不要过分浓烈，化妆过度，效果会适得其反。例如，口红涂得太红，指甲油颜色太刺眼，香水味刺鼻，都会使人反感。女性求职者"浓妆艳抹"去面试不可取，但"素面朝天"容易给考官一种为人不拘小节甚至懒散的印象，也不足取。

男士要剃须，保证面部清爽，鼻毛不可外漏。男女求职者均要注意保持手部卫生，女性尤其不能留长指甲或染指甲。

2. 发式适宜

发式是仪表的重要方面，求职者应保持头发的清洁，并加以修饰，充分显示自己的生机

和活力。

男士的头发，前面不可遮住眉毛，不可过于凌乱，保证头发整洁无头屑。发型要大方又有朝气，不可求新、求怪，更不能染发。

女士要保证头发柔顺，不毛糙，不凌乱，不染夸张的颜色，发式美观大方，不要太过新潮、前卫，如有职业需要，最好将头发束起。

3. 服装得体

服装得体就是服饰要做到简洁、大方、雅致。男士面试以西装、衬衫、皮鞋为主。可以穿着一套深色的西装，颜色不要过于艳丽，以藏青、深蓝、深灰冷色调为主，做工精细、质量考究的套装为佳，过于艳丽的颜色会给人轻浮之感；女士应以得体大方的职业套装和连衣裙为主。如果穿裙子，不可过短，最好也不要太长，太短容易显得轻浮，太长可能会显得邋遢，裙子长短到膝盖上或者膝盖下为最好。女士可以穿着颜色较为鲜艳和款式较为时尚的服装，但不能穿着奇装异服，不能追求所谓的前卫、新潮、另类。

求职者的装束应与自己的个性相符。女性如拥有一张"娃娃脸"，应选择颜色深沉的套装，给人一种稳重的印象；如果相貌老成，应选择色调柔和的套装，显得充满活力，以免给对方造成跟不上时代节奏的感觉。

【小贴士】

行业与面试服装

（1）业务人员与销售人员：服装专业但保守，穿着舒服但不会过度醒目。

（2）会计人员与律师：更需要简单、干练、质感佳且色调中性的服装。

（3）研发人员与工程师：服装轻便但又不是穿着随便，简单素色、中性的西服套装是最佳选择。

（4）创意工作者：兼具时髦与沉稳并且富有创意的服装将更凸显职业特点。

（5）秘书：穿着套装较合适，服装风格以典雅为原则，给人干净利落、十分贴心的感觉。

4. 佩饰得当

佩饰在人的整体装束中有着重要地位，佩饰用得好，似画龙点睛，使人更加潇洒飘逸；反之，如画蛇添足，就会破坏人的整体形象。领带在男性求职者的佩饰中占据重要位置，因此在选择领带颜色时要考虑与西装颜色搭配，领带的质地、图案也要与西装颜色和个人的身材、体形协调。在鞋袜方面的处理要注意，鞋子一定要干净，如是皮鞋要擦干净、光亮，鞋带要系好。女性的皮鞋注意要款式简单、大方，鞋跟高度在3～5厘米为佳。注意不要穿走路会发出声音的鞋子。袜子颜色不要过于鲜亮，一般以肉色为佳。去面试的时候要多准备一双袜子，以防袜子被勾破产生尴尬。

一般除手表外，不要佩戴过多饰品，且不能佩戴过于炫目、过于怪异的首饰。求职者的佩饰应表现自己的青春朝气，而不是给人浮夸、浅薄之感。

【小案例】

小水沟里翻船

【课堂训练】

以小组为单位，创设情境，模拟进行面试的仪容仪表装扮练习，小组之间进行相互点评。

四、面试过程中的礼仪

1. 提前到达

参加面试时准时到达按照事先约定的时间、地点，而且一定要做好提前量。至少应该提前15分钟到达，以表示求职者的诚意，给用人方信任感，增加对用人单位的感性了解；同时也有利于自己做好充分的个人准备，简单修整仪表，调整好紧张的心态。如果面试迟到，肯定会给用人方留下不好的印象。尤其是有求职吸引力的单位，组织一次面试往往要安排很多人，迟到几分钟，就可能会失去面试机会。

但是，求职者要允许和宽容面试官迟到。面试官迟到了，无论什么原因，求职者都不能流露出不满情绪，要表现得大度、开朗和宽容，否则面试官对求职者的第一印象就会大打折扣，尤其有时面试官出于某种面试目的而故意迟到，更应当警惕。

【小案例】

面 试 迟 到

张杰第二天要到恒达商业集团公司应聘秘书一职。他本打算要早点休息，第二天早点到。谁知晚上几个同学约他出去吃饭，吃完饭又一起去唱歌，很晚才回去睡觉。第二天张杰没被闹钟叫醒，等他醒来时，发现离约定的面试时间已经不足1小时了。他慌忙地穿衣、洗漱，匆匆忙忙地往恒达商业集团公司赶。等他赶到的时候，已经迟到了将近20分钟。他急忙向面试官道歉，然后面试开始了。

2. 耐心等待

等待面试的过程应注意以下几方面。

（1）到了办公大楼，最好径直去面试单位，而不要四处张望，甚至被保安盯上。

（2）走进面试单位之前，把口香糖和香烟都收起来，因为大多数的主考官都无法忍受你在办公场所嚼口香糖或吸烟，何况现在大部分公共场所是禁烟区域。

（3）坚决不要开手机，避免面试时造成尴尬局面，同时也会分散自己的精力，影响面试的成绩。

（4）一进面试单位，若有前台，则开门见山说明来意，报上来访的目的、有无约定、被访者的名字和自己的名字，经指导到指定区域落座；若无前台，则找工作人员求助，这时要注意用语文明，开始的"你好"和被指导后的"谢谢"不能忘记，这体现了求职者的教养。

（5）到达面试地点后应在等候室耐心等候，并保持安静及正确的坐姿。如果某些单位想要略过单位情况介绍这一步骤，尽快进入实质性面试阶段，因而准备了公司的介绍材料，那么求职者应该仔细阅读以先期了解其情况，也可重温面试前自己准备的试题，但不要来回走动显得浮躁不安，也不要与别的求职者聊天，因为这可能是你未来的同事，甚至是决定你能否称职的人。你的谈话对周围的影响是自己难以把握的，这也许会导致你应聘的失败。更要坚决杜绝的行为是在接待室恰巧遇到朋友或熟人，就旁若无人地大声说话或又笑又闹。

（6）某些小企业若没有等候室，求职者应在面试办公室的门外等候；当办公室门打开时应有礼貌地说一声"打扰了"，然后向室内面试官表明自己是来面试的人员，绝不可贸然闯入；假如有工作人员告诉你面试地点及时间，应当表示感谢；不要驻足观看其他工作人员的工作，不要询问单位情况或向其索要材料，且无权对单位加以品评，以免给人肤浅、嘴快的印象。

🔍【小案例】

面试中的礼仪

3. 礼貌入场

进入面试场合要礼貌得体，不要紧张焦虑。如果没有人通知，即使前面的求职者已经面试结束，也应该在门外耐心等待，不要擅自走进面试房间。

当自己的名字被喊到时，就有力地答一声"是"，然后再敲门进入。即使面试房间的门是虚掩的，也应敲门后再进入房间。敲门时要注意敲门声的大小和敲门的速率。正确的是用右手背的手指关节，主要是食指和中指的手指关节轻轻地敲三下，不可敲得太用劲儿，以房间里面的人听得见声音的力度为准。听到里面说"请进"后，要回答"打扰了"，再进入房间，千万不要像查户口一样用巴掌拍门。

开门、关门尽量要轻，进门后不要用后手随手将门关上，应转过身去正对着门，用手轻轻将门合上。回过身来将上半身前倾30°左右向面试官鞠躬行礼，面带微笑称呼一声"您好"，彬彬有礼而大方得体，不要过分殷勤也不要过分拘谨或过分谦让。

求职者应等主考官示意坐下后才可就座，并应道声"谢谢"。如果有指定座位，则应坐指定的座位；若无指定位置时，可以选择主考官对面的位子坐定，如此方便与主考官面对面交谈。坐下后要保持良好的体态，正襟危坐，双手自然放在膝盖上，千万不要大大咧咧，满不在乎。

入场后与主考官打招呼，还要注意正确称呼对方。如果主考官有职务，一般采用姓氏加职务称呼的形式，如"张部长""刘经理"等；如果主考官职务较低，可以不采用职务称呼，而以"老师"相称；如果对方职务是副职，则按照就高不就低的习惯略去"副"字，以正职相称。

4.自我介绍

求职者自我介绍的根本目的，是使面试官对自己有初步、大概的了解，并且尽可能留下好的印象以便使面试能够深入进行下去，最终赢得面试的成功。求职者的自我介绍必须讲究技巧，成功的自我介绍往往会给面试官留下深刻的印象，求职也就成功了一半。在人的思想意识中，往往存在这样的误区，认为最了解自己的人一定是自己，把介绍自己当成一件很容易的事。其实不然，说人易，说己难。在求职面试中，介绍自己往往是最难的部分，要成功地进行自我介绍，就要从以下几个方面着手。

(1)礼貌地问候。在进行自我介绍之前，求职者先要向面试官问好，这是最起码的礼貌。比如，"经理，您好，谢谢您给我这个机会。现在，我向您作个简单的自我介绍……"介绍完毕以后，要注意向面试官致谢，并且还要向在场的其他面试人员致谢。

(2)主题要鲜明。求职者的自我介绍一般包括以下基本要素：姓名、年龄、籍贯、学历、学业情况、性格、特长、爱好、工作能力和工作经验等。在自我介绍时，无须面面俱到，而要主题鲜明，直截了当地切入正题，不拖泥带水，语言与材料的组织要合理，做到详略得当、重点突出。一般来说，应按招聘方的要求来组织介绍材料并围绕中心说话。假如招聘单位对求职者的工作能力和工作经验很重视，那么求职者就得从自己的工作能力及经验出发作详细的叙述，而且整个介绍都是以此为重心。

【小案例】

某家工艺品总公司招聘业务员的一则对话

应聘的求职者一般应从最高学历讲起，只要面试官不问，完全没有必要谈及小学、中学甚至是大学。谈所学的专业、课程时，不必说明成绩。谈求职的经历，不要漫无边际、东拉西扯，最好在1~3分钟之内完成自我介绍，要简洁、明快、干脆、有力。

(3)让事实说话。在面试时，有的人为了能给面试官留下深刻的印象，往往喜欢对自己进行过多的夸张，动辄就"我的业务水平是很高的""我的成绩是全年级最好的"，其实，这样反倒会给面试官留下不好的印象。现在的用人单位往往更注重求职者的真本事。"事实胜于雄辩"，虽然面试的时间很有限，不可能完全展示出求职者的才能，但是求职者可以通过实际事例来证明自己的能力,把自己的才华展示给面试官。

【小案例】

小刘的独到之处

　　某大学中文系学生小刘,毕业后到报社应聘记者职位,面对着上百个新闻专业出身的求职者,可以说小刘并没有什么优势。但小刘对此早有准备,他对面试官介绍自己时是这样说的:"我叫刘晓明,山西人,毕业于××大学中文系。虽然我不是新闻专业的,但我对记者这个行业却十分感兴趣。在大学期间我是学校校报的记者。四年间,我进行了多次较为重大的校内外采访,积累了一定的采访经验,再加上我的中文功底,我相信我可以胜任贵报的工作。这是我在大学期间发表过的报道稿,请各位编辑领导批评指正。"

　　面试官们看过小刘的报道材料后,觉得眼光独到、语言深刻,都很满意。结果小刘击败了众多的竞争者,不久就收到了录用通知。

　　(4) 给自己留条退路。面试中的自我介绍既要坦诚,又要有所保留;既要介绍自己的能力,也不要把自己搞成事事皆能,使自己进退维谷。在自我介绍中,求职者要尽可能客观地显示自己的实力,但同时应尽可能地避免使用保证式或绝对式的语言,如"我非常熟悉这项业务,我保证让部门改变面貌!"这些话往往没有具体内容,反倒会引起面试官的反感,如果遇到较为平和、内敛的面试官也许不会为难你,但是如果遇到个性较强的面试官进行追问时,求职者会因无法回答而张口结舌、尴尬万分。

【小贴士】

教　　训

5. 谈吐文雅

　　求职者在与面试官交谈的过程中,一定要重视自己的语言、语气、语调等,追求标准和礼貌。回答问题要完整准确,不东拉西扯;要讲普通话,不说方言土语,少用虚词、感叹词等语气词;要注意说话连贯有序,一气呵成,不吞吞吐吐,首尾不衔。无论是自我介绍还是回答问题,力求简明扼要,不可拖泥带水,不说废话,不多说话,不重复说话,还要使用必要的谦辞敬语。

6. 学会倾听

　　倾听是求职者与面试官进行有效交流的前提,尤其在回答面试官提出的问题时,只有专心致志地倾听,才能够抓住问题的实质,同时也无声地表达了对面试官的尊重。倾听过程中,要做到以下几点。

（1）抓住重点。集中精力,认真去听面试官的每一句话,抓住其讲话的内容重点。

（2）目光专注。有礼貌地注视面试官并与之进行眼神交流,不要目光游离,也不能死盯着面试官。

（3）面带笑意。微笑是最好的表情,具有打动人心的力量,表情过分严肃不适于面试场合。

（4）适当回应。如用点头、会意地微笑等神态对面试官的话做出反应,并适时辅以"对""是的"等简短而肯定的话语。

（5）察言观色。根据面试官目光、表情等体态语的变化,揣测面试官对自己的认知和态度,力争掌握主动权。

7. 应答得体

答问往往是面试中的重头戏,求职者除了把握紧扣问题、重点突出、观点鲜明、论据充分、见解独到、分析透彻、论证有力、有的放矢、简洁回答、多用数据和事实说话等基本要求外,还需特别注意不要出现以下禁忌:①滔滔不绝。在面试官面前口若悬河,喋喋不休,使对方没有开口的机会。②打断对方。不等面试官把话说完,就插嘴抢答,怕失去表现的机会。③贬低他人。试图以贬低以前的上司、同事或其他任何人来获得面试官的好感。④不懂装懂。试图掩盖某些自己不懂的问题,结果往往欲盖弥彰。⑤随声附和。试图"讨好"面试官,结果往往也失去了独立的个性。⑥争强好辩。当自己的意见与面试官不一致时,直接反驳,据理力争,说话不讲技巧。

【小贴士】

面试经典问题解答

【小贴士】

谈薪酬典型问题及其辅导

典型问题1:在我们公司工作,你希望得到什么样的薪金待遇?

辅导:面试前要早做准备,在心里确定好自己希望的薪金范围。先了解该公司的所在地区、所属行业、公司规模,然后尽量了解本行业目前平均的工资水平。在告知对方自己希望的薪金待遇时,尽可能给出一个你希望的薪水范围,避免说出具体的数字,除非对方有这样的要求。

参考答案:工资并不是我决定是否加盟的唯一因素,如果您一定要我回答,那我当然希望自己的薪水符合我的学历水平和实践经验,我希望自己的工资不低于年薪××万元。

典型问题2:你觉得自己每年加薪的幅度是多少?

辅导：通常情况下，面试官可以接受的答案是"收入的增长和生活水平提高保持一致"。除此之外，你还应该提到，自己工作业绩的提高是加薪的决定性因素。

参考答案：我想，自己薪水的提高取决于所在公司的经营业绩和盈利状况，但我也希望自己收入的增长至少和我生活水平的提高保持一致。

典型问题3：你愿意降低自己的薪水标准吗？

辅导：如果确实非常想得到眼前的这份工作，那开始工作时降低自己的薪水标准可以考虑。面对面试官，你要首先强调自己可以把工作做好，并且设法了解公司什么时候能够给你调整工资待遇。此外，对自己能够承受的工资底线要心中有数，但是不要把这个底线告诉你的面试官。

参考答案：我对这个职位非常感兴趣，所以我可以考虑降低自己的薪水标准，但我也希望公司能给我时间让我证明自己的能力。我相信自己可以让公司满意我的工作，如果我出色地完成了自己的任务，您是否会考虑对我的薪水做一些调整呢？

典型问题4：从现在开始的三年内，你的薪金目标是什么？

辅导：在面试前最好能了解一下同行业从业人员工资的增长情况，如果你能通过朋友打听到这家公司的薪金增长幅度更好。可以对面试官说出一个大概的数字范围或者百分比。

参考答案：我相信通过一段时间的实践，自己将成为这个行业中的佼佼者，我也希望自己以后的收入能和我的能力相符合。我希望自己的年收入为××元到××元。

8. 举止得体

一家医疗机构为了选拔护士长进行了一次面试。一位求职者在笔试中是佼佼者，但在面试过程中，她不但拍桌子，脚还不断地敲打地板，身体还时不时地扭动。她认为自己很有希望，但结果却落选了。她为什么会落选呢？原因就是她缺乏职业化的举止。许多求职者往往只注重衣着和话语，而忽略了胜过有声语言的形体语言。举止得体要着重从以下方面入手。

（1）站姿。站姿给人的印象非常重要，可人们往往认为其简单而忽略它的重要性。站立时应当身体挺直、舒展、收腹，眼睛平视前方，手臂自然下垂，这种站姿给人一种端正、庄重、稳定、朝气蓬勃的感觉。如果站立时歪头、扭腰、斜伸着腿，会给人留下轻浮、没有教养的印象。

（2）坐姿。进入面试房间之后应等面试官示意坐下后方可就座。如果有指定座位，则坐在指定的位子。但如觉得座位不舒适或光线正好直射，可以对面试官说："有较强光线直接照射我的眼睛，令我感觉不舒服，如果主考官不介意，我是否可换个位置？"若无指定座位，可以选择面试官对面的位子坐定，这样方便与主考官面对面交谈。

面试时的坐姿不要贪图舒服。许多人养成了瘫坐的习惯，在面试中这种坐姿十分不雅。正确的坐姿应从入座开始，入座的动作要轻而缓，不要随意拖拉椅子，身体不要前后左右晃动，背部要与椅背平行，沉着安静地坐下。落座后，上身要保持直立状态，既不前倾，也不后仰，双手自然下垂，肩部放松，五指并拢。男女的坐姿还有一定的区别：男士可以微分双脚，这样给人以自信、豁达的感觉，双手可以随意放置；女士一般要并拢双膝，或者小腿交叉端坐，这样给人端庄、矜持的感觉，双手一般要放在膝盖上。

【小贴士】

面试中应避免的"坐"法

拖拉椅子，发出很大的声音；一屁股坐在椅子上；坐在椅子上，耷拉着肩膀，含胸驼背，给人萎靡不振的感觉；半躺半坐，男生跷着二郎腿，女生的双膝分开、又开腿等，给人放肆和缺乏教养的感觉；坐在椅子上，脚或者腿自觉不自觉地颤动或晃动。

（3）走姿。走姿是在站姿的基础上展示人体动态美的极好方式。对于求职面谈而言，展现走姿主要是指从进入面谈室到入座或站定到面谈结束后离开房间的两个过程。求职者要注意，步入面谈室前先轻轻敲门，听见"请进"后，再轻轻推开门，并主动向屋内的人打招呼，然后神态自然、步履稳健、面带微笑地走进房间。面谈结束后，不管自己对于面谈的预感是怎样的，步履仍然应该自信从容，到门口时再轻轻把门带一下。切记不可失去常态，慌慌张张地快步走出，也不能漫不经心、一步三晃地下去，这样可能会使招聘人员对你的整个面谈失去好感。

面试时重要的是自信，这种自信也可以通过求职者的走姿表现出来。自信的走姿应该是身体重心稍微前倾，挺胸收腹，上身保持正直，双手自然前后摆动，脚步要轻而稳，两眼平视前方，步伐要稳健，步履自然，有节奏感。

（4）手势。求职者在运用手势时要注意紧密配合有声语言，做到协调一致"该出手时就出手"，不要"想出不敢出"，反倒给人胆小拘谨之感。手势还要大方自然，幅度适中。手势幅度过大让人觉得性格不稳定，无节制地挥手或无规律地乱摆都会让人觉得说话者轻浮或狂妄；过小显得呆板，缺少风度。

一些下意识的举动，如揉眼睛，玩手指，双手交叉在胸前，拉耳掰手，扯衣挠发，甚至腿无意识地抖动等，这些都可能反映出求职者内心的不安、慌张、窘迫，会分散人的注意力，给面试官留下不好的印象。所以，上述情形一定要在面试中加以杜绝。

【小案例】

手插裤兜，帅小伙与名校失之交臂

沈阳某师范大学的小军，英俊帅气。小军口才很好，也有比较强的人际沟通能力。

小军的心气很高，他准备到南方高薪私立学校去应聘。他主动来到广州一所私立高中毛遂自荐。学校领导很重视这个东北来的求职者，五个校领导亲自参与面试。在面试中无论是知识结构还是语言表达能力，小军都很出色。唯一让五个校领导都觉得不舒服的是，小军站着时双手喜欢插在裤兜里，或者大拇指插在裤兜里，其余四根手指留在外面。

手插裤兜里，给人以傲慢、自负的感觉，也会让人觉得这样的人难以服从领导。小军远远地赶到了广州，却因为手势不当没有得到想要的工作，实在遗憾。

（5）眼神。在求职面谈中，求职者要敢于和善于同招聘人员进行视线接触，这既是一种礼貌，又能帮助维持一种联系，使谈话在频频的视线接触中持续下去。一般情况下，视线接触的范围是双眼与嘴部之间的三角形区域，这样既保持了接触又避免了因直直地盯着而引起对方的不快。正确地运用视线与对方接触，体现了你的礼貌，说明你对话题感兴趣而且不怕挑战。有的求职者总习惯低着头看地板，几乎不看招聘方，或者左顾右盼，还有的总是窥探招聘人员的桌子、稿纸或笔记本,这些行为会传递出求职者性格不稳定、不诚实、怯懦、缺乏自信心等信息,很不利于面谈。

此外,求职者在面试时还要注意微笑,合乎礼仪规范的微笑显得亲切自然,是充满自信心的又一表现。

【小贴士】

不看考官,高才生失去"银行"的机会

辽宁某大学的小强面试某大银行的职位,参与面试的有一个行长、两个副行长,还有单位的人事部主任。小强在求职中亮出了多个获奖证书:美文大赛一等奖、三好学生、优秀学生干部。小强又高又帅,口才也比较好。可是,他说话不看主考官。在面试现场,他的眼睛时而向下看,时而向上看,时而左右看。

通常来说,面试时喜欢向下看、看地面的人有自卑心理;向上看、看房顶的人有傲慢的特点;而向左右看,给人以焦虑和惶恐的感觉。

银行行长很惋惜地对小强说:"你很优秀,可是你一直不看我,我以为你不喜欢我。我希望你以后无论和谁说话,要看着别人的眼睛。"

太可惜了,高才生就这样失去了银行工作的机会。

在面试时,一定要看着主考官的眼睛说话。如果有很多面试官,初见时要微笑着与每个人对视3秒,这样会给人以自信和稳定感。

9. 重视细节

求职过程中,求职者忽视"细节"的现象总是存在,但又恰恰因为疏忽"细节"礼仪而遭淘汰。细节是装不出来的,它是一个人品质的真实表露。正因如此,有经验的、聪明的招聘者往往通过一些细节礼仪识人才,用人才。

这里撷取以下礼仪小故事,供求职者思考、借鉴,以帮助求职者打开理想之窗,叩开好运之门。[①]

【小故事】

"一支钢笔"赢机会

在经过一轮又一轮的筛选后,五名来自不同地方的求职者终于从数百名竞争者中脱颖而出,成为进入最后一轮面试的佼佼者。这五人各有所长,能力相当,谁都可能被聘用,同时谁都可能被淘汰。就在这时,有一个陌生男子急急忙忙地赶来了,他说自己也是前来参加面试的,只是由于粗心,忘记带钢笔了,询问大家是否有笔,想借用一下填写个人简历表。五位求职者中的四个人面面相觑,谁也没有拿出钢笔。此时,求职者小董站了起来,对这位男子礼貌地说:"对不起,刚才我的笔没墨水了,我掺了点自来水,勉强还可以写,不过字迹可能淡些。"这位陌生男子紧紧握住小董的手,当即表示他被录用了,原来他就是公司的人事经理。

---

① 王玉苓.商务礼仪:案例与实践[M].2版.北京:人民邮电出版社,2021:63.

恰科的第 53 次应聘

法国有个银行家叫恰科。他年轻时应聘工作并不顺利,52 次应聘均遭拒绝。第 53 次他又来到了法国最好的银行,叩开董事长办公室的门,请求被雇用,但结果仍未能如愿。他礼貌地说完再见,转过身,低头往外走去。忽然,他看见地上有一枚大头针横在离门口不远的地方。他知道大头针虽小,弄不好也能对人造成伤害,就弯腰把它捡了起来。第二天,他出乎意料地接到了这家银行的录用通知书。原来,他捡大头针的行为被董事长看见了。从这个不经意的小动作中,董事长发现了他品格中闪光的东西。这么精细的人是很适合做银行职员的。于是,董事长改变主意决定聘用他。恰科也因此得到了施展才华的机会,走上了成功之路。

"饭局"赢机会

"饭局"已经成为日常生活中用来进行人际交往的最常见的方法之一,而不少企业正是利用"饭局"并在"饭局"中见微知著,识人用之。

据说,福耀玻璃集团的创始人、董事长曹德旺是一位在吃饭时也保持认真、清醒的人,早年有一次他招聘新人,四个年轻人都很优秀,让他难以定夺,于是他便请四个人去吃饺子。吃的时候,他与大家谈笑风生,饭后他问四个人各吃了几个饺子,其中三个人都说不知道,只有一个人说自己吃了 32 个。于是,这个人被录用了。

总之,学会运用"此时无声胜有声",求职者要用无声的、职业化的举止,向面试官表明"我是最适合的人选"。

【小贴士】

面试结束前可提出的 10 个漂亮问题

(1) 这个职位的工作内容是什么？贵公司对其期望有多大？有没有哪方面是我可以努力的？

(2) 贵公司有没有正式或非正式的教育培训？

(3) 贵公司的升迁通道如何？

(4) 贵公司是多极化经营的跨国公司,将来是否有外派、轮调的机会？

(5) 贵公司超出同行业的产品和机会是什么？

(6) 在工作上是否有资深的人员带新员工,并且给新员工发挥的机会？

(7) 贵公司强调的是团队合作,那对团队成员素质和特性有什么要求？

(8) 贵公司鼓励员工在职进修吗？

(9) 贵公司在人事方面的规定和做法是怎么样的？

(10) 能否为我介绍一下贵公司的工作环境？是否有机会参观一下贵公司？

五、面试后的礼仪

在求职的过程中,许多求职者只留意面试过程中的礼仪,而忽略了面试后的工作。事实上,用人单位决定录用名单的过程相当复杂,面试后注意跟进,完全有可能改写面试结果。所以,求职者要注意以下几点。

1. 及时总结

面试之后,应该仔细记录整个面试经过。面试成功与否并不是最重要的结果,最重要的是从上一次面试中总结经验,吸取教训,下次面试才会做得更好。

2. 调节情绪

一般来说,一位求职者会同时向几家公司求职,因此,一次面试结束后,要及时调整自己的情绪,全身心投入第二家单位的面试。在接到聘用通知前,面试结果都是个未知数,求职者不应该放弃其他机会。

3. 耐心等待

从面试结束到最后确定录用人选,这个阶段可能需要三五天的时间。求职者在这段时间内一定要耐心等待消息,不要过早打听面试结果。

4. 主动联系

如果过了一两个星期或者已过了承诺答复期,求职者必须与用人单位联系,询问录用结果。也许这时用人单位正好难以取舍,求职者主动联系就让其取得了被录用的主动权。另外,主动联系还可以有效地避免用人单位通知不到或是忘了通知的情形。

5. 做好再冲刺的准备

求职过程是艰辛的,不可能人人都获得成功的机会,但每一个人都要坚信一点"道路是曲折的,前途是光明的"。困难是暂时的,关键是要找出失败的原因,找出差距,并积极准备下一轮的面试,以求"东山再起"。

【小案例】

鞠 躬 道 别

【课堂训练】

以小组为单位,创设情境,模拟练习求职面试的礼仪,关注细节。

课后练习

1. 案例分析。

扫描二维码,阅读案例原文,然后回答每个案例后面的问题。

2. 你所工作的商贸公司准备召开客户联欢会,你准备怎样开好这次联欢会?

3. 某职业技术学院为推荐毕业生就业,专门邀请了 10 家企业的领导进行会谈。请模拟演示这次会谈程序,最后安排企业领导与师生合影。

4. 在全班举办一次企业标识展览会。学生 5~6 人为一组,分组进行准备。经过一周的准备后进行展示,每组一块展板,安排一名学生进行讲解。

5. 你所在的单位要进行十周年庆典活动。如果负责人把庆典活动的组织工作交给你,你该如何来做呢?

6. 某班刚刚组建班委会,准备召开"发布会",会上班委会将要发布"施政纲领",还将接受班级同学的提问,请进行现场演练。有条件的话还可以将新闻发布会录像,待实训结束后,在班里播放,进行评价。

7. 博大公司拟举办回馈新老客户的茶话会,时间定在本周六上午 9:00,地点在 D 宾馆的 999 厅。假如你是该会务组负责人,请做一个组织安排。

8. 一家饮料公司将迎来一批来自外国的华尔集团商务考察团,该公司准备向华尔集团订购两条先进的罐装流水线设备。在这次考察活动中要进行谈判,将签订合同,举行签字仪式。请模拟这次签字仪式。

9. 某车展开幕,本次车展来了许多知名宾客进行参观,你作为本次车展的解说员,将为这些知名宾客(这些知名宾客以演员、歌手为主,可以让一些同学扮演宾客)进行解说,你将如何开展工作?

10. 如果用人单位通知你明天去面试,你需要做哪些准备?

11. 针对两个不同单位的招聘广告,给自己写两份侧重点不同的简历。

12. 关于面试的基本程序你都清楚了吗? 找个机会,将面试过程中的这些礼仪全部演习一遍。

13. 假如你是一位将要到某酒店应聘大堂经理的毕业生,请设计一份简短的自我介绍。

14. 请结合个人实际,试着回答下列面试问题。

(1) 你为什么来应聘本公司?

(2) 你如何评价自己的大学生活?

(3) 哪位教师对你的影响最大?

(4) 你最崇拜谁?

(5) 你的座右铭是什么?

(6) 与上级意见不一致,你将怎么办?

(7) 你对工资有什么期望?

第五章 媒介沟通

一个人必须知道该说什么,一个人必须知道什么时候说,一个人必须知道对谁说,一个人必须知道怎么说。

——[美]德鲁克

就像我们从小就知道要给长者让路一样,在网络中我们也应该遵守某种准则。

——[西班牙]费尔南多·费尔南德斯

学习目标

- 能够礼貌地与交际对象进行电话沟通;
- 明确网络沟通的概念和特征;
- 能够得体地使用 QQ、电子邮件、博客、微博、微信等网络沟通手段;
- 明确书面沟通的优点和缺点、原则和一般过程;
- 能够规范地利用文书进行沟通。

案例导入

AB 汽车客户满意度回访

李新是 AB 汽车特约维修中心的客户经理,在最近一段时间,他通过电话回访进行客户满意度的调查。今天早上他一到公司,就开始了电话拜访。

场景一:

"是陈强吗?"

"我是,哪位?"

"我是 AB 汽车特约维修中心的。"

"有事吗?"

"是这样,我们在作一个客户满意度的调查,想听听您的意见。"

"我现在不太方便。"

"没有关系,用不了您多长时间。"

"我现在还在睡觉,您晚点打过来好吗?"

"我待会也要出去啊,再说了这都几点了,您还睡觉啊,这个习惯不好啊,我得提醒您。"

"我用得着你提醒吗? 你两小时后再打过来。"

"您还是现在听我说吧,这对您很重要,要不然您可别怪我。"客户挂断。

场景二:

"您好,请问是陈强先生吗?"

"我是,哪位?"

"您好,我是 AB 汽车特约维修中心的客户经理,我叫李新。"

"有事吗?"

"是这样,您是我们公司的老客户,为了能为您提供更好的服务,我们现在在作一个客户满意度的调查,想听取一下您的意见,您现在方便吗?"

"我现在不太方便。"

"噢,对不起,影响您工作了。"

"没有关系。"

"那您什么时候方便呢? 我到时候再给您打过来。"

"噢,您中午再打吧。"

"噢,那不会影响您吃饭吗?"

"您十二点半打过来就可以了。"

"好的,那我就十二点半打给您,谢谢您,再见!"

【思考题】 本案例中的第一个回访和第二个回访在沟通上有何不同?

第一节 电话沟通

一、电话沟通的基本要求

1. 态度礼貌友善

当我们使用电话交谈时,我们不能简单地将对方视作一个"声音",而应看作面对一个正在交谈的人。尤其是对办公人员来说,我们面对的是组织的一名公众,如果你们是初次交往,那么,这样一次电话接触便是你给公众的第一次"亮相",应十分慎重。因此,在使用电话时,多用肯定语,少用否定语,酌情使用模糊用语;多用些致歉语、请托语,少用些傲慢语、生硬语。礼貌的语言、柔和的声音,往往会给对方留下亲切之感。正如日本一位研究传播的权威所说:"不管是在公司还是在家庭里,凭这个人在电话里的讲话方式,就可以基本判断出其'教养'水准。"

2. 传递信息要简洁

电话用语要言简意赅,将自己所要讲的事用最简洁明了的语言表达出来。因为通话的一方即使有诸如紧张、失望而表情异常的体态语言,但通话的另一方不知道,他所能得到的判断只能是来自他听到的声音,因此在通话时最忌讳发话人吞吞吐吐,含混不清,东拉西扯。正确通话的做法是问候完毕对方,即开宗明义,直言主题,少讲空话,不说废话。

3. 控制语速、语调

通话时语调温和,语速适中,这种有魅力的声音容易使对方产生愉悦感。如果说话过程语速太快,则对方会听不清楚,显得应付了事;语速太慢,则对方会不耐烦,显得懒散拖沓;语调太高,则对方听得刺耳,感到刚而不柔;语调太低,则对方会听得不清楚,感到有气无力。一般通话时的语速、语调和平常的一样即可,即使是长途电话,也无须大喊大叫,把受话器放在离嘴两三寸的地方,正对着它讲就行了。此外在通电话时,周围有种种异样的声音,会使对方觉得自己未受尊重而感到恼怒,这时应向对方解释,以保证双方心情舒畅地传递信息。

二、接电话的技巧

1. 迅速、礼貌地接听电话

接电话首先应做到迅速接听,力争在铃响三次之前就拿起话筒,这是避免让打电话的人产生不良印象的一种礼貌。电话铃响过三遍后才做出反应,会使对方焦急不安或不愉快。正如日本著名社会心理学家铃木健二所说:"打电话本身就是一种业务。这种业务的最大特点是无时无刻不在体现每个人的特性。""在现代化大生产的公司里,职员的使命之一是一听到电话铃声就立即去接。"接电话时,也应首先自报单位、姓名,然后确认对方,例如:"您好! 这是××公司营销部。"如果对方没有马上进入正题,可以主动请教:"请问您找哪位通话?"

2. 仔细聆听并积极反馈

作为受话人,通话过程中,要仔细聆听对方的讲话,并及时作答,给对方以积极的反馈。通话中听不清楚或意思不明白时,要马上告诉对方。电话中接到对方邀请或会议通知时,应热情致谢。

3. 规范地代转电话

如果对方请你代转电话,应弄明白对方是谁,要找什么人,以便与接电话人联系。此时,请告知对方"稍等片刻",并迅速找人。如果不能放下话筒喊距离较远的人,可用手轻捂话筒或按保留按钮,然后再呼喊接话人。如果因其他原因决定将电话转到别的部门,应客气地告知对方,并将电话转到处理此事的部门或适当的职员,例如,"真对不起,这件事是由财务部处理,如果您愿意,我帮您转过去好吗?"

4. 认真做好电话记录

如果要接电话的人不在,应为其做好电话记录,记录完毕,最好向对方复述一遍,以免遗漏或记错。可利用电话记录卡片做好电话记录。

5. 特殊情况的处理

(1)电话铃响时,如果自己正在与客人交谈,应先向客人打招呼,然后再去接电话。如果发觉打来的电话不宜为外人所知,可以告诉对方:"我身边有客人,一会儿我再给您回电话。"不要抛下客人,在电话中谈个没完,这样身边的客人有被轻视的感觉。

(2)不要在听电话时与旁人打招呼、说话或小声议论某些问题。如果通电话时,有人有急事来找你,应先对电话那端的人说声:"对不起。"如果为回答通话对方的提问,需向同事请教时,可说声"请让我核实一下"。

(3)如果使用录音电话,应事先把录音程序整理好,并把细节考虑周到。不要先放一长段音乐,也不要把程序搞得太复杂,让对方莫名其妙、不知所措。

（4）如果对方打错了电话，应当及时告知，不要冷冰冰地说："打错了。"更不要讽刺挖苦，或表示出恼怒之意。最好能这样告诉对方："这是××公司，你找哪儿?"如果自己知道对方所找公司的电话号码，不妨告诉他，也许对方正是本公司潜在的客户。即使不知道，你热情友好地处理打错的电话，也可使对方对公司抱有初步好感，说不定就会成为本公司的客户，甚至成为公司的忠诚支持者。

接电话的顺序、基本用语及注意事项如表 5-1 所示。

表 5-1　接电话的顺序、基本用语及注意事项

顺　序	基本用语	注意事项
（1）拿起电话听筒并告知自己的姓名	• "您好，平安保险××部××。"（直线）"您好，××部×××热线。"（内线） • （上午 10:00 以前）"早上好。" • （电话铃响三声以上才接时）"让您久等了，我是××部×××。"	• 电话铃响三声之内接起； • 在电话机旁准备好记录用的纸笔； • 接电话时，不使用"喂"回答； • 音量适度，不要过高； • 告知对方自己的姓名
（2）确认对方	"×先生，您好!""感谢您的关照"等	• 必须对对方进行确认； • 如是客户来电，要对其表达感谢之意
（3）听取对方来电用意	"是""好的""清楚""明白"等	• 必要时应进行记录； • 谈话时不要离题
（4）进行确认	"请您再重复一遍""那么明天在×××见，9 点钟"等	• 确认时间、地点、对象和事由； • 如是留言，必须记录下通话时间和留言人
（5）结束语	"清楚了""请放心""我一定转达""谢谢""再见"等	
（6）放回电话听筒		轻轻放下电话

【小案例】

接到不善沟通的人打来电话时……

总是有一些不善于沟通、不懂得礼仪的人，在打电话时不考虑对方的感受，遇到这种情况时应如何应对呢?

1. 反复陈述型

接到"反复陈述型"的电话，应适时说："×先生，容我对您刚才所讲的做个总结，如果有遗漏或错误的地方，请随时更正或补充。"

2. 一心二用型

有的人在和你通电话时又和别人讲话。应付这样的人，可以建议他在不忙时和你见面再谈，或要求他重复刚刚说的话："×小姐，我这里听得并不很清楚，请您再说一遍好吗?听起来您好像也在和其他人说话!"

3. 避重就轻型

当对方避重就轻时，你可以直接切入主题："×先生，您到底需要什么? 我要如何才能帮您忙?"

4. 喋喋不休型

接到"喋喋不休型"而又与己无关的电话,应立刻打断他的话:"对不起,×太太,我不认为这件事我能帮什么忙,但听起来应该和我们的业务部有关,请您稍等,我帮您转业务部李小姐。"

三、打电话的技巧

1. 选择适宜的通话时间

打电话的时间应尽量避开上午 7:00 前、晚上 10:00 以后的时间,还应避开晚饭时间。有午休习惯的人,也请不要用电话打扰他。电话交谈所持续的时间也不宜过长,事情说清楚就可以了,一般以 3~5 分钟为宜。因为在办公室打电话,要照顾到其他电话的进出,不可过久占线,更不可将办公室的电话或公用电话用作聊天的工具,这是惹人讨厌的行为。

打电话的技巧

【小案例】

不 懂 时 差

小李上午 9:30 给客户打电话:

"喂,是张总吗?"

"你是?"

"我是前两天拜访过您的小李呀。"

"哦,小李,我在吃早饭……"

"啊,都 9:30 了您还在吃早饭呀!"

"我到新疆出差了……你晚点打吧……"

"哎,到哪儿出差都没关系呀,反正我就在电话中给您说点事……"

没等小李说事,张总的电话就挂断了。

【点评】 显然,不懂时差且不考虑时机的通话会很失礼,最遗憾的是对方不高兴了,自己还不知道是什么原因。

2. 通话之前做好准备

通话之前应该核对对方公司或单位的电话号码、名称及接话人姓名。写出通话要点及询问要点,准备好在应答中使用的备忘纸和笔,以及必要的资料和文件。估计一下对方情况,决定通话时间并明确通话所要达到的目的。

3. 注意通话的礼节

接通电话后,应主动示好,自报一下家门并证实一下对方的身份。应先说明自己是谁,除非通话的对方与你很熟悉,否则就该同时报出你的公司及部门名称,然后再提一下对方的名称。通话时要坚持用"您好"开头,"请"字在中,"谢谢"收尾,态度温文尔雅。若你找的人不在,可以请接电话的人转告,如"对不起,麻烦您转告×××",然后将你所要转告的话告诉对方,最后别忘了向对方道一声谢,并且问清对方的姓名。切不可"咔嚓"一声就把电话挂了,这样做是不礼貌的行为,即使你不要求对方转告,也应该说一声:

"谢谢，打扰了。"通话结束时，要道谢并说声再见，这是通话结束的信号，也是对对方的尊重，注意声音要愉快，听筒要轻放。一般来说，应是打电话的人先搁下电话，接电话的人再放下电话。但是，假如是与上级、长辈、客户等通话，无论你是通话人还是发话人，都最好让对方先挂断。

🔖【小贴士】

拨打电话的空间环境考虑

拨打电话时，也应考虑自己所处的空间环境。

（1）一般而言，工作电话在办公室内打，私人电话在家中打。

（2）在电影院、音乐厅、剧院等公众场合时，无紧急情况不要拨打电话。

（3）拨打电话时，要同时考虑及留意对方接听电话所处的空间环境。

（4）谈论机密或敏感的商业问题时，应在保密性强、安静的环境中拨打电话，且在接通后询问对方是否方便。

4. 特殊情况的处理

（1）通话中如有人无意闯入，可以示意请此人坐下等候，或此人自觉退出等候。否则，在向电话那端的人说声"对不起"后，可简短和来人说两句话（如可以说："等我打完这个电话后再和您谈"）之后再继续通电话。如果办公室有来客时电话铃响了，可以暂时不接，除非你一直在等这个电话，若属于这种情况，则应向来客说明情况。

（2）如果需要留言请对方回电，就要请对方记下你的电话号码。这样对方回电就不必再去查电话号码簿，即使对方是熟人，双方经常通电话，也要告诉对方回电的号码，同时别忘了告诉对方回电的合适时间。如果对方是在外地，则最好说明自己将于何时再打电话，请其等候来电，不可以让对方花钱打长途电话找你。

（3）如果要找的人不在，则应对代接电话的人说："谢谢，我过会儿再打。""如方便，麻烦您转告××。""请告诉他回来后给我来个电话，我的电话号码是××。"切不可"咔嚓"一声就挂断电话。

（4）如果出现线路中断，打电话的一方应负责重拨，接电话的一方应稍候片刻。重拨越早越好，接通后应先表示歉意，尽管这并非自己的过错，可以说："对不起，刚才线路出了问题。"即使通话即将结束时出现线路中断，也要重拨继续把话讲完。要是在一定时间内打电话的一方仍然未重拨，接电话的一方也可以拨过去，然后询问："刚才电话断了，不知您是否还有没讲完的事？"

🔖【小贴士】

网络电话的接打礼仪

打电话的顺序、基本用语及注意事项如表5-2所示。

表 5-2　打电话的顺序、基本用语及注意事项

顺　序	基 本 用 语	注 意 事 项
（1）准备		• 确认拨打电话对方的姓名、电话号码； • 准备好要讲的内容、说话的顺序和所需要的资料、文件等； • 明确通话所要达到的目的
（2）问候、告知自己的姓名	"您好！我是五湖四海公司××部的×××。"	• 一定要报出自己的姓名； • 讲话时要有礼貌
（3）确认电话对象	• "请问××部的×××先生在吗？" • "麻烦您，我要找×××先生。"	• 必须确认接电话的是否为你要找的人； • 确认是你要找的人接的电话后，应重新问候
（4）电话内容	"今天打电话是想向您咨询一下关于××的事……"	• 应先将想要说的结果告诉对方； • 如是比较复杂的事情，应提醒对方做记录； • 对时间、地点、数字等进行准确的传达； • 说完后可总结所说内容的要点
（5）结束语	"谢谢""麻烦您了""那就拜托您了"等	语气诚恳、态度和蔼
（6）放回电话听筒		等对方放下电话后再轻轻挂掉电话

【课堂训练】

以小组为单位，设计社交情境，模拟练习接打电话（手机），注意礼仪要求。

第二节　网络沟通

20世纪90年代以来，随着互联网的快速发展，世界开始进入一个网络时代。科学技术的迅猛发展，正不断深入地影响着我们的生活方式和沟通方式。网络沟通方式在科学技术的孕育下应运而生。正如威廉·布里奇斯所说："科学技术的发展，要求人们学会各种全新的做事和与人沟通的方式。"

【小贴士】

沟通方式的发展

语言阶段：语言给人类沟通带来了第一次革命。

文字阶段：文字使人类度过了结绳记事的时期。

模拟电子媒介时代：模拟电子实现了即时交谈。

数字时代：网络技术从时空上改变了传统的信息交流方式。

一、网络沟通的概念

网络沟通是指通过基于信息技术（IT）的计算机网络来实现信息沟通活动。网络作为人类沟通的一种新工具，正逐步取代传统书信、电话、会议等沟通方式，成为人们日常生活、学习、工作的主要沟通方式。

对个人而言，网络为人们提供了各式各样沟通的新手段，如网上聊天、博客、电子邮件、网络电话、网络视频会议等的全球通信的网络化。自此，人们可以不受时间和空间的限制尽情享受与外界沟通的便捷。

对企业而言，网络为人们提供了多种多样沟通的新服务，如以电子银行为代表的国际金融网络化，以电子商务为代表的全球商贸网络化已得到了相当广泛的应用。自此，人们可以利用网络的各种服务功能来拓展商务工作。

网络拉近了人们之间的距离，缩短了彼此之间的距离感，真正实现了"天涯若比邻"的预言。在现实生活中，只要拥有一台计算机，就能足不出户，知晓天下事，使相互之间的沟通无所不在。

二、网络沟通的特征

网络作为继报纸、广播、电视之后出现的第四种具有超强影响力的传播媒介，具有其他媒介无法替代的功能，在信息沟通方面发挥着越来越独特的作用。网络沟通与传统沟通方式相比较，具有以下特点。

1. 沟通形式多样，成本低

随着网络技术的发展，基于网络的沟通方式层出不穷，人们既可以在网上浏览信息、阅读电子图书、进行对话交流、观看电视和电影，也可以玩游戏、作画、健身；既可以一对一交流，也可以群体交流。

人们通过互发电子邮件代替传统信件；通过一些即时通信工具（如 QQ、微信等）代替打电话；如果计算机配有摄像头和小话筒，还能达到面对面交流的效果。同时，在互联网上，信息可以实现双向传播。人们不再仅是被动接收信息的群体，通过网络人们可以以极低的成本向全世界发表自己的意见，大大节省了传统的面对面信息交流、沟通所需的时间、空间甚至是交通出行的成本。

2. 沟通迅速快捷，范围广

网络沟通的快速有目共睹，往往一个最新的消息通过网络这一平台瞬间就能传遍全球。"时间就是金钱"，而网络就是在无形之中为我们每个人创造财富。在激烈的市场竞争中，时间性很强，机会稍纵即逝，"时间就是成本"，有时短时间的延缓就有可能导致产品进入市场失败。

基于网络的沟通行为比传统的打电话或写信、发电报具有更加广阔的适用范围，鼠标一单击，可以连接到世界上任何一个拥有互联网的角落，让世界真正成为一个村落。在传统的沟通方式中，你很难想象在同一时刻与不同地域的数百人一起对话，一起欣赏一篇文章或一首歌，还能立即收到其他人的反馈，而这在网络上根本就不是问题。

3. 沟通资源丰富,容量大

由于网络信息技术的不断进步,加之人们对网络的日益依赖,各种信息通过大型门户网站和搜索引擎等被加入互联网之中,使得互联网成为一个信息和知识的宝库。人们可以轻松地通过搜索引擎查到自己所需要的文字、图像、视听资料。

在以往传统的沟通方式中,无论是人际沟通还是大众沟通都会不同程度地受到时间、空间等各种因素的干扰和影响,而网络沟通空间巨大、容量无限,它不但可以跨越地域、文化和时空进行沟通,而且可以通过"超链接"功能把信息接到其他相关信息上,使互动式信息容量远远超过现实世界中的静态信息。

4. 沟通相对平等,便利化

网络空间面向每一个人,人人都可以利用网络发表自己的观点与见解,既可以利用网络展示自己的技能,也可以利用网络发表自己的"作品"(如博文)等。空间的开放性、虚拟性决定了沟通的平等性。人们可以实名或匿名地运用网络进行相对自由的沟通。在网上,人与人之间的地位是平等的,信息和资源都是共享的财富。

对于那些受工作地域、工作时间限制的员工来讲,网络系统的发达给他们的沟通工作带来了便捷。他们不需要去办公室就可以工作,网络促使了 SOHO(small office,home office)工作方式的诞生。同样,电话会议、网络会议的召开,可以避免不必要的舟车劳顿,为沟通工作带来便利。

三、网络沟通的主要方式

1. 电子邮件

电子邮件(electronic mail,E-mail)是互联网上的重要信息服务方式。通过网络的电子邮件系统,用户可以用极其低廉的价格或是免费把信息发送到世界上任何指定的、同样拥有邮件地址的另一个或多个用户的电子邮箱中。电子邮件内容可以是文字、图表、视听材料等。E-mail 具有使用简易、投递迅速、收费低廉、易于保存、全球畅通无阻等特点,已经成为利用率最高的沟通形式和沟通工具。

(1)电子邮件的书写技巧。电子邮件的书写通常应以纸质信函的格式进行书写。书写电子邮件时,还应当注意以下方面。

① 主题明确。添加邮件主题是电子邮件与纸质信函的主要不同之处。商务人员在撰写电子邮件时,一定要在"主题"栏设定一个邮件主题。该主题应明确、具体、提纲挈领,但不宜过长(如"关于洽谈会的准备事宜"等),以便收件人通过主题快速判断邮件内容的轻重缓急,减轻查找或阅读邮件的负担。

② 内容规范。与纸质信函一样,电子邮件也应当用语规范、内容完整。与此同时,电子邮件的书写还应注意以下两个方面:一是尽量避免使用晦涩难懂的缩略语,且不要使用网络用语和符号表情,以免影响商务信函的专业性和严肃性;二是在英文电子邮件中,切勿使用大写字母书写正文,以免被误解为态度恶劣或强硬。

③ 签名恰当。商务人员可在电子邮件的签名档中列入写信人的姓名、公司、电话、传真、地址等信息,还可列入个人的座右铭或公司的宣传口号等信息,但信息行数不宜过多,

一般不超过四行。

④ 附件合理。商务人员可以通过电子邮件的附件发送整理成文档形式的文件，还可以发送照片、音频、视频等文件。在使用邮件的附件功能时，应在邮件的正文中对附件进行简要说明，并提示收件人查看附件。

若附件为特殊格式的文件，则应在正文中说明其打开方式，以免影响收件人查看。

应为附件设定有意义的文件名。当附件的数目较多（多于两个）时，应将其打包成一个压缩文件。

若附件容量较大（超过 25MB），则应事先确认收件人所使用的邮件服务系统有足够的容量收取，否则，应将附件分割成多个小文件分别发送。

（2）电子邮件的收发细节。在发送和接收电子邮件时，应当注意以下细节。

① 及时确认发送状态。发送电子邮件后，一定要及时确认邮件是否已经发送成功。确认邮件发送状态的方法通常有以下两种：一是检查被发送的邮件是否已显示在"已发送"列表中，若该列表中有显示，则表明发送成功；二是邮件发送几分钟后，检查邮箱中有无系统退信，若无系统退信，则表明发送成功。

② 通知收件人。在发完电子邮件后，一定要打电话通知收件人查收并阅读邮件，以免耽误重要事宜。

③ 及时回复。收到重要或紧急的电子邮件后，通常应当在 2 小时内回复对方，以示尊重。对一些不紧急的电子邮件，则可暂缓处理，但一般不可超过 24 小时。

回复邮件时，最好将原件中相关的问题抄到回件上，然后附上结构完整的答复内容。若只回复"已知道""对""谢谢""是的"等，则是非常不礼貌的。

🔷【小贴士】

令人反感的行为

曾有调查结果显示以下几种行为最受电子邮件接收者反感：①转发伤风败俗的玩笑；②使用大写字母写邮件；③讨论敏感的个人问题；④对工作或老板抱怨不休；⑤就某问题争论不休；⑥不厌其烦地描述自己的不幸；⑦传播不负责任的流言蜚语；⑧随意批评他人；⑨详细谈论自己或者其他人的健康问题。

2. 微博

（1）微博的概念。微博，即微型博客（MicroBlog）的简称，是一个基于用户关系的信息分享、传播以及获取平台。用户可以通过 Web、WAP 等各种客户端组建个人社区，以较短字数的文字更新信息（微博已经取消字数限制）并实现即时分享。这是根据微博的产生背景得到的定义。

国内知名新媒体领域研究学者陈永东在国内率先对微博进行了定义：微博是一种通过关注机制分享简短实时信息的广播式的社交网络平台。对此定义有五个方面的理解。

① 关注机制。既可单向，又可双向。

② 内容简短。字数一般较少。

③ 实时信息。最新实时信息。

④ 广播式。公开的信息，谁都可以浏览。

⑤ 社交网络平台。把微博归类为社交网络。

对微博通俗的解释为：它提供了一个平台，在其中你既可以作为观众浏览你感兴趣的信息，也可以作为发布者发布内容供别人浏览。发布的内容一般较为简短。当然也可以在此平台上发布图片、分享视频等。

（2）微博的特点。微博草根性更强，且广泛分布在桌面、浏览器和移动终端等多个平台上，有多种商业模式并存，或形成多个垂直细分领域的可能。但无论哪种商业模式，都离不开用户体验的特性和基本功能。归纳起来微博具有以下特点。

① 便捷性。信息共享便捷迅速。可以通过各种连接网络的平台，在任何时间、任何地点即时发布信息，其信息发布速度超过传统纸媒及网络媒体。

微博网站即时通信功能非常强大，通过 QQ 和 MSN 直接书写，在没有网络的地方，只要有手机也可即时更新想要发布的内容，哪怕你就在事发现场。例如，一些大型突发事件或引起全球关注的大事，如果有微博博主在场，利用各种手段在微博上发表出来，其实时性、现场感以及快捷性，甚至超过所有媒体。

② "背对脸"。与博客上面对面的表演不同，微博上是"背对脸"的交流，就好比你在计算机前打游戏，路过的人从你背后看着你怎么玩，而你并不需要主动和背后的人交流。可以一点对多点，也可以点对点。当你跟踪一个自己感兴趣的人或事时，只需两三天就会上瘾。移动终端提供的便利性和多媒体化，使得微博用户的体验感越来越强。

微博信息获取具有很强的自主性、选择性，用户可以根据自己的兴趣偏好，依据对方发布内容的类别与质量，来选择是否"关注"某用户，并可以对所有"关注"的用户群进行分类；同样，微博宣传的影响力具有很大弹性，与其发布的内容质量高度相关。其影响力基于用户现有的被"关注"数量，微博用户发布信息的吸引力、新闻性越强，对该用户感兴趣、关注该用户的人数也就越多，影响力也会越大，只有拥有更多高质量的粉丝，才能让你的微博被更多人关注。此外，微博平台本身的认证及推荐也助于增加被"关注"的数量。

③ 原创性。在微博上大量原创内容爆发性地被生产出来，有研究学者认为，微博的出现具有划时代的意义，真正标志着个人互联网时代的到来，博客的出现，已经将互联网上的社会化媒体推进了一大步，公众人物纷纷开始建立自己的网上形象。然而，博客上的形象仍然是化妆后的表演，博文的创作需要考虑完整的逻辑，这样大的工作量对于博客作者来说成为很重的负担，但是"沉默的大多数"也在微博上找到了展示自己的舞台。

3. 微信

微信是一款提供即时通信服务的免费应用程序，微信以其信息发布便捷、传播速度快、影响面广、互动性强等特点，在短短几年时间里迅速发展成为目前国内社交用户群体最多的软件。为了正确使用微信，提高沟通效果，树立良好形象，需要我们了解和掌握以下微信沟通礼仪和要求。

（1）微信的设置。

① 微信头像。在网络时代，微信不仅是和他人联络感情、获取消息的窗口，也是很多商务人士与同事、领导和客户沟通的桥梁。微信头像是一个人工作、生活、性格、心态、审美和爱好的缩影。因此，选择一个得体、适合自己的微信头像至关重要。如果想要向别人表

达比较职业化的形象,选择的头像应该专业化,一方面展现自己的职业特点,另一方面向别人传达自己的专业性和可信赖性。微信头像的色彩不要太多,图片的背景图案最好为纯色,以突出重点。在选择了专业化的头像以后,不可频繁更换头像,以免给客户留下不严谨、情绪变化无常的印象。

②　微信命名。微信名虽说是网名,但使用时首先应本着利于交往、利于记忆的目的起一个规范、高雅的微信名,而不能随波逐流、标新立异、哗众取宠。有人认为,微信用户名就是网名,起名可以随心所欲。如有些微信用户用党和国家机关名称来命名,很不严肃;有些用外国政要人名来命名,如"特朗普""普京"等;有些把丑当美,视低俗为高尚,如叫什么"非洲小白脸""坐在墙头等红杏""你大爷";有些名称则让人难记难懂,如用一长串英文字母和数字起名,用看不懂的似汉字非汉字的字当名字,等等。当人们看到这些名字时,虽然没见过本人,但内心会做出怪异、另类的判断,难以留下好的印象。

③　微信签名。你想告诉对方的有关信息可在微信签名里体现,因此要备注一些有价值的信息。

▌【小贴士】

"加微信"的礼仪

（2）发微信。

①　注意发送时间。发消息时要注意:非工作时间不要发、休息时间不要发(提示消息会打扰别人休息)。如果对方在国外,还要注意时差问题。

②　直接说事。不用问"在吗"。如果要问"在吗",在说了"在吗"之后,要把事情顺便说出来,这样可以让对方决定回答在不在。

③　慎打语音或视频电话。不熟悉的人,不要打语音电话或视频通话,如果确实有必要打,打之前要先问问对方是不是方便。

④　慎用截图。如果是发送需要编辑的文件信息给别人,最好以文字的方式发给对方,不要发截图或发语音。

⑤　不要不做说明。直接转发帖子给别人或转到微信群里,需要说一下你转发的目的。如果要发文件给对方,先问一下对方想通过微信还是电子邮件接收。因为文件有可能占用对方的手机内存,对方之后再把文件从手机转存到计算机,会增添麻烦。

⑥　优先选择文字,慎发语音。无论是给领导、下属,还是给同事发微信,优先选择文字,因为在职场活动中,很多场合都不适合发出声音,如开会时,大家都选择手机振动或静音,发语音就非常不合时宜,有时甚至会因为发音不标准或不清晰而让人产生歧义或误解。因此原则上不发语音,特别是工作微信和60秒长语音。

⑦　注意对等地沟通。对方发来的微信采用文字形式,不能为图省事而进行语音回复,

这本身就是沟通上的不平等，会使人感觉缺乏修养。

⑧ 学会用表情符号。表情符号作为一种"非语言的表达方式"，在一定情境下比文字更简练、更形象、更传神、更富有表达力，但因为表情符号并未设定明确含义，每个人的用法都可能不同，在不同情境下含义也可能不同，由于文化环境的差异，同一个表情符号会有不同的理解，因此作为下级，在回复上级时仅仅使用表情符号是不妥的。

⑨ 未及时回复微信，要表明歉意。在沟通的对等性方面，微信和短信不同，发短信只要对方手机开机就能正常收到信息，微信则需要在手机上网的前提下才能正常发挥功能，所以要事先检查微信是否正常运行，以确保及时回复他人信息，因故未及时回复的要表明歉意。

⑩ 工作微信注意排版和说明意图。工作微信内容要有条理、有思路，要编辑好，字数较多时需要分段并加标点符号。通常一条信息表达一件事情，多件事情就发多条信息。工作微信还要注意说明意图。如果发通知，可以加上"收到请回复"；如果是向领导请示工作，最后可以说"请领导批示"；如果发的只是一个提醒，可以告诉对方"FYI"（即 for your information 的首字母缩写，意思是让他了解一下，并不需要回复）。

（3）收微信。

① 要及时回复。如果在收到对方微信后不能马上给出答案，可以告诉别人："我要再想想"或者"有时间再看"。

② 重要的人物置顶。通过置顶可以把最重要的群和人永远放在最上面，这样不容易遗漏重要信息。

③ 语音类微信的处理。如果接收到语音类的工作微信，即使你不方便接听，你可以回复："现在不方便接听语音，如有急事，可以发送文字。"或者你可以选用微信的"语音转文字"功能，先大体了解信息内容。

④ 工作信息及时回应。如果收到工作信息，但暂时没有时间处理的话，建议可以先回复："已收到，现在手头有其他工作。""在外出或者开会中，晚点回复你。"让对方知道你已经收到信息，不用一直焦急等待。

⑤ "提醒"功能的使用。在工作时收到消息，不想立刻处理，又怕以后忘了，或者收到文件只保存却忘了看，都可以用"提醒"功能。

（4）微信群的使用。

① "拉群"。"拉群"之前一定要征求被拉对象的意见。同时，如果想邀请某人进群，应事先征得对方同意。群主应向群成员介绍群功能，如果是人数不多的工作群，最好介绍一下群成员。介绍顺序是将晚辈介绍给长辈，将下级介绍给上级，将男士介绍给女士。

② 微信群昵称和微信群名称的命名。针对群的主题来修改自己的群昵称。命名一个清晰明了的群名称，以此明确建群目的及沟通内容。

【小贴士】

微信群"七不发"

（1）个人生活琐碎和烦恼的事不要发。

（2）带有明显政治激进色彩的内容和图片不要发。

（3）不可强制别人转发你的作品。

（4）他人隐私不要发。

（5）未经他人同意、带有个人隐私性质的内容和图片，不能随意发。

（6）对于不确定的新闻，不要随意转发。

（7）太过直白的广告不要发。

③ 微信群常用礼仪。

- 群红包不要只抢不发，不要强行要求别人发红包。
- 不是所有群的红包都可以抢，抢之前先看清楚是否是群发红包。
- 能私聊的不群聊。群交流如果是两个人对话较多，不要在群里持续交流，可以加好友私聊，避免扰众。
- 不要乱发表情包。群聊切忌连续发送不雅表情包，注意微信群是交流信息的地方，不是个人情绪的发泄地。
- 公司项目群最好一群一主题，讨论结束后下载文件、备份聊天记录便可解散群。

【小贴士】

微信朋友圈礼仪

四、网络沟通的基本策略

1. 记住别人的存在

一定要记住与你打交道的是一个个活生生的人，如果你当着对方面不会说的话也不要在网上说。

2. 网上与网下行为一致

网上的道德和法律与现实生活是相同的，如果以为在网络中就可以降低道德标准，那就错了。

3. 入乡随俗

不同的地点、不同的沟通对象都有不同的交流规则，所以在不同的场合，交流的方式和语气应该是有区别的。

4. 尊重他人的时间

不要以自我为中心，应充分考虑他人在浏览信息时需要的时间和网速情况，这也是对他人的尊重。

5. 保持良好的网络形象

因为网络的匿名性质,你的一言一行是别人对你形成印象的唯一依据,注意自己的言行将有助于树立良好的网络形象。

6. 心平气和地争论

在网络交流中争论是正常的,要以理服人,不要进行人身攻击。

7. 尊重他人的隐私

不要随意公开他人的私人邮件、聊天记录和视频等内容;尊重他人的知识产权,尊重他人的劳动成果,不要剽窃、随意修改和张贴他人的劳动成果,除非他人愿意。

8. 保持宽容的态度

面对沟通对象所犯的错误,应该保持宽容的态度。

9. 不要忽视传统沟通方式

网络沟通有时即使耗费与面对面沟通相同的时间,却难以取得面对面沟通中的成效。传统沟通方式——面对面的沟通仍然是十分重要的沟通方式,因为网络沟通并不能替代面对面直接交流的效果。在直接交流中,可以观察别人的表情、神态、语气、肢体语言等非语言信息,并确保沟通的有效性与反馈的及时性,同时能够节约大量的时间。因此,在信息技术普及的今天,人们在越来越依赖这些新技术传递信息的同时,仍然应重视面对面的沟通方式,把面对面的沟通方式与网络沟通方式相结合,以确保沟通的有效性与反馈的及时性。

【小贴士】

工作群沟通技巧

如今,在工作中利用 QQ、微信沟通越来越普遍。在利用企业 QQ、微信工作群沟通时应该注意哪些礼仪? 如何提高沟通的有效性?

(1) 避免在工作群里私聊。QQ 或微信工作群的本质是公共交流场所,如果在工作群中私聊,会给群里其他人增加信息负担,并有可能导致其他人错过群的重要信息。

(2) 及时消除"沟通黑洞"。无论是私聊还是在工作群里收到上级或同事发送的信息或通知,不能看完就完了,一定要给对方反馈,如回复"收到"。这是职场礼貌。

(3) 平时多积累沟通措辞。在较为重要的沟通中,一定要注意自己的提问方式,避免发"在吗""方便吗"等消息。可以开门见山地说出自己的意图,避免增加双方的沟通成本。

(4) 减少发语音信息的次数。一是语音信息不便于回头查阅;二是接收方不一定随时随地都能收听语音信息。能发文字就尽量用文字沟通。

(5) 简洁扼要,直达主题,避免增加沟通成本。职场沟通要牢记:重要的事情用一段话完整陈述。

(6) 在群里发完文件后须与对方确认是否收到。重要的事情或者文档一定要跟对方电话确认。如果是紧急事件,用 QQ 或微信可能难以达到深度交流的效果,最好用电话进行沟通交流。

第三节　书面沟通

一、书面沟通概述

书面沟通是一种传统的沟通方式,一直作为可靠的沟通方式为大家所采用,每一个管理者在工作中都不可避免地要运用文字来沟通信息,"口说无凭,落笔为准"就充分地说明了书面沟通在现实生活中的重要作用。所谓书面沟通,就是利用书面文字作为主要的表达方式,在人们之间进行信息传递与思想交流,如企业在处理日常事务时经常使用的信函、计划书、各类报告等都是重要的书面沟通方式。

书面沟通概述

1. 书面沟通的优点和缺点

书面沟通在人们的生活和企业管理过程中扮演着重要的角色,具有其他沟通方式所不可替代的作用。概括起来,书面沟通的优点和缺点如表 5-3 所示。

表 5-3　书面沟通的优点和缺点

书面沟通的优点	书面沟通的缺点
可供阅读,可长期保存,并可作为法律凭证,失真性相对较少	耗费时间较长,在同等的时间内进行交流,口头比书面所传达的信息要多得多
可使下属直抒胸臆,放开思想,避免由于言辞激烈与上级发生正面冲突	发送者无法确保接收者对信息的理解是否符合其本意,容易产生沟通障碍
内容易于复制,有利于大规模的传播	缺乏内在的反馈机制,不能及时地提供信息反馈,信息反馈速度慢
讲究逻辑性和严密性,说理性更强,信息能够被充分、完整地表达出来,减少了情绪等因素对信息传达的影响	无法运用情境和非语言要素,对于有些"只可意会,不可言传"的内容,运用书面沟通很难解释清楚
可以反复推敲、修改,直到满意为止	

2. 书面沟通的原则

书面沟通通常遵循 7C 原则:完整(complete)、准确(correctness)、清楚(clearness)、简洁(concreteness)、具体(concreteness)、礼貌(courtesy)、体谅(consideration)。

(1) 完整是指书面沟通应完整表达所要表达的内容和意思,何人、何时、何地、何事、何种原因、何种方式等内容都交代清楚。

(2) 准确是指主题准确,观点准确,运用的理论和方法准确,语言表达准确,数据准确,结论准确。

(3) 清楚是指思路清楚、层次清楚等。特别是选用的所有语句都应能够非常清晰明确地表现出真实的意图,避免双重意义的表示或者模棱两可的表达。

(4) 简洁是指在无损于礼貌的前提下,用尽可能少的文字清楚地表达真实的意思,让人一目了然,易于理解。清楚和简洁经常相辅相成,摒弃行文中的陈词滥调和俗套,可以使交流变得更加容易和方便。

（5）具体是指内容当然要具体而且明确,不能丢三落四。

（6）礼貌是指文字表达的语气上应表现出一个人的职业修养,客气而且得体。最重要的礼貌是及时回复对方,最感人的礼貌是从不怀疑甚至计较对方的坦诚。相互交往中肯定会发生意见分歧,但礼貌和沟通可能化解分歧而不影响双方的良好关系。

（7）体谅是指在书面沟通时,始终应该以对方的观点来看问题,根据对方的思维方式来表达自己的意思,只有这样,与对方的沟通才会有成效。

3. 书面沟通的一般过程

书面沟通的过程实际上就是写作的过程,写作一般要经过五个步骤,如图 5-1 所示。

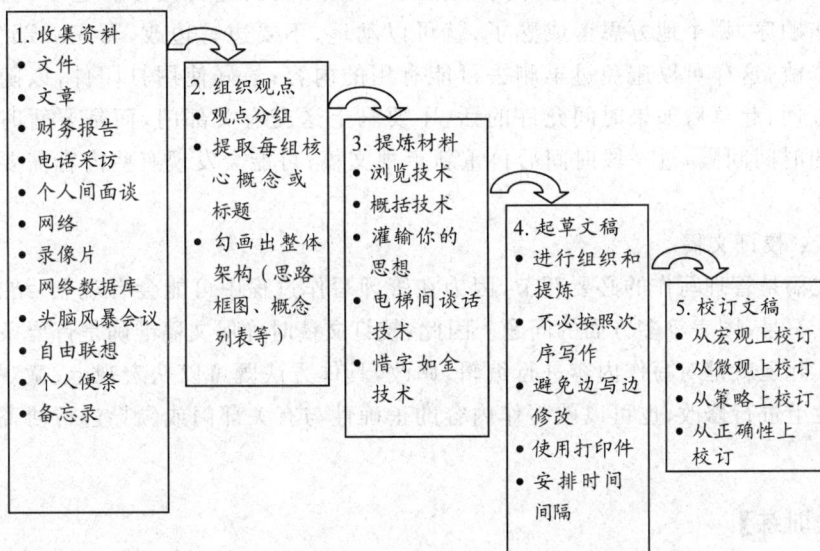

图 5-1　写作的步骤

第一步:收集资料。

互联网和计算机技术的飞速发展,为信息资料的收集提供了便利条件,尤其是网络搜索、大型检索数据库的日益增多,使得信息资料的收集快捷而容易。

收集资料的途径很多,主要有文件、文章、书籍、统计数据、电话采访、互联网检索、网络数据库检索、头脑风暴会议、实地调研等。

目前,最为快捷的资料收集方法是运用谷歌、百度等浏览器进行检索;其次是到国家、地方和大学、企业的图书馆进行查阅,或通过其购买的数据库进行检索;最后是直接进入政府统计网站、企事业单位网站进行检索。

第二步:组织观点。

这一步是将收集的大量零散资料按照其重要程度、逻辑关系、时间或历史的发展过程、核心概念等内容进行分类或分组,分组之后再进行筛选,归纳出每组内容的关键问题及标题,最后有策略地进行编排,厘清层次结构和逻辑顺序。

组织观点最重要的是提炼出核心观点,也就是中心思想,然后确定标题或主题,再确定子观点、论据、结论等。

第三步：提炼材料。

提炼材料是把根据已有信息资料确定的子观点进行取舍。取舍的方法有以下几种：一是根据每个子观点的需要进行提炼；二是根据现有资料去提炼新的观点；三是有选择地根据沟通对象的需要提取；四是利用多种方法进行提取。比如，设想读者只是浏览，因此材料必须高度概括与提炼，能够立即引起读者的关注与兴趣；或是概括你的观点，或是灌输你的观点，或是利用"电梯间谈话"技术即化繁为简，或是采用"惜字如金"技术来提取材料。

第四步：起草文稿。

起草文稿，首先要审视标题、结构、中心思想、论点和论据等是否清晰、合理，有无需要调整之处；其次再根据自己对主体的理解，参考已有资料进行写作。起草文稿注意不要在乎写作顺序，哪个地方思考成熟了，就可以动笔；不要边写边改，写完一部分或全文后再进行修改，这样可以避免过早删去可能有用的内容；最好使用打印件，以随时保存，修改比较方便；起草后如果时间允许的话，不要马上送交有关部门，而是要暂时放一放，安排一定的时间间隔，过一段时间后再重新审视文稿，可能会发现有些内容需要修改、完善或删除等。

第五步：校订文稿。

校订文稿是管理写作的必要环节，因为在管理写作过程中可能会有观点、结构、逻辑、内容、格式、符号、图表等多方面的问题。因此，校订文稿时确保文稿准确是首要条件。

校订实际上就是对写作内容进行编辑、修改，具体方法既可以从宏观上、微观上、策略上和正确性上进行修改，也可以就写作内容的正确性与有关部门或领导进行协商后修改，最后定稿。

【课堂训练】

三张环保卡片

某饭店的客房里放有三张环保卡片。

其一，是放在洗漱台上的卡片，上面写着："尊敬的宾客：如果您在打点行李时忘了带洗漱用品（牙刷、牙膏、剃须刀、须后膏、梳子等），只要给客房部打个电话，我们将立刻免费给您送来。"

其二，是放在卫生间的一张卡片，上面写着："尊敬的宾客：您可曾想过，每天世界各地的饭店有多少吨毛巾毫无必要地更换洗染，因此而耗用的数量巨大的洗涤剂对我们的水资源造成多大的污染？为了我们共同的环境，请您做出决定，将毛巾投入浴缸表明您要求将其更换；否则就意味着您愿意继续使用，我们将为您挂放整齐。谢谢您对环保的支持！"

其三，是放在床头柜上的卡片，上面写着："尊敬的宾客：通常我们每天都对客人的床单进行换洗，如果您觉得没有必要，请于清晨将此卡放在床上，这一天您的床单将不再更换。感谢您对饭店绿色行动的支持！"

【思考题】 如果你是住店宾客，你觉得哪一张卡片更具有亲和力？请试着对你不太满意的卡片进行改写。①

二、常见的书面沟通方式

1. 商务信函

在现代商务活动中，商务信函依然是商务通信的基础和重要内容之一，也是被普遍承认的具有法律效力的经济交往工具，因此，商务书信礼仪的地位仍然很重要。商务信函的礼仪规则如下。

（1）格式正确。商业信函应使用印有公司抬头的专用纸，质量应尽可能优良。这种纸张一般只能用于公司业务，不能用于书写私人信件，以免收信人在阅读全文之前分不清来函的性质。

所有信函的结构，大体都分三部分，即开头、正文与结尾。开头是收信者和主题；正文用于说明和讨论问题的细节；结尾则说明发信人将采取何种行动或希望对方采取何种行动以及落款和日期。

信函格式应美观大方。不可密密麻麻一大片，令人看而生厌，要留足页边。段落要有长有短，句型要参差有致。重点地方不妨加框，采用列表形式，或使用黑体字、斜体字，给人以美感。

（2）称谓得体。称谓也叫称呼语，信函的称呼语要准确，符合寄信人与收信人的特定关系，要正确表现收信人的身份、性别等信息。称呼语使用不当，可能会得罪人，也可能会使收件人对信件的具体内容失去兴趣。

要正确使用对方的姓名与头衔，这是一个重要的礼节问题。一般平时对对方称呼什么就在信函上写什么。在格式上，称呼语在信的第一行起首的位置单独成行，以示尊重。如果是自己尊敬的领导和长辈要写成"尊敬的××"，写给非亲属的长辈、业务伙伴一般在姓氏、名字或姓名后加职务、学衔或职称，如张经理、卫国书记、赵志坚博士、王工程师等。中国人习惯称职务，欧美人一般愿意被称呼学衔，如果不知道对方的姓名和头衔，在发函前最好先打电话询问收信人的姓名与头衔。

一般称女性为"小姐"是可接受的称呼，公函上常用。如果对方喜欢被称作"夫人"，那就称呼"夫人"，如果弄不清称呼"夫人"还是"小姐"时，不妨统称"女士"，不到万不得已不写"亲爱的先生/小姐"和"致有关人士"的称呼，这等于告诉对方，你连他是谁，是男是女都尚不清楚；如打听不到收信人的姓名，可以用职务等中性名称代替，比如称对方为经理、代表之类，并在前面加上其公司或部门的名称；如果从姓名上判断不出对方的性别，可称其全名，在前面加上"尊敬的"而略去"先生"或"小姐"等字样。

（3）内容得当。正文是商务书信的主体，即写信人要说的话，要交代的事情。正文一般从信的第二行前面空两格开始书写。书信尽管内容写法各不相同，但是都以表情达意为目的，以具体准确为原则，要字迹工整、言之有物、语句通顺，还要措辞得体，根据收信人的特点和写信人与收信人的关系来进行措辞。应避免写错字或打字错误，这不仅不礼貌，还

① 张向东.沟通技巧[M].北京：中国人民大学出版社，2022：32-33.

会给人粗心的印象。

恰当驾驭语言文字能产生影响力，即使是书面联系也能对他人的感受和行动产生深远的影响，并能通过语言文字的魅力给对方留下好感。有时即使对方不认同写信人的意见或建议，也会对其流利的书法、通畅的文字和彬彬有礼的态度留下深刻的印象。

写信的目的是让人看懂，因此写信时应做到清晰易懂、开门见山、直截了当，以使收信人看过一遍就能完全领会写信人的意思。信写完后应仔细检查并阅读一遍，如果读起来感觉欠佳，那对方收到信函后阅读的效果也不会好，应重新进行修改。

通信不像打电话或面对面交谈，你的文字和语句没有声调，对方看不见你的表情，听不见你的声音，弄不好就会产生误解。一些无伤大雅的幽默可以使信函更活泼、更亲切，但切记慎用，以防误用而无意中伤害他人，使人产生误解和不快。一般来说，信件还是以简明为宜，不要啰唆，尽可能不浪费他人的时间。

内容要丰富，但应尽量简练，避免重复，重复相同的意思表示容易引起混乱。用词也应尽可能简练。例如，"未解决的问题"可以写成"问题"；"预先提出警告"可以简单地写成"警告"等。为了少用词语，一般可列出所有要点，并在每个要点之前标以序号，既清楚又醒目。要多用常用词。词汇越丰富，用词就越准确，但不可使用只有在大辞典中才能找到的生僻、晦涩的词，这样对方会认为写信人在故弄玄虚、卖弄学问；也要避免使用对方不懂的行话。各行各业都有其独特的行话，非本行业的人极难明白其中真正含义；同样，一些文绉绉的老式用语，也以不用为宜，免得被人视为"老古董"。如"于兹附上"可写成"内附"，"望予俯允"可写成"请求"，"前举"可写成"上述"，"惠予通告"可写成"请告知"等。

（4）结尾讲究。商务信函的结尾部分一般要有结束语、致敬语、署名或签名，以及日期。结束语如"特此函告""专此说明"等；致敬语如"此致敬礼""顺致发财"等；署名、签名可并用，也可签名单独用，函件一般还需要加盖公章。人们很重视亲笔签名，有人收到信后还要仔细辨认亲笔签名还是签章。

（5）仔细审校。为避免出错，商务信函写好后最好先核查一遍再寄出。信件在寄出之前，如若时间允许，最好"晾"上一两个钟头，或等到第二天上班或午饭以后再投递，以便能在冷静下来后再看一遍，检查是否有不妥之处。比如，用词是否得体，表达是否清楚，要设身处地地替接信人考虑。

【小贴士】

信函的行款规范

（1）字迹。手写的字迹要清晰、端庄、正确、易认，如果用计算机打印，一定不能有错字、别字，标点符号的使用也要正确无误。另外，注意单字不能成一行，单行不能成一页。

（2）篇幅。信函篇幅的长短要视具体情况和文体而定，但应注意既不能烦琐杂沓，也不能过于简单。要有适度的跨行长句，不宜满纸短句，要注意布局合理。

（3）习惯。如果是手写，不能用红色钢笔或圆珠笔，也不能用铅笔。纸张的选择也应视具体情况有所变化。与境外华语地区通信，还要兼顾当地表达习惯。

（4）折叠。信笺折叠一般以简单地横竖对折为宜，不要折叠成各种花式，以免有失严肃。另外，折叠要注意文字向外，收信人称呼向外。

（5）信封。要选择使用国家规定的标准信封，按照邮政规范正确书写收信人和寄信人的相关信息及邮政编码，收信人姓名后可以使用"亲启"等用语。

（6）邮资。邮资要付足，以免退回误事。邮票贴法要规范，尤其不能随意倒贴、斜贴、躺贴等，以免让人产生随便之嫌，而且容易产生误解。

2. 贺信

贺信是表示祝贺、赞颂的专用礼仪性书信，一般用于对他人表示祝贺。现在贺信已成为表彰、赞扬、庆贺对方在某个方面所做贡献或所取得成就的一种常用形式，它还兼有表示慰问的功能。

（1）贺信的基本格式。贺信一般由标题、称谓、正文、结尾和落款五部分构成。

① 标题。标题在第一行居中，字体可稍大，其构成的方式有以下四种：一是由单独文种名构成，即在第一行正中书写"贺信"二字；二是发信主体加文种名，如"××集团公司贺信"；三是接受者加文种名，如"给××公司的贺信"；四是由发信主体、接受者、文种名构成，如"××集团公司给××研究所的贺信"。

② 称谓。顶格写明被祝贺单位或个人的名称或姓名。写给个人的，要在姓名后加上相应的礼仪称谓，如"先生""女士"等，称呼之后要用冒号。

③ 正文。正文部分主要表述三个方面的内容：一是开头，写明祝贺的原因。二是根据需要来确定写作的内容。如果是祝贺对方取得成绩，要分析对方取得成绩的原因和意义；如果是祝贺会议的召开，要说明会议的内容和重要的意义。这部分是贺信的中心部分。三是祝颂语，要由衷地表达自己真诚的祝贺和祝福，也可写些鼓励的话，提出希望或共同理想等心愿。

④ 结尾。贺信仍用"此致敬礼"等表示敬意的话结尾。格式上也要求占两行，"此致"空两格单独占一行，"敬礼"顶格单独占一行。

⑤ 落款。空一行写上发文单位的名称或个人姓名，再另起一行署上成文的时间，其位置在贺信的右下方。以下是贺信范例，供参考。

贺 信

尊敬的×××公司×××董事长并全体同仁：

欣闻×××药业公司成功改制为×××公司，这是×××发展历程中具有里程碑意义的大喜事。值此×××公司揭牌之际，×××公司董事长兼总经理×××携全体员工向××公司×××董事长及全体同仁致以最热烈的祝贺！

×××公司诞生于革命战争年代，发展壮大于改革开放的新时代。具有××年革命光荣历史的×××公司秉承"×××，×××"的企业精神，解放思想，更新观念，抢抓机遇，求真务实，开拓进取，创造了一个又一个药业奇迹，为我国医药工业的发展和现代化建设作出了突出的贡献，成为国内医药界学习、尊敬和推崇的楷模。

×××药业公司改制为×××公司掀开了企业发展崭新的一页，也标志着×××公司向着现代化、国际化大公司又迈出了更加坚实的一步。我们坚信，在×××董事长及董事会的正确领导下,通过经营层和全体员工的不懈努力,贵公司必将迎来更加辉煌和灿烂的明天!

最后,借×××公司揭牌之际,衷心希望我们同心携手,进一步增进相互间的友谊,不断加强双方的合作,用智慧和双手创造我们更加美好的未来。衷心祝愿×××公司蒸蒸日上、兴旺发达! 衷心祝愿贵公司全体员工身体健康,生活更加美好!

此致

敬礼!

×××公司

××××年××月××日

(2)贺信的写作要求。贺信要主题明确,中心突出。在写作上,要求结构完整,层次清楚,语言简练,表达精确,行文流畅,体现其公文庄重大气的特点。情感真挚但不要言过其实,评价要恰当。

3. 感谢信

感谢信是商界人士为了表达对对方的邀请、问候、关心、帮助和支持的感谢之情的礼仪专用书信。它适用于任何给予自己关心、帮助的个人和企事业单位、社会团体等。感谢信既要表达出真诚的谢意,又要起到表扬先进、弘扬正气的作用。

(1)感谢信的格式和写法。感谢信通常由标题、称谓、正文、结尾和落款共五部分构成。感谢信的标题写法通常有以下几种形式:①单独由文种名称组成,如"感谢信";②由感谢对象和文种名称共同组成,如"致×××公司的感谢信";③由感谢双方和文种名称组成,如"×××公司致×××研究所的感谢信"。

感谢信的称呼要写在开头顶格处,要求写明被感谢的机关、单位、团体或个人的名称,然后加上冒号。

感谢信的正文从称呼下移一行空两格开始写,要求写上感谢的内容和感谢的心情。

感谢信的结尾要写上敬意的话。

感谢信的落款要署上发文单位名称,并署上成文日期。感谢信范例如下。

感 谢 信

我公司于2024年5月18日在南京举行隆重开业典礼,期间收到全国各地许多同行、用户以及外国公司的贺电、贺函和贺礼。上级机关及全国各地单位的领导、世界各地的贵宾、国内最著名的电缆线路专家等亲临参加庆典,寄予我公司极大的希望,谨此一并致谢,并愿一如既往与各方加强联系。进行更广泛、更友好的合作。

此致

敬礼!

×××通信有限公司

董事长:×××

2024年5月22日

（2）感谢信的写作规范。

① 内容真实，赞誉恰当。感谢信的内容必须真实，不可夸大溢美；赞誉对方时措辞要恰当，不能过于拔高，以免给人一种失真的印象。

② 用语适度，叙事精练。感谢信的内容应以重要事迹为主，详略得当，要求语言精练、简洁，不可过分雕饰，否则会给人一种模糊的感觉。

4. 请柬

请柬是一种礼貌性的书面通知，在我国古代，人们每遇到重大事件，均以文字请友邀亲，用来表示敬意和隆重的书面邀请就是所谓的请柬或柬帖。如今，人们举行宴会、酒会、茶话会、招待会、舞会、婚礼，以及各种专题性的活动，如博览会、订货会、展销会、联欢会、新闻发布会等，都用柬帖邀请各界宾朋。当然，邀请宾朋的方式很多，如打电话、写信等，但是柬帖这种邀请方式更加正式、礼貌，显示了对所邀宾朋的重视和尊重，是一种比较流行且很受欢迎的社交方式。

请柬的形状、大小可根据各自喜好自行确定，没有统一标准。请柬最好自己设计、制作，极具纪念意义。其基本格式包括以下几个部分：①封面。颜色、图案可自行设计，封面上写明"请柬"二字，如图 5-2 所示。②称谓。与信函称谓基本相同。③正文内容。主要包括活动性质、规格、活动时间、地点及其他有关事项。④祝颂语。与信函的祝颂语基本相同，但较之于信函要更为简单。最常用的祝颂语是"敬请光临"。⑤署名和日期。与信函相同。

图 5-2　请柬

请柬范例如下。

请　　柬

×××总裁先生：

谨定于 2024 年 4 月 16 日至 4 月 22 日，在会展中心召开××集团机械设备展销会，并于 4 月 16 日中午 12 点 30 分在××大酒店举行开幕典礼。

恭请届时光临。

××集团公司总经理金××鞠躬

2024 年 4 月 9 日

请柬是一种比较正规、隆重的文书，是一种具有特殊意义的书信，常被应邀者当作纪念品收藏。因此，发请柬者一定要注意请柬的设计、制作，因为它代表着你对所邀者的真诚、重视，也体现着你自身的形象。请柬上的文字最好由发柬者自己书写。请柬一般应提前4～10 天寄出或亲自送达，以便受邀请者及早作出应邀与否的决定或准备。

【小案例】

庆典活动发出请柬没人来的原因

某单位为销售额突破百万元举行庆功联谊会，特发送了请柬来给相关单位，邀请其参加，并准备了精美的礼品，用来感谢相关单位一直以来的帮助。结果有些单位没有接受邀请，到场的人数不多，气氛不是很热烈，活动没有达到预期的效果。

单位领导感到很困惑。后来，经与有关人士沟通，方知所送请柬有问题。一是落款时间用阿拉伯数字书写，且中间用顿号来代替"年、月、日"，给人以活动不正式、主人本身就不够重视的感觉。二是请柬中的事由没有表达清楚，使人误以为是该单位的内部活动，别人可有可无，当然就不肯应邀前来了。

【点评】 请柬必须符合礼仪规范要求，这不仅体现出商务人员的职业素养，还代表着所在企业的形象。否则客户是不会买账的，出现庆典活动发出请柬没人来也就不奇怪了。

【课堂训练】

以小组为单位，各自起草一份请柬，邀请有关领导出席相关活动，事由、时间、地点自拟。

课 后 练 习

1. 案例分析。

扫描二维码，阅读案例原文，然后回答每个案例后面的问题。

2. 结合生活实际谈谈你接打电话的体会。

3. 李经理正在与一位客户进行电话交谈，这时另一位重要客户来到办公室拜访。如果你是李经理，正确的做法应该是什么？

4. 如果发现自己拨错了电话，你应该怎样解决？

5. 结合自身感受谈谈网络沟通的特点。

6. 日常生活中,你都使用了哪些网络沟通方式? 你有何感受?

7. 或许你在网上对人有不礼貌的行为,或许别人对你有不礼貌的行为。请试举一例,并根据所学的知识和技术,提出解决问题的方案。

8. 收集几个你认为办得好的企业网站,并与同学讨论。

9. 自拟情境,请为你的客户拟一份商务信函。

10. 请课下通过各种途径收集不同情境下的真实请柬样本,分析这些请柬在内容、形式等方面的礼仪得失。

第六章　职场沟通

说话和事业的进展有很大的关系,是一个人力量的主要体现。

——[美]本杰明·富兰克林

善待你所厌恶的人,因为说不定哪一天你就会为这样一个人工作。

——[美]比尔·盖茨

📋 学习目标

- 掌握与领导沟通的基本原则和方法;明确请示与汇报工作的技巧;
- 掌握与同事沟通的要求、方法及禁忌;
- 掌握下达命令的技巧;掌握与下属谈心的技巧;掌握调解下属矛盾的技巧。

案例导入

不善沟通的约翰

约翰所在的公司要进行人事调动,负责人罗伯特对约翰说:"把手里的工作放一放去销售部工作,我觉得那里更适合你,你有什么意见吗?"

约翰撇了撇嘴说:"意见?您是负责人,我敢有意见吗?"实际上他的意见大得很,因为当时销售部的状况特别糟糕。

来到销售部后,约翰的消极情绪非常严重,总是板着一副面孔,对同事爱理不理,别人主动跟他打招呼,他也只是应付地点点头,一来二去,同事们渐渐疏远了他。

一天,一个客户打来电话,请约翰转告罗伯特,让罗伯特第二天务必到客户那里参加洽谈会,有非常重要的生意要谈。约翰认为这是绝好的报复机会,就当什么事也没有发生一样,吹着口哨回家了。

第二天,罗伯特将他叫进办公室严厉地说:"约翰,客户那么重要的电话怎么不告诉我?你知道吗?要不是客户早晨打电话给我,一笔一千万美元的大生意就白白溜走了!"

罗伯特看了看约翰,一副毫不在乎的样子,根本没有承认错误的意思,便说:"约翰,说实在的,你的工作能力还不错,但在为人处世方面还不够成熟,我本来想借此机会锻炼你一下,可你却让我大失所望。我知道你心里对我不满,可你非但不与我沟通,反而暗中给我使绊子。你知道吗,部门的前途差一点毁在你手里。你没能通过考验,所以现在我只能遗憾地宣布:你被解雇了。"

鉴于此案的教训,这家公司高管阶层专门召开了一次名为"张开你的嘴巴"的会议,强调并鼓励所有员工要与上级多多进行沟通。

【思考题】　约翰为什么被解雇了?本案例对你有何启示?

人在职场,必然要与领导、同事、下属等进行交往,交往的效果将直接影响个人的职业生涯乃至发展前途。因为,我们每天至少有1/3的时间是在职场中度过的,能否从工作中获得快乐与满足,能否敬业、乐业并最终成就一番事业,领导、同事和下属均扮演着很重要的角色。讲究职场沟通艺术,不仅可以减少矛盾与冲突,还能使职场人际关系更加和谐融洽,大大提高工作效率。所以,有专家认为,一个职场人士必须具备三项基本技能,即沟通技巧+管理才能+团队合作意识。世界上很多著名的大公司也都以此来要求员工。

【小贴士】

职场沟通的基本原则

第一节　与领导沟通

与领导沟通是指团队成员通过一定的渠道和方式,与管理者或决策层进行的信息交流。上下级之间的有效沟通,无论对于组织还是个人,都具有十分重要的意义。仅就下级而言,通过与上级主动有效的沟通,既能准确了解信息,提高工作效能,又能及时表达自己的意愿,形成积极的双向互动。

一、与领导沟通的原则

【小案例】

任　命

某大型公司企划部的王先生工作已经两年多,参与过许多重要公关活动的策划和实施,是这个部门最有经验的员工之一。部门副经理的职位至今空着,凭借资历和能力,王先生认为自己很有可能就是这个职位的候选人。

可最近王先生发现了竞争对手——刚来公司不到半年的费女士。按说,就她的资历还得熬几年才能出头。可是接下来发生的几件事,让王先生对费女士不得不刮目相看。从那以后,王先生留意观察费女士的工作风格,发现她最大的优点就是勤于跟经理沟通,无论大事小情、工作的进展和困扰,或者偶然产生的灵感,她都能在适当的时间跟经理做充分的沟通。半年后,公司下发了一项人事任命:费女士担任企划部副经理。

与职场其他交际对象相比,"上级领导"这个群体往往具有如下基本特征(见图6-1),在沟通过程中尤需注意遵循一些基本原则。

1. 不卑不亢

与领导沟通,要采取不卑不亢的态度,既不能唯唯诺诺,一味附和,也不能恃才傲物,盛

图 6-1 上级领导基本特征示意图

气凌人。因为沟通只有在公平的原则下进行，才可能坦诚相见，求得共识。

在社交过程中，每个人都有一种心理期待，希望得到别人的尊重、帮助，希望自己应有的地位和荣誉得到肯定与巩固，没有人愿意在一个群体中被孤立和冷落。如果这种愿望得不到满足，就会对周围的人产生隔膜，进而拒绝合作。因此，尊重别人，是每个职场人士必备的一种修养。在工作中，尊重领导的意见，维护领导的威信，理解领导的难处和苦衷，即使提出不同的意见，也应讲究适当的时机，选择易于对方接受的方式，无论是对工作，还是对沟通双方的感情培养、建立融洽的心理关系，都是很有益处的行为。

尊重与讨好、奉承有着质的区别。前者是基于理解他人、满足他人正常心理和感情需要，而后者则往往是为了满足一己之私欲。现实生活中，确有一些人为了达到自己不可告人的目的，不惜降低人格，曲意迎合、奉承、讨好领导，不仅屏蔽了领导的耳目，降低了领导的威信，也造成了同事之间心理上的不和谐。绝大多数有主见的上司，对于那种一味奉承、随声附和的人都会比较反感。

2. 工作为重

上下级之间的关系主要是工作关系，因此，下属在与领导沟通时，应从工作出发，以做好工作为沟通协调之要义。既要摒弃个人的恩怨和私利，又要摆脱人身依附关系，在任何时候、任何问题上的沟通都是为了工作，为了整支团队的利益；要作风正派，光明磊落。切忌对领导一味地讨好献媚，阿谀奉承，百依百顺，丧失理性和原则，甚至违法乱纪。

3. 服从至上

上级居于领导地位，掌握全盘情况，一般来说考虑问题比较周全，处理问题能从大局出发。在与上级沟通时坚持服从原则，是一切组织通行的原则，是组织获得巩固和发展的基本条件。事实证明，如果下属与上级沟通时拒不服从，那么这样的组织就无法形成统一的意志和严密的整体，组织就会变成一盘散沙，不能顺利发展。当然，服从不是盲从，下属一旦发现领导某些错误，就应抱着对工作高度负责的态度，及时向领导反映，并请求领导予以改正。

【小案例】

尊重领导的决定

4. 非理想化

在与领导沟通中，下属不能用自己头脑中形成的理想化模式来要求现实中的领导，从而造成对领导的过分苛求。坚持非理想化原则，就必须全面地看待领导，既要看到其优点和长处，又要看到其缺点和短处，同时还要能够容纳领导的一般性错误和缺点，克服求全责备的思想。

【小故事】

我最了解它的心

一把坚实的大锁挂在铁门上，一根铁杆费了九牛二虎之力，还是无法将它撬开。钥匙来了，它瘦小的身子钻进锁孔，只轻轻一转，那大锁就"啪"的一声被打开了。铁杆奇怪地问："为什么我费了那么大力气也打不开，而你却轻而易举地就把它打开了呢？"钥匙说："因为我最了解它的心。"①

【点评】 这个故事从一个方面很形象地讲述了有效沟通的重要性。沟通就是开启心灵的钥匙，你若想与领导有效地沟通，你也要了解领导的个性、行事风格，对工作的要求，做到最了解他的"心"。

二、与领导沟通的方法

1. 主动沟通

有人说："要当好管理者，要先当好被管理者。"作为下属要时刻保持主动与领导沟通的意识，因为领导工作比较繁忙，不可能经常深入员工去寻求沟通。但在实际工作中，很多下属都害怕直面自己的上司，不敢积极主动地与上司沟通交流，这是一种职场通病。我们应该消除对上司的恐惧感，上司也是人，也有情感，而人与人之间如果没有了交流和沟通，那么情感也会因此而疏离。

与领导沟通
的方法

【小案例】

主动与领导沟通的小丽

小丽在一家化妆品公司做财务，一直以来，她踏实肯干，工作能力也很强。但一直没有得到提升，原因是她不善于主动与老总沟通，许多事都等着老总亲自来找她。后来由于工作上的竞争，她被同事踩到了脚底下。

小丽吸取失败的教训，辞职后以全新的面貌到另一家公司上班。一个月后她接到一份传真，说她花了两个星期时间争取到的一笔业务出了问题，她马上去找老总，老总正准备用电话同这位客户谈生意，她就将情况做了汇报，并提出具体的意见和建议。老总掌握这些材料后，与客户交谈时顺利地解决了这一问题。

此后，小丽经常主动向老总汇报工作，及时进行良好的沟通，并在销售和管理方面提出了一些不错的意见和建议，不断得到老总的认可。不久，她被提升为业务主管。

那么，怎样消除对上司的恐惧感呢？

① 约翰·巴尔多尼.向领导大师学沟通[M].马跃，译.北京：机械工业出版社，2004：8.

首先，要抛弃"不宜与上司过多接触"的观念。合理的沟通观念应该是和上司沟通是一个职场人士的基本职责之一，因为领导是决策者和管理者，而下属则是执行者和完成者，在决策执行和目标实现过程中，必须借助沟通了解上司意图，争取上司支持，获得上司认可。

其次，不要害怕在上司那里"碰钉子"。当与上司沟通得到的反馈意见不理想时，要从沟通态度、方式等方面进行自我反省；同时，要仔细揣摩领导的态度和意见，并通过换位思考去寻求对领导处理方法的理解。

最后，要用改进沟通技能的方法增强自信。在沟通内容上，尽量做到观点清晰、有理有据、层次清楚。在沟通方式上，应采用易被对方接受的沟通频率、语言风格和态度情绪；刚开始时最好采取面对面这种直接交流的方式，相互熟悉之后可借助电话、短信、电子邮件等方式来进行沟通。

2. 适度沟通

所谓适度，是说下属与领导的关系要保持在一个有利于工作、事业及二者正常关系的适当范围内，形成和谐的工作环境，沟通既不能"不及"，也不可"过分"。

目前，下对上的沟通存在两大弊端。一是沟通频率过高。有些下属为了博得领导的赏识和信任，有事没事经常往领导办公室跑，既给领导的正常工作造成了干扰，又会让领导认为你缺乏独立工作能力，遇事没有主见。二是沟通频率过低。有些下属以为干好本职工作就行了，至于是否向领导汇报思想和工作情况则无所谓，因而该请示不请示，该汇报不汇报，目无组织和领导。久而久之，既不利于开展工作，一定程度上也会影响个人和团队的发展前途。

🔍【小案例】

乙主任为何里外不好做人

甲和乙是两位新上任的车间主任，业务水平都很高。不过，在与上级沟通时采取的却是截然不同的态度。甲主任认为，一定要和上级搞好关系，于是，有事没事就往厂领导那儿跑，弄得车间员工议论纷纷，都说甲主任只会拍马屁，不关心员工的实际工作。后来这话传到了厂领导耳朵里，领导感到很难堪。与此相反，乙主任则认为"打铁还要自身硬"，一天到晚只知埋头苦干，为了业务生产甚至连车间主任会都不参加。可是车间员工也不认同，他们认为这样的主任不会为员工着想；而厂领导也因为他常常不来开会，心生不满，乙主任由此弄得里外不好做人。

3. 适时沟通

上司一天到晚要考虑的事情很多，因此应根据问题的重要与否，选择恰当的沟通时机。

首先，要选择上司相对轻松的时候。与上司沟通之前，可以通过打电话、发短信等方式主动预约，或者请对方预定沟通的时间、地点，自己按时赴约。假如是个人私事，则不宜在上司埋头处理大事时去打扰，否则就会忙中添乱，适得其反。

其次，要选择上司心情良好的时候。沟通之前，可以与其秘书或助理取得联系，以了解对方的情绪状态。当上司情绪欠佳时，最好不要去打搅对方，特别是准备向对方提要求、摆困难或者发表不同意见的时候。

再次,要寻找适合单独交谈的机会。特别是试图改变上司的决定或意向的时候,要多利用非正式场合和没有第三者在场时的情形。这样既能给自己留下回旋余地,又有利于维护上司的尊严。

最后,不要选择上司准备去度假、度假刚回来或吃饭、休息的时间沟通。因为,这时上司容易分散精力,心不在焉,或者作出仓促决定。

【小贴士】

回答领导问题的语言艺术

(1)巧妙回答你不知道的事。领导问你某个与业务有关的问题,而你却不知道该如何作答,千万不可以说不知道,你应该灵活应变,"让我再认真地想一想,下午3点以前给你答复好吗?""你先等一下,我的笔记本上都有记载。"这样回答不仅可以暂时为你解围,也能让领导认为你在这件事情上很用心,不过,事后可得做足功课,按时给出你的答复。

(2)巧妙回答日常生活中的事。领导有时也会问你一些与工作上无关的事,在回答问题时,讲几句富有哲理的话、俏皮话或讲一段笑话,不仅会让你们之间的谈话更活跃,甚至可以排忧解难,使某些难以解答的问题迎刃而解。

(3)巧妙回答派遣的事。领导随时都有可能给你分派任务,在领导交代时,应该责无旁贷、冷静、迅速地作出回答"我马上去处理""我一定完成好",这样的回答会让领导感觉你是一名讲究效率的好下属。

4. 灵活沟通

由于个人的素质和经历不同,不同的领导就有不同的处世风格。揣摩上司的不同风格,在交往过程中区别对待,往往会获得更好的沟通效果,如表6-1所示。

表 6-1　上司风格类型及技巧沟通

风格类型	性格特点	沟通技巧
控制型 (权力欲强)	实际,果决,求胜心切	简明扼要,直截了当
	态度强硬,要求服从	尊重权威,执行命令
	关注结果,而非过程	称赞成就而非个性或人品
互动型 (重人际关系)	亲切友善,善于交际	公开、真诚地赞美
	愿意聆听困难和要求	开诚布公地发表意见
	喜欢参与,主动营造融洽氛围	忌背后发泄不满情绪
务实型 (干事创业)	为人处世自有标准	开门见山,就事论事
	理性思考,不喜感情用事	据实陈述
	注重细节,探究来龙去脉	不忽略关键细节

5. 定位沟通

正确认识自己的角色、地位,真正做到出力而不"越位",是处理好上下级关系的一项重要艺术。越位是下级在处理与上级关系过程中常发生的一种错误。主要表现在以下几个方面。

第一,决策越位。决策是领导活动的基本内容,不同层次的领导决策权限也不同。如果本该上级做出的决策却由下级做出，就是超越权限的行为。

第二，表态越位。一个人对某件事的基本态度，往往与其特定的身份相联系，超越身份胡乱表态，是不负责任的表现，是无效的行为。

第三，工作越位。本该由上级出面才合适的工作，下级却越俎代庖、抢先去做，从而造成工作越位。

第四，场合越位。有些场合，如应酬客人、参加宴会等，应适当突出上级，下级却张罗过欢，风头出尽，也会造成越位。

6. 持续沟通

领导沟通在多数情况下并非一次性能够完成，领导沟通应该是持续不断的。组织正是在内部各部门之间以及组织与外部环境之间不断的信息传递和交流的过程中调整自己并发展壮大。尤其是在变革和危机时期，持续沟通的重要性尤为突出。如果组织成员无法通过正当的沟通渠道获得其所需的信息，就会出现小道消息满天飞的情况，即使它们毫无根据，也会严重影响组织成员的情绪。相反，如果领导者注重并致力于保持领导沟通的持续性，即使组织偶然出现决策或执行上的失误，也会被组织成员所谅解。

【小案例】

杨瑞该怎么办

三、请示与汇报的技巧

请示是下级向上级请求决断、指示或批示的行为；汇报是下级向上级报告情况，提出建议的行为。二者都是职场人士经常性的工作。

【小案例】

哪种请示汇报方式好

1. 明确程序

请示与汇报工作主要有以下几个步骤。

一是明确指令。一项工作在明确了方向和目标后，上级通常会指定专人负责此项工作。如果上级明确指示自己去完成这项工作，就一定要迅速准确地把握领导的意图和工作的重点,包括谁传达的指令(who)、做什么(what)、什么时间(when)、什么地点(where)、为什么(why),以及怎么做(how)、工作量(how much)。其中任何一点不明白,都要主动询问,并及时记录下来。最后,还要简明扼要地复述一遍,以确认是否有遗漏之处或领会有误的地方。当对领导的指令理解模糊时,绝不能"想当然";在执行任务的过程中,遇到困难或疑惑之处,也要及时跟上司沟通,以免多走弯路,贻误工作。

【小贴士】

在面对上司的指示时应确认下面几个问题

要知道上司希望做的是什么。

要知道这项任务的具体目标是什么。

要知道完成这项任务的最佳做法是什么。

要知道公司在这一项目上准备投入多少资源。

要知道怎样进行工作报告,报告中包括哪些内容,什么时候需要报告,应该向谁报告,信息要求以什么形式呈报。

二是拟订计划。在明确工作目标之后,应尽快拟订工作计划,交给领导审批。在拟订工作计划时,应详细阐述自己的行动方案和步骤,尤其是工作进度要有明确的时间表,以便领导进行监控。以制订月销售计划为例:首先,要明确下个月要达成的业绩目标;其次,要说明这些目标有多少源于老客户、多少源于新客户;最后,要说明打算通过哪些渠道,采用什么促销方案来实现这一目标。这样的月销售计划交上去,既具体可行,也方便领导及时纠正。

三是适时请教。在工作进行过程中,要及时向领导汇报和请教,让领导了解工作进程和取得的阶段性成绩,并及时听取领导的意见和建议。切不可等工作全部结束后,才将工作情况向领导和盘托出。

四是总结汇报。工作任务完成以后,应及时向领导总结汇报,总结工作中的成功经验和不足之处,以便在今后的工作中改进提高。向上司汇报自己的工作总结,既显示出对上司的尊重,也有利于展示自己的才干,为赢得上司的赏识和器重奠定了基础。

【小案例】

善于汇报的销售员

一个小伙子名叫小波,是一家酒店的销售员,颇得上司的赏识。他之所以能够得到上司的青睐,一方面是因为业绩突出;另一方面就是小波每做完一笔单子,都会以书面的形式总结出这项业务成功与失败的原因。上司对此非常满意,尽管有些单子完成得不是很出色,但上司从来没有责备过小波,相反,还经常给他提出一些合理化建议。

2. 充分准备

"凡事预则立,不预则废。"无论请示还是汇报,要想达到预期目的,事先都必须认真做好准备。

首先,要做好思想准备。向领导汇报,既要消除紧张心理,又要克服无所谓的态度,要调整情绪,树立信心,认真对待。

其次,要做好资料准备。"巧妇难为无米之炊",拥有和了解充分的资料是汇报成功的基础。如果情况不熟悉,或某方面的情况还不明了,就不能凭主观臆断、道听途说去汇报,搞所谓"领导要,我就报,准不准,不知道"形式主义那一套。只有通过调查了解,准确掌握情况,才能进行请示汇报。

最后,要搞好"战术想定"。如果是就某个特殊问题请求上司批示,自己心中至少要有两套以上的解决方案,并对其利弊了然于胸,必要时向领导阐述明白,并提出自己的主张,争取得到领导的理解和支持。如果是就某项工作加以汇报,要在明确领导意图的基础上,确定汇报主题,把握汇报重点,组织汇报材料,合理安排内容的顺序与层次;对汇报中可能出现的情况,领导可能提出的问题,要做到心中有数,绝不能仓促上阵。

3. 选择时机

除了紧急事件需及时请示、汇报外,汇报时还应注意选择以下时机:当本人分管或领导交办的工作告一段落时;工作中遇到较大困难,想求得领导帮助支持时;领导决策需要某方面的信息时;领导主动询问有关情况时;领导有空余时间时,等等。汇报不仅要注意时机,还要区别场合,可以通过会议形式正式汇报的内容,尽量不要不分场合地临时汇报;当领导公务繁忙或工作中出现困难心情烦躁时,一般不宜贸然开口汇报。应选择领导乐意听取汇报的时机进行汇报,以取得预期的效果。

4. 因人而异

在请示和汇报时下属应采取不同的方式,以适应不同领导者的风格特点。例如,对于严谨细致的领导者,要解释得详细一点,最好列举必要的事例和数据;对于干练果断的领导者,要注意言简意赅,提纲挈领;对于务实沉稳的领导者,要注意语言朴实,少加修饰;对于活泼开朗的领导者,语言可以轻松幽默一些。总之,要针对领导的个性特点,有针对性地做好请示和汇报工作。

【小案例】

冯涛的汇报技巧

市建材公司的冯涛从一个用户那里考察回来后,敲了经理办公室的门。"情况怎样?"经理劈头就朝冯涛问道。冯涛坐定后,并不急于回答经理的问话,而是显得有些心事重重的样子。因为他十分了解经理的脾气,如果直接将不利的情况汇报给他,经理肯定会不高兴,搞不好还会认为自己没尽力去办。经理见冯涛的样子,已经猜出了肯定是对公司不利的情况,于是改用了另一种方式问道:

"情况糟糕到什么程度,有没有挽救的可能?"

"有!"这回冯涛回答得倒是十分干脆。

"那谈谈你的看法吧!"

冯涛这才把他考察到的情况汇报给经理:"我这次下去了解到,这个客户之所以不用我们厂的产品,主要是因为他们已经答应从另一个乡镇建材厂进货。"

"竟有这样的事！那你怎么看呢？"

"我想是这样的,我们公司的产品应该比乡镇企业的产品有优势,我们的产品不但质量好而且价格还很公道,在该省已经具有一定的知名度……"

【点评】 向上级请示与汇报一定要掌握技巧,对不同类型的领导采用不同的汇报方式,特别是汇报时涉及坏消息,如果处理不好,可能会引火上身。冯涛的汇报技巧就是根据经理的性格特点,先给经理"打预防针",然后再顺势而为。

5. 斟酌语言

向领导汇报工作,一定要抓住重点,简短明快,而不能东拉西扯,词不达意,这样的汇报既浪费领导宝贵的时间,又令人生厌。因此,下级向领导做汇报,一定要有提纲或打好腹稿,使用精辟的语言归纳整理所要汇报的内容,做到思路清晰,观点精练,语言流畅,逻辑性强,遣词用语朴实、准确;关键语句要认真推敲;评价工作要把握好分寸,切忌说过头话;列举数字一定要准确无误,尽量避免"大概""估计""可能"之类的模糊词语。如果语言啰唆,拖泥带水,再好的内容也汇报不出应有的效果。

6. 遵守礼仪

一是准时赴约。要按照事先约定的时间到达,过早到达或迟迟不到,都是严重失礼的行为。二是举止得体。做到站有站相,坐有坐相,文雅大方,彬彬有礼。三是控制好时间。一般情况下,领导总是想先了解事情的结果,因此在汇报工作时要先说结果,再谈过程和程序。这样,汇报工作时就能达到简明扼要、有效节省时间的效果。四是注意场合。切忌在路上、饭桌上、家里汇报工作,更不能在公开场合与领导耳语汇报工作。

此外,请示与汇报还应注意:要按照下级服从上级的原则,坚持逐级请示、报告;要避免多头请示、报告,坚持谁交办就向谁请示、报告,以减少不必要的矛盾,提高办事质量和工作效率;要尊重而不依赖,主动而不擅权;请示、汇报要根据工作需要,不能仰仗、依附于领导,时时、事事都去请教或求助,要在深刻领会领导工作思路前提下,积极主动、大胆负责地开展工作。

【课堂训练】

向领导汇报关于开设分厂的可行性方案,请问汇报的重点是什么？请与同学展开讨论。

第二节 与同事沟通

处理好同事关系对每一位职场人士来说都很重要。所谓同事关系,是指同一组织内部处于同一层次的员工之间存在的一种横向人际关系。同事之间既是天然的合作者,又是潜在的竞争者(见图 6-2),这是一种微妙的人际关系,必然会产生既渴望"合作",又警觉"竞争"的复杂心理。因此,职场人士在与同事相处时,应特别注意沟通艺术。

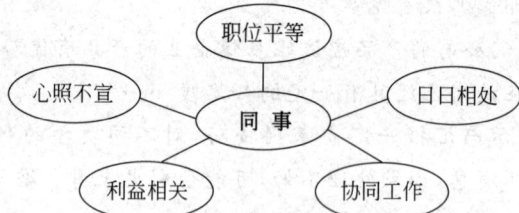

图 6-2　同事基本特征示意图

【小故事】

荀攸的智慧

　　三国时的荀攸智慧超群,谋略过人。他辅佐曹操征张绣、擒吕布、战袁绍、定乌桓,为曹操统一北方建功立业,做出了自己的贡献。在朝二十余年,他能够从容自如地处理政治旋涡中的复杂关系,在极其残酷的同僚斗争中,始终地位稳定,立于不败之地,原因就在于他能谨以安身,以忍为安,很好地处理同僚关系。他平时特别注意周围的环境,对同僚从不刻意去争高下,总是表现得十分谦卑、文弱、愚钝和怯懦。他对于自己的功勋讳莫如深。这样,他就和其他的同僚和平共处,并且深受曹操宠信,也从来没有人到曹操处进谗言加害于他,朝中朝外口碑极佳。

一、与同事沟通的要求

1. 相互尊重

　　尊重是人的需要,也是沟通的前提。职场人士的尊重需要包括团队成员给予的重视、威望、承认、名誉、地位和赏识等。每个成员都希望获得其他成员的承认,要求给予较高的评价,希望自己受到礼遇,获得较高的名誉和地位。因此,高明的领导者都十分重视尊重员工。尊重是相互的,古人语:"敬人者,人恒敬之。"因此,职场中要想得到同事的尊重,就必须首先尊重同事的人格,尊重同事的工作和劳动,尊重同事在整支团队中的地位和作用。

【小案例】

小陈为何不受欢迎

　　小陈是毕业于北京某重点大学的研究生,在单位工作几年后,由于业务能力突出被提拔为车间主任。这对他来说是一个施展才华的大舞台。但他在与别的车间主任交流时,总是流露出对这些工人出身的主任的不屑,开口闭口总是我们研究生如何、你们工人怎样,很快就把自己陷入与其他车间主任格格不入的境地,成为一个不受欢迎的人。最终不得不调换工作岗位。

2. 真诚待人

　　常言道:"精诚所至,金石为开。"同事之间要相互沟通,就必须消除不必要的戒备心理,摒弃"逢人只说三句话,不可全抛一片心"的处世原则,襟怀坦荡,以诚相见。唯有真诚,才能打开同事的心扉,才能激起思想和情感上的共鸣。反之,如果当面一套,背后一套,或者说一套，做一套，就会失信于人，引起同事的反感。

【小案例】

相 互 帮 助

3. 互谅互让

职场人士都希望有一个平和的、令人心情舒畅的工作环境。但是，同事之间由于思想认知、性格修养、观点立场等方面的差异，看问题的角度难免会有所不同，处理问题的思路与方法也不尽一致。面对这种差异和分歧，首先，不要过度争论，以免激化矛盾，影响彼此之间的关系；其次，要通过换位思考充分理解对方，并本着公平、公正、公开的原则，从工作出发、为全局着想，求同存异，互相谦让。

【小案例】

善于沟通的小雪

小雪是某大型建筑装饰集团总经理秘书。这天她正在办公室准备会议纪要，突然外面传来争吵声，她立即放下手中的工作小跑了出来。原来有两名同事因为客户的归属问题发生了争吵，两人都说客户是自己的，而且声音越吵越大。小雪平日里与同事甲的关系比较好，但她深知此事不仅关系到两位同事的个人利益，还因两人分属不同部门而关系到两个部门的业绩，如果处理不好，会造成两个部门之间的矛盾。这真是给她出了个难题！

由于总经理正出差在外，小雪先通过电话向总经理汇报此事，然后把两位同事叫到办公室，给他们倒上热茶，劝双方都冷静下来，停止争吵。经调查了解，原来是同事甲因为个人的疏忽导致客户抵达展销会现场时找到了同事乙。小雪通过电话把情况如实反映给总经理，总经理把这个订单判给了与小雪并非好友关系的同事乙。小雪在沟通协调中坚持守正持中的原则，赢得了领导和同事的赞赏；之后又通过耐心解释得到了同事甲的理解。

4. 分享成绩

同在职场中，成绩的取得与分享、利益的分配，都是大家十分关注的焦点。对于成绩，如果你在工作上有特别的表现，受到嘉奖时，千万别独享成功的荣耀。因为成绩的取得，不是哪一个人能够独自完成的，需要同事明里暗里地协助，所谓"一个篱笆三个桩，一个好汉三个帮"，成功是大家共同努力的结果。无论是有人与你争功，还是无人与你争功，你都要抱着分享、感恩的心态，才能赢得同事的好感与支持。

【小案例】

功劳是大家的

在某单位的一次公开竞聘中，左某战胜了其他几位竞争对手，当上了经理。许多同事对他表示祝贺，更有人当众夸他能力非凡。左某却坦诚地说："其实几位候选人各有长处。论管理我不如老刘，论经营我不如老叶，论公关我不如小王。"后来左某不但以诚意挽留了这几位竞争者，而且还根据他们各自的特长做出了相应的安排。宽厚的气度使他赢得了大家的尊重，也使他在工作中取得了显著成就。他上任没多久，单位就取得了很大的业绩。

【点评】 左某之所以能得到同事的支持，妙诀就是不把功劳揽在自己一个人身上，一句"功劳是大家的"，温暖的是人心，赢得的是尊重。

5. 大局为重

同事之间由于工作关系而走在一起，就形成了一个利益共同体，其中的每一分子，都要有集体意识和大局意识。因此，在与上司、同事交往时，要尽量保持同等距离，即使和某些同事情趣相投、关系密切，也不要在工作场合显现出来，以免让别的同事产生猜疑心理；在与本单位以外的人员接触时，更要形成荣辱与共的"团队形象"观念，多补台少拆台，不要为自身小利而损害集体大利；不可外扬"家丑"，对自己的同事品头论足甚至恶意攻击，影响同事的外在形象。

二、与同事沟通的方法

1. 重视团队合作

荀子说过："人力不若牛，走不若马，而牛马为之用，何也？曰：'人能群，彼不能群也。'"这段话道出了团队合作的重要性。随着社会分工越来越细，现代企业越来越重视员工之间的沟通与协调。作为企业个体，无论自己处于什么职位，在保持自己个性特点的同时，都必须能很好地融入集体。比尔·盖茨认为："大成功靠团队，小成功靠个人。"因此，在工作中同事要同心协力、互相支持、共同合作；需要大家共同完成的，要预先商定，配合中要守时、守信、守约；自己分内的事要认真完成，出现问题或差错时要主动承担责任，不拖延，不推诿；确需他人协助完成的，要使用请求的态度和商量性语气，不能居高临下、颐指气使。

2. 懂得相互欣赏

人是具有能动思维的主体。人所具有的这种特性，表现在工作中就是拥有一定的价值目标，即追求理想和信念的成功，也就是成就感。人的成就感包括职业感和事业感两方面，职业感体现为个人对本职工作的态度，事业感则体现为个人追求被群体和社会承认的较高层次的成就。因此，职场人士都有得到赞许的欲望，都希望自己的职业和工作能受到别人的重视，得到恰如其分的评价和鼓励。懂得这些，我们就能在长期共事的过程中善于发现同事的优点、长处及工作中取得的成绩和进步，并及时加以肯定和赞美。欣赏是人际关系的润滑剂，一句由衷的赞美，既可以表达对同事的尊重，又会赢得对方的好感，进而融洽彼此之间的关系。

3. 主动交流沟通

人际关系会在"互动"中发生联系和变化。要想让人际关系变得密切，注重彼此的交往是前提。因此，在紧张的工作之余不妨主动找同事谈谈心、聊聊天或请教一些问题，以便加深印象、增进了解。在主动沟通中应把握以下几点：一是选择合适的时间、场合及易引起对方兴趣的话题；二是保持诚恳、谦虚的态度；三是善于体察对方的心理变化，因势利导，随机应变；四是讲究语言艺术，选择"商量式""安慰式""互酬式"等语言并注意分寸。

4. 保持适当距离

"过密则狎，过疏则间"，同事之间保持适当距离，对人处世才可能客观、公正。每个人都有自己的私人空间，搞好职场人际关系并不等于要无话不谈、亲密无间。有时同事之间摩擦不断、矛盾重重，恰恰是由于交往太过密切、随意，侵犯了别人的隐私。所以，当个人生活出现危机时，不要在办公室随意倾诉；要尊重同事的权利和隐私，不打探同事的秘密，不私自翻阅同事的文件、信件，不查看对方的计算机；对同事不过多地品头论足，更不要做搬弄是非的饶舌者。

【小案例】

焦先生的后悔

焦先生刚刚调入某局一个月，一个月来由于他处处小心做事，每每笑脸相迎，所以同事们对他的态度也颇为友善，竟不曾遇到他所担心的任何麻烦。一天，全科室的人决定一块儿去餐厅聚餐以度周末，也邀请了焦先生。席间大家有说有笑，无所不谈，其中有一名同事与焦先生最谈得来，几乎把局里的种种问题，以及科里每位同事的性格、缺点都尽诉无遗。焦先生一时受宠若惊，加之对局里的人事一无所知，很珍惜这样一位"知无不言，言无不尽"的同事，彼此显得相当投机，于是开始放松自己的防卫，便将一个月来看到的不顺眼、不服气的人和事通通向这位同事倾诉而后快，甚至还批评了科里一两个同事的不足之处，借以发泄心中的怨气。

不料这位同事竟是个翻云覆雨之人，不出几日便将这些"恶言"转达给了其他同事，这令焦先生狼狈至极，也孤立至极，几乎在科里没了立足之地。这时焦先生才如梦初醒，悔不该一时激动没管好自己的嘴巴，忘记了"来说是非者，必是是非人"这样一个浅显的道理。

【点评】 初到新环境中，必须学会与同事保持一定距离，凡事中道而行，适可而止。在大家面前不要轻易显露行动及言行，学习做个聆听者，"人不犯我，我不犯人"，公平对待每一位同事，避免建立任何小圈子，对谣言一笑置之，深藏不露，如此才能尽快适应新环境，打开新局面，成为办公室中的生存者，而非受害者。

三、与同事沟通的禁忌

同在一个单位，甚至同处一个办公室，每天都要见面谈话，谈话的内容可能无所不包，涉及工作内外的方方面面。因此，在日常沟通中如何把握分寸，就成了不可忽视的一个环节。

与同事沟通
的禁忌

1. 不谈论私事

办公室不是互诉心事的场所，虽然这样的交谈富有人情味，能使彼此之间变得亲切、友善。据调查，只有不到1%的人能够严守别人的秘密。因此，当自己的生活出现危机，如失恋、婚变等问题,不宜在办公室里倾诉;当自己的工作出现危机,如工作不顺利,对老板、同事有意见,更不应该在办公室里向人袒露。我们不能把同事的"友善"和朋友的"友谊"混为一谈,以免影响正常的工作秩序和自身的形象。

2. 不好争喜辩

同事之间在某些问题上发生分歧很正常,尤其是在座谈、讨论等场合。当别人提出不同意见时,要尊重对方,认真倾听,不随意打断,不急于反驳,在清楚了解对方观点及其理由的前提下,语气平和地陈述自己的观点,并提供支持的理由。切不可抱着"胜过对方"或"证明自己是对的,对方是错的"的心态一味地争执下去,否则就会影响彼此关系,伤害他人自尊。

3. 不传播"耳语"

所谓"耳语",即小道消息,是指非经正式途径传播的消息,往往传闻失实,并不可靠。在一个单位里,各方面的"耳语"都可能有,事关上司的"耳语"可能更多。这些耳语如同噪声一般,影响着人们的工作情绪。对此,应该做到"三不":不打听、不评论、不传播。

4. 不过分表现

表现自己没有错误。在现代社会,充分发挥自己潜能,表现出自己的才能和优势,是适应挑战的必然选择。但是,表现自己要分场合、分方式,美国戏剧评论家威廉·温特尔说过:"自我表现是人类天性中最主要的因素。"人类喜欢表现自己就像孔雀喜欢炫耀美丽的羽毛一样正常,但刻意的自我表现就会使热忱变得虚伪,自然变得做作,最终的效果还不如不表现。

【小案例】

小马的表现

小马是一家大公司的高级职员,平时工作积极主动,表现很好,待人也热情大方。但一天,一个小小的动作却使他的形象在同事眼中一落千丈。那是在会议室里,当时好多人都等着开会,其中一位同事发现地板有些脏,便主动拖起地来。而小马似乎有些身体不舒服,一直站在窗台边往楼下看。突然,他走过来,一定要拿过那位同事手中的拖把,本来地差不多已拖完了,不再需要他的帮忙,可小马却执意要求,那位同事只好把拖把给了他。

刚过半分钟,总经理推门而入。看见小马正拿着拖把勤勤恳恳、一丝不苟地拖着。这一切似乎不言而喻了。从此,大家再看小马时,顿觉他虚假了许多。以前的良好形象被这一个小动作一扫而光。

【点评】 在工作中,往往有许多人掌握不好热忱和刻意表现之间的界限。不少人总把一腔热忱的行为演绎得看上去像是故意装出来的,也就是说,这些人学会的是刻意表现自己,而不是真正的热忱。热忱绝不等于刻意表现。在需要关心的时候关心他人,在应当拼搏的时候努力付出,真诚自然,谁都会赞许;而不失时机甚至抓住一切机会刻意表现出自己"与群众打成一片""关心别人""是领导的好下属",则会让人觉得虚假而不愿与之接近。

5. 不当众炫耀

在人际交往中,任何人都希望得到别人的肯定评价,都在不自觉地维护着自己的形象和尊严。如果当众炫耀自己的才能、长相、财富、地位等优势,处处显出高人一等的优越感,那么无形之中就是对他人自尊与自信的挑战与轻视,会引起别人的排斥心理乃至敌对情绪。因此,在与同事相处过程中,应该谨小慎微,认真做事,低调做人,即使自己的专业技术十分过硬,深得老板赏识和器重,也不能过于张扬。

◎【小案例】

爱吹嘘的多娜小姐

多娜小姐刚到公司的时候,最喜欢吹嘘自己以往在工作方面的成绩,以及自己每一个成功的地方。同事们对她的自我吹嘘非常讨厌,尽管她说的都是事实。她与同事们的关系因此弄得很僵,为此,多娜小姐很烦恼,甚至无法在公司里继续工作了。

她不得不向职业专家请教。专家在听了她的讲述之后,认真地说:"唯一的解决方法就是隐藏你自己的聪明以及所有优越的地方。他们之所以不喜欢你,不是因为你比他们更聪明,而是你常常将自己的聪明向他们展示。在他们的眼中,你的行为就是故意炫耀,他们的心里难以接受。"多娜小姐顿时恍然大悟。她回去后严格按照专家的话要求自己。从此,她不再向对方滔滔不绝地把自己的成绩讲出来,而只是在对方问她的时候,才谦虚地说一下自己的成绩。很快,公司同事们就改变了对她的态度,慢慢地,她成了公司最有人缘的人。

【点评】 可见,炫耀让人讨厌,谦虚赢得信赖。你尊重别人,别人才会尊重你,才能与同事建立良好的关系。

6. 不直来直去

我们常常认为心直口快是一种难得的品质,有话就说,直来直去,给人以光明磊落、酣畅淋漓之感。其实,不分场合、不看对象的直率,往往也会成为沟通的障碍,特别是当我们有求于对方或者发表不同见解的时候,更不能直来直去,甚至颐指气使。

◎【小案例】

当面"指点江山"的后果

年底,市场部组织了一场关于公司产品与服务的公开宣讲活动,由几位老员工主讲。市场一部的经理秘书小王与市场二部的经理秘书小穆负责整场活动的督查工作。有一位同事的讲解不尽如人意,秘书小王不待这位同事把课讲完,便当着新员工的面对其"指点江山",引得新员工不住地张望议论。台上的同事面色阴沉,十分尴尬。他打断小王的话,生气地说:"你行,你来讲吧!"说完愤然离去。同样是对公开宣讲经验不足的同事,秘书小穆则在事后把有关同事叫到无人的场合,再一一指正其不足之处。

7. 不随便纠正或补充同事的话

日常交流过程中,可以对某个问题发表自己的见解,但不要随意纠正或补充同事的话,除非工作需要或对方主动请教。否则,会有自以为是、故作聪明之嫌,也会在无意中损伤对方的自尊心。

【课堂训练】

以下是一些新员工对于处理人际关系的看法，请加以分析。

（1）我觉得最重要的就是要搞好和领导的关系，因为凡事到最后总是领导说了才算的，其他同事怎么看倒是次要的，反正他们决定不了什么。

（2）我所在的大公司，人际关系是非常复杂的，我一个新员工还是远离纷争的好，免得惹火上身。

（3）我想关键还是把握好"度"的问题。和上司也好，和同事也好，关系分寸把握得当，不卑不亢，才能赢得大家的认同和支持。

【小案例】

怎样与同事沟通

第三节　与下属沟通

一、下达命令的技巧

【小贴士】

注意表达方式

"喂，你进来一下。"

"小王，请你进来一下。"

"小李，把盘子洗一下。"

"小李，麻烦你把盘子洗一下。"

【思考题】 以上表达方式哪种更受员工的欢迎？主管对员工下达命令时应掌握哪些技巧？

命令是领导对下属特定行动的要求或禁止。它也是沟通的一种，只是命令带有组织阶层上的职权关系，它隐含着强制性，会让下属有被压抑的感觉。若领导经常都用直接命令的方式要求员工做好这个，完成那个，也许单位（部门）看起来非常有效率，但是工作质量一定无法提升。为什么呢？因为直接命令剥夺了下属自我支配的权利，压抑了下属的创造性思考和积极负责的心理，同时也让下属失去了参与决策的机会。命令虽然有缺点，但要确保下属能朝着组织确定的方向与计划执行，命令是绝对必要的行为。命令的目的是要让下属按照领导的意图完成指定的行为或工作，因此下达命令时应该考虑下列两点。

一是正确传达命令意图。下达命令时,要正确地传达命令;不要经常变更命令;不要下自己都不知道缘由的命令;不要下过于抽象的命令,让下属无法掌握命令的目标;不要为了证明自己的权威而下命令。

二是如何使下属积极接受命令。为了提升下属积极接受命令的意愿,领导可用提升下属意愿的沟通方式替代大部分的命令。对"命令"的含义我们应该打破固有的窠臼,不要陷于"命令—服从"的固有认知。命令应该是领导让下属正确了解他的意图,并让下属容易接受并愿意去执行的一种沟通方式。下属惧于领导的职权就必须执行命令,但有意愿执行与没意愿执行,其执行的结果会产生很大的差异。有意愿执行的下属,会尽全力把命令的工作做好;没意愿执行的下属,心里只想能应付过去就好。提升下属执行命令的意愿,必须注意下列五个传达命令的沟通技巧。

1. 态度和善,用词礼貌

作为一名领导,你在与下属沟通的时候可能会忘记使用一些礼貌用语,如"小张,进来一下""小李,把文件送去复印一下",这样的用语会让下属有一种被呼来唤去的感觉,缺少对他们起码的尊重。因此,为了改善和下属的关系,使他们感觉自己更受尊重,你不妨使用一些礼貌的用语,如"小张,请你进来一下""小李,麻烦你把文件送去复印一下"。要记住,一位受人尊敬的领导,首先应该是一位懂得尊重他人的人。

2. 突出工作任务的重要性

下达命令之后,可以告诉下属这件工作的重要性,例如:"小王,这次项目投标是否能成功,将决定我们单位今年在总公司的业绩排名,对我们来说至关重要。希望你能竭尽全力争取成功。"通过告诉下属这份工作的重要性,来激发下属的成就感。

3. 给下属更大的自主权

一旦决定让下属负责某一项工作,就应该尽可能地给他更大的自主权,让他可以根据工作的性质和要求,更好地发挥个人的创造力。例如:"这次展示会交由你负责,关于展示主题、地点、时间、预算等请你作出一个详细的策划,下星期你选一天我们要听取你的计划。"还应该让下属取得必要的信息,例如:"财务部门我已经协调好了,会给你提供一些必要的报表。"

4. 共同分析、探讨对策

即使命令已经下达,下属已经明白了自己的工作重点,领导也已经相应地进行了授权,也切不可就此不再过问事情的进展,尤其是当下属遇到问题和困难,希望领导协助解决时。领导应该意识到,他之所以是你的下属,就是因为他的阅历、经验可能还不如你。这时领导应该和下属一起共同分析问题,探讨状况,尽快提出一个解决方案。可向下属提出疑问,询问下属有什么想法及意见,例如:"小王,关于这个投标方案,你还有什么意见和建议吗?"领导可采纳部下的意见,并称赞他。例如:"关于这点,你的意见很好,就照你的意见去做。"

【小贴士】

下达命令的"四性"

二、与下属谈心的技巧

在实际管理工作中，领导者往往只重视自身的带头示范作用，却忽视了跟员工的沟通，尤其是上下级之间的真诚谈心。

1. 贴近下属，寻求沟通

下级对上级，往往存在各种各样的心态：试探、戒备、恐惧、对立、轻视、佩服、无所谓，等等。有的员工在上级面前唯唯诺诺、不敢妄言，在同事面前则落落大方、侃侃而谈。因此，身为领导应该避免使用命令、训斥的口吻讲话，要放下架子，以平易近人、亲切和蔼的姿态去寻求沟通，如经常深入基层和员工之中，通过召开座谈会、个别访谈、即时聊天等形式，了解员工关心的焦点问题，征求员工的意见和建议，关心员工的工作和生活。只有这样，下级才会对其敞开心扉，畅所欲言。

【小案例】

善于沟通的奥田

奥田是丰田公司第一位非丰田家族成员的总裁，在长期的职业生涯中，奥田赢得了公司内部许多人士的深深爱戴。他有 1/3 的时间在丰田城里度过，常常和公司里的多名工程师聊天，聊最近的工作，聊生活上的困难；另有 1/3 的时间用来走访 5000 名经销商，和他们聊业务，听取他们的意见。

2. 仔细倾听，适时提问

沟通艺术的核心在于仔细倾听和适时提问。一个优秀的领导人应该具备"作为一个听者所拥有的非凡技能"和一针见血地提出问题的能力。通过聆听，充分体味下属的心境，了解其传达信息的全部内容；通过提问，促进沟通的深化，探究其传达信息的深层内涵。二者均可为准确分析反馈信息、调整管理方式提供客观依据。因此，在谈心过程中，领导者要尽量少说多听，不随意插话，不轻易反驳；提问要言语简洁，要等对方说完或者说话告一段落时再发言。

3. 设身处地，换位思考

站在他人立场上分析问题，能给人善解人意、体察入微的印象。这种投其所好的技巧常常具有极强的说服力。要做到这一点，知己知彼十分重要，唯有知彼，方能从对方立场上考虑问题。这就需要领导者经常深入基层开展调研，及时了解和掌握下属的思想动态与其关心的利益所在。在谈心时，要善于联系对方的身份、职位和目前的工作、生活境况去揣摩对方的心理,做到想对方之所想,急对方之所急,从而真正地理解对方的思想观点。

💡【小案例】

关　　心

财务部陈经理结算了一下上个月部门的招待费,发现有一千多元钱没有用完。按照惯例他会用这笔钱请手下员工吃一顿,于是他走到休息室叫员工小马通知其他人晚上吃饭。

快到休息室时,陈经理听到休息室里有人在交谈,他从门缝看过去,原来是小马和销售部员工小李两人在里面。

"呃。"小李对小马说,"你们部门陈经理对你们很关心嘛,我看见他经常用招待费请你们吃饭。"

"得了吧。"小马不屑地说道,"他就这么点本事来笼络人心,碰到我们真正需要他关心、帮助的事情,他没一件办成的。拿上次公司办培训班的事来说吧,谁都知道假如能上这个培训班,工作能力会得到很大提高,升职的机会也会大大增加。我们部门几个人都很想去,但陈经理却一点都没察觉到,也没积极为我们争取,结果让别的部门抢了先,我真的怀疑他有没有真正关心过我们。"

"别失望了。"小李说,"走,吃饭去吧。"

陈经理只好满腹委屈地躲进自己的办公室。

【思考题】　本案例中,陈经理与部下在沟通上存在什么问题?假如你是陈经理,你会怎么做?

4. 拉近距离,平等交流

谈心伊始,要特别重视开场白的作用。可以先拉几句家常,开一些善意的玩笑,以消除对方的拘束感,拉近双方心理上的距离,然后再慢慢引出正题。在阐述自己观点时,要用平等的姿态,晓之以理,动之以情,不以势压人,不训斥命令;音量适中,语气平和,语调自然,态度和蔼;手势或动作幅度不宜过大;多采用商量性的口吻,如"你觉得我的话有道理吗?""你同意我的意见吗?"等。

📦【小故事】

将军与士兵

三、调解下属矛盾的方法

只要有人的地方,就必然会有矛盾与冲突发生,而矛盾与冲突的结果,不但会破坏人与人之间的和谐关系,而且会削弱一个集体的凝聚力和战斗力,降低整支团队的声誉和绩效。因此,领导者的日常管理活动之一就是处理下属之间的矛盾与冲突。

【小案例】

握 手 言 欢

那么,怎样正确处理下级之间的矛盾,营造和谐、积极的工作氛围呢?

1. 事前有预案

识别冲突,调解争执,是管理者最重要的能力之一。当发现下属间发生冲突时,如果盲目调和,往往收效甚微,搞不好还会火上浇油,弄巧成拙。因此,要对冲突的原因、过程及程度等细节做详尽了解后,研究制定出可行的调解方案,并按方案进行调和。

2. 大局为重

现代社会的一个重要特点就是分工严密,这种模式可以提高工作效率,但同时也带来了一个不可避免的缺陷,就是缺乏彼此之间的相互了解。在诸多的矛盾冲突中,虽然双方在各自的利益上产生纷争,但共同的目标还是一致的,因此管理者应让冲突双方清醒地意识到,单纯地指责对方是无济于事的,只有相互配合、密切协助才能解决纷争,才能实现团队的共同目标。事实上,当双方均以单位的整体利益为重时,心中的怒气就会化为乌有。

3. 换位思考

在局部利益冲突中,双方所犯的错误多半是因为只考虑自己,以自己为中心,而不能体谅对方。让他们互相了解并体谅对方的最好办法,莫过于让他们能站在对方的立场上去考虑问题。当双方做到这一点后,可能就会握手言和、心平气和地协商一种积极性的解决冲突方法。孔子说:“己所不欲,勿施于人。”这正是其设身处地、从对方角度看问题而得出的结论。

4. 折中调和

领导是下属之间矛盾的最终仲裁者。仲裁者要保持权威,就必须坚持公平、公正的原则。如果偏袒一方,就会使另一方产生不满和对立情绪,进而加剧矛盾,甚至将矛盾转化为上下级之间的矛盾,使矛盾性质发生变化。所以,冷静公允,不偏不倚,是处理下属矛盾时最起码的原则,尤其是在调节利益冲突时更要注意这一点。此外,很多情况下冲突双方均各有道理,但又各执一词,很难判断谁是谁非,此时,折中协调、息事宁人是最好的解决办法。

5. 创造轻松气氛

发生冲突双方均抱有成见和敌意,所以在进行调解时选择一个能缓和气氛的场合十分重要。调解不一定要在会议上、办公室里进行,有时在餐桌上、咖啡厅、领导家里效果反而会更好。

总之,下属之间的矛盾冲突是多样的,调和的办法不能千篇一律,要在实际工作中根据不同的冲突对象、起因及程度采用灵活的技巧来加以调解。

【课堂训练】

从《杜拉拉升职记》学职场沟通

《杜拉拉升职记》改编自李可的同名小说，由中国电影集团出品。该片是由徐静蕾执导，黄立行、吴佩慈、莫文蔚等出演的都市爱情片。影片讲述了职场女性杜拉拉在外企经历8年，从一个职场菜鸟，到见识各种职场变迁及职场磨炼，最终成长为一个专业干练的 HR 经理，同时收获爱情的故事。请组织观看此影片，从中学习和总结职场沟通的技巧。

课后练习

1. 案例分析。

扫描二维码，阅读案例原文，然后回答每个案例后面的问题。

2. 作为大学生，应为走向社会做好准备。从你的暑期打工经历或周围朋友那里收获一些工作中与上级、下属和同事之间沟通的经验，在课堂上讲给同学们听听。

3. 从老师与学生、同事、领导的沟通中体会：①领导如何与下属沟通；②同事之间如何沟通；③下属如何与上级沟通。

4. "张秘书，请你将这份调查报告复印两份，于下班前送到总经理办公室交给总经理，请留意复印的质量，总经理要带给客户参考。"请根据 5W2H 法进行分析，体会该命令所传递的重点意图。

5. 设想自己实习或大学毕业来到一个新的工作环境，面对初次见面的领导和同事，应该说的话和说话的技巧。

第七章 跨文化沟通

入境而问禁,入国而问俗,入门而问讳。

——《礼记·曲礼上》

企业管理过去是沟通,现在是沟通,未来还是沟通。

——[日]松下幸之助

学习目标

- 了解文化的含义及其沟通;
- 掌握跨文化与跨文化沟通的含义;
- 理解跨文化沟通的主要障碍;
- 掌握克服跨文化沟通障碍的策略;
- 了解主要国家的行为习惯、思维方式和做事方式等;
- 努力与不同国家的人自如地沟通。

案例导入

电影《刮痧》所演绎的文化冲突

故事发生在美国中部密西西比河畔的城市圣路易斯。许大同来美八年,事业有成,家庭幸福。在年度行业颁奖大会上,他激动地告诉大家:我爱美国,我的美国梦终于实现!但是,随后降临的一件意外却使许大同如梦初醒。

五岁的丹尼斯闹肚子发烧,在家的爷爷因为看不懂药品上的英文说明,使用中国民间流传的刮莎疗法给丹尼斯治病,而这就成了丹尼斯一次意外事故后许大同虐待孩子的证据。

法庭上,一个又一个意想不到的证人和证词,使许大同百口莫辩。而以解剖学为基础的西医理论又无法解释通过口耳相传的经验中医学。面对控方律师对中国传统文化与道德规范的"全新解释",许大同最后终于失去冷静和理智……法官当庭宣布剥夺许大同的监护权,不准他与儿子见面。

恼怒的许大同与朋友昆兰之间产生误解和冲突;为让儿子能留在家里得到母亲的照顾,许大同搬出了家;父亲也决定回国,为了让老人临行前再见一面孙子,许大同从儿童监护所偷出儿子丹尼斯到机场送别。受到通缉的许大同带着儿子逃逸,和大动干戈围追堵截的警察兜圈子,玩了一场追车游戏,"从容地"在逃亡中享受父子团聚的片刻快乐。

父子分离,夫妻分居,朋友决裂,工作丢失……接连不断的灾难噩梦般降临,一个原来美好幸福的家庭转眼间变得支离破碎,努力多年、以为已经实现了的美国梦,被这场从天而降的官司彻底粉碎。贫民区的破旧公寓里，偷偷相聚的大同夫妇借酒浇愁，抱头痛哭。

圣诞之夜，许大同思家团圆、盼子心切，只有铤而走险，装扮成"圣诞老人"，从公寓大厦楼外的水管向高高的 10 楼——自己家的窗户悄悄爬去，结果引来警车呼啸而至……

【思考题】 导致许大同沟通失败的主要原因是什么？什么是跨文化沟通？

随着世界经济发展的日益全球化，我们必然会面临跨文化沟通的问题。无论是正在进入国内市场的外资企业，还是正在为寻求市场多元化开拓国际市场的跨国中资企业，各级人员都必须掌握跨文化沟通的技能。虽然我们所处的地球已经变成一个"村落"，而且由于现代通信技术和交通的发展，"村民"之间的交往也变得更加容易，但是沟通障碍和冲突却时有发生。这其中的原因很简单：全球范围内，信息和技术可以共享，但是文化却彼此不同。各民族的文化迥异，家庭、习俗、思维、价值观等也互有差异，沟通时便会产生困难和误解。因此，学习跨文化沟通技巧对不断走向国际化的每个中国人都显得异常重要和迫切。

文化与
跨文化沟通

第一节　文化与跨文化沟通

一、文化的含义及其构成

1. 文化的含义

"文化"一词，在德文中为 kultul，在英文中为 culture，它们都源于拉丁文 cultura，意为耕作、培养、教育、发展、尊重。18 世纪以后，其含义逐步演化为个人素养，整个社会的知识、思想方面的素养，艺术、学术作品的汇集，以及引申为一定时代、一定地区的全部社会生活内容。最先给文化下定义的是英国的人类学家泰勒，他认为，文化和文明就其广泛性而言，是一个复杂的整体，包括知识、信念、道德、风俗及作为社会成员的人所获得的才能与习惯。

到了现代，关于文化这一概念的定义更加多样。据学者们统计，到 21 世纪初，仅用英语下定义的文化概念就达 160 多种。许多管理学家对文化比较一致的看法是：文化就是人们的生活方式和认知世界的方式。人们总是遵循他们已经习惯的行为方式，这些方式决定了他们生活中特定规则的内涵和模型，社会的不同就在于它们文化模式的不同。从一般意义上说，文化可以定义和表示为人们的态度与行为，它是代代相传的对于存在、价值和行为的共识。

2. 文化的构成

美国著名组织行为学家薛恩在其名著《组织文化与领导》中，将文化分解为由表象至基础的三个层面。在创建组织文化时，人们由基础往顶层砌筑；但在认识它时，却是由可见的表层，逐层深挖到它隐含的基础。这三个文化层面就是：①表层。包括一些可见的事实，如成员的行为模式，许多有形且具有象征性标识意义的事物。如企业使命说明、口号标语、礼仪典章规范等可以感知的软件和硬件。②中层。包括群体或组织共同信奉与提倡的精神、原则等,是对表层所含内容的解释与说明。③基础(核心)层。是指那些人们外显行为的基本假设和理念。

许多跨文化管理专家从文化的三个层次角度出发,把文化比喻成冰山的尖顶,但它们处在某些"不可见"的支撑物之上,而支撑物又隐藏在表面之下,就是价值和假设。

价值是一种文化中的人们所具有的规定社会行为得体与不得体的准则。换句话说,价值指明哪些行为合适,哪些不合适。文化的价值是从一代向另一代传递的过程,人们从出生之时就开始学习文化的价值,随着时间的推移,这些价值不断通过父母、教师、同伴、媒体等得以强化。

价值起源于社会成员对生活的假设。人类学家认为,一个社会生活的假设来自社会成员适应周围世界的尝试。随着时间的推移,通过实验性地分化为哲学、方法和观念,出现了这些有关生活的基本假设。我们与文化背景不同的人相处时,发生问题的诱因也多为各自文化中被深藏的一面,如价值观、信仰、思考及沟通模式等。这些看不见的文化差异,往往在跨文化关系中表现出来。

二、跨文化与跨文化沟通

文化若按层次分类,可分为国家文化、组织文化和个人文化。国家文化也可细化为民族文化、地域文化等类型。

跨文化又叫交叉文化,是指具有两种及两种以上不同文化背景的群体之间的相互作用。一般而言,跨文化管理问题的成因是国家文化、地域文化、组织文化、个人文化等文化元综合作用的结果,但必有一个文化元居主导地位。当双方企业都有自身的组织文化时,企业文化很可能是造成跨文化管理障碍的主导文化元,因为它是其他文化元的缩影。当双方企业没有自身的组织文化时,民族文化、地域文化、个人文化可能会是跨文化管理障碍的主要形成因素,至于是哪种文化,则具体情况具体分析。

当同一国家的不同企业进行合作性经营时,构成跨文化的文化元主要是地域文化、组织文化;当不同国家的企业开展合作性经营时,构成跨文化的文化元主要是国家文化、民族文化。

跨文化沟通是指发生在不同文化背景下人们之间的信息和情感的互相传递、交流和融合的过程。文化在很大程度上影响和决定了人们如何将信息编码、如何给信息赋予意义以及是否可以发出、接收、驾驭各种信息。在跨文化沟通中,由于信息发送者和信息接收者为不同文化背景下的成员,所以在一种文化中的编码,要在另一种文化中解码,因此,整个沟通过程都受到文化的影响。

【小案例】

双语商标

第二节　跨文化沟通障碍及克服方法

一、影响跨文化沟通的障碍分析

1. 认知层面

来自不同文化背景的管理者和员工在沟通时,思维方式常常建立在自己的认知层面上,正是这些看似合理的认知常常导致跨文化的沟通障碍。

(1)类我效应。从沟通的角度来说,即人们不管文化、情境如何,总是假定他人与自己有相似的思维与行为。这种常常以自己的文化规范和标准作为参照系,去评估另一种文化中的人的思维方式与行为习惯的做法非常普遍。但其实人与人之间是存在差异的。

(2)首因效应。"第一印象"固然重要,但在跨文化背景下,会成为知觉障碍的主要原因。人们之所以重视第一印象是因为在自己熟悉的环境中,经验的重复出现及人们具有某些规则性的行为表现,为人们的判断提供了可借鉴的先例。但是,在跨文化环境中,如果仍然相信自己的第一印象,就会导致先入为主的错觉。

2. 语言层面

不同的语言源于不同的文化,每种语言都有独特的文化内涵。在跨文化沟通中,语言的多样性与复杂性常常是造成沟通障碍的主要原因。沟通中语言的障碍常常表现在语义和语用两个方面。

(1)语义方面。我国一家生产"白象"牌电池的企业在进军国际市场时,把其品牌直接翻译为 white elephant,致使该产品在国际市场上无人问津。因为 white elephant 在英语中是"无用"的意思。这一例子告诉我们,即使是相同的语言,在不同的文化中也可能有不同的语义。

(2)语用方面。不同的语言有不同的语用规则,忽视规则的差异性,在跨文化沟通中势必会引起沟通的障碍,产生不必要的误会和矛盾。

【小幽默】

哪里,哪里

有一次,中国某企业家携夫人访美,美方接待人员在机场迎候时说:"Your wife is very beautiful."(您的夫人非常漂亮。)国内企业家说:"哪里,哪里。"不料美方译员的中文水平不高,直译为:"Where? Where?"逼得美方接待人员抓紧说:"Everywhere."(到处都漂亮。)结果使得双方都很不痛快。

【点评】　从这则笑话我们看到,一开始美方按自己的文化习惯说话,可这对中国人来讲不妥(因为中国人不喜欢别人评论自己的妻子)。而我国企业家的回答则正好反映了中国人这种表示谦虚的文化心理,结果双方都按自己的文化习惯说话,造成误解。如果美方一开始按照中国人的方式来问候,如"一路辛苦了",或者我国企业家听到问候后回答:"Thank you."(谢谢。)就不会产生误解了。

3. 非语言层面

在跨文化沟通中，人们更多地使用非语言沟通形式。不同文化背景的国家对非语言的使用偏好不同。在高情境文化的国家，沟通双方非常重视非语言沟通，而在低情境文化的国家，人们较多地使用直接性的沟通方式，运用大量明确清晰的语言传递信息。不同文化背景的个人对相同的非语言表达形式的理解也存在差异。例如，掌心向下的招手动作，在中国主要是招呼别人过来，在美国是叫狗过来；绝大多数的国家都是以点头方式来表示赞成，但在印度、尼泊尔等国则以摇头表示肯定，即一面摇头，一面微笑表示赞成、肯定之意。因此，如果双方缺乏对对方文化背景的了解，就会造成沟通障碍。

4. 沟通风格层面

虽然全世界人们的沟通过程基本相同，但不同文化背景下人们的沟通风格却具有很大的差异。所谓沟通风格，就是人们在沟通过程中将自己展现给对方的方式，它包括自己喜欢谈论的话题，最喜欢的与人交往方式，如礼仪、应答方式、辩论、自我表白及沟通过程中双方希望达到的深度等，还包括双方对同一沟通渠道的依赖程度（即靠语言或非语言），以及对相同意思的理解主要是靠信息的实际内容还是靠情感的内容等。

跨文化沟通是一个双向、互动的过程，如果相互之间的沟通风格不同，就可能给沟通带来问题。如在对强烈情绪的表露方面，美国人喜欢通过交谈、辩论来发泄心中的积愤澄清事实，而地中海地区的许多国家则倾向于使用身体语言，如用哭泣来表达强烈的情绪。在另外一些国家，如日本人就不喜欢向别人表露自己的情绪。

5. 价值观层面

价值观代表着基本的信仰：个人或社会接受一种特定的行为或终极存在方式，而摒弃与其相反的行为或终极存在方式。价值观是文化的重要内容，它既是反映民族性格的基础，也是一个民族的文化核心。价值观对人的沟通产生深刻影响，不同文化背景下的人具有不同的价值观，即使在同一文化背景下，人的价值观也不尽相同。因此，不了解对方的价值观，势必造成跨文化沟通障碍。霍夫斯泰德按他提出的四个维度将53个国家和地区的个人主义与集体主义价值观进行比较排序，其结论是"亚洲国家更崇尚集体主义，强调集体和社会的紧密联系。欧洲和北美洲等国家个人主义指数偏高，集体和社会关系松散。这些差别在企业的跨文化商务沟通中有着很大的影响"。

6. 民族优越感层面

当人们相信本国文化的各项条件最优时，就出现了民族优越感的倾向。在每一种文化中的大多数人都会无意识地形成自己的民族优越感。民族优越感之所以对跨文化人际沟通造成障碍，主要是因为：首先，对自己文化的民族优越感信念会形成一种狭隘性和防御性的社会认同感；其次，民族优越感会让人们以定型观念来感知其他文化；最后，民族优越感会使沟通者在将自己的文化与其他文化对比时，总认为自己的文化是正常的，自然得出其他文化不正常的结论，因此会总是吹捧自己的文化而贬低其他的文化。

7. 文化成见层面

文化成见是一种描述，表现的是一种群体性思维特征，它作为一种区分文化差异的手段,为人们了解不同的文化提供了便捷的方法。但文化成见最大的害处就是过分简化和类化,往往造成刻板、以点概面、以偏概全的错误。文化成见之所以会阻碍跨文化沟通,是因为:第一,它假设一个群体中的所有成员都具有相同的特征,忽视了个体的特点和差异性;第二,由于过度地简化、类化和人为地夸大或缩小某种群体文化,使沟通者之间不能进行成功的交流;第三,由于不断地重复和强调单一群体文化,会使某种定型观念变为"真理",从而阻碍跨文化沟通。

🔍【小案例】

日本公司的成见

20世纪30年代,一家日本公司从美国进口一台工业机床。一个月后,美国厂商收到日本公司发来的电报:"机床无法使用,请速派一位调试人员协助调试。"

美国厂商马上派一位专家去日本帮助调试,但日本公司很快又发来一封电报:"贵方派来的调试人员太年轻,请重新派遣一位有丰富经验的调试人员。"

美国厂商的回复出人意料:"请贵公司放心接受该调试人员的服务,该调试人员是贵公司所购机床的发明人。"

这是日本公司的成见,在事实面前日本公司哑口无言。

二、跨文化沟通障碍的克服

1. 加强学习,合理预期

通过加强跨文化沟通对象的语言学习和非语言学习,对其他文化的背景形成合理的预期,从而正确地认知其他文化的特点。

跨文化沟通
障碍的克服

语言学习上要求能流畅地运用其他文化的语言进行沟通,主要是英语,消除语言不通给沟通带来的障碍;要学习该语言的语义和正确用法,了解在其他文化背景下所代表的特殊含义,只有这样才不会用错语境,避免错误的语义带来不必要的误解和损失。

非语言学习包括肢体语言以及国际商务的基本礼仪,要了解常用的问候方式,如握手、鞠躬、双手合十等动作的正确含义。

除此之外,还要学习该民族的文化、历史、人文等社会知识,全方位了解其他文化的丰富内涵,只有这样才能在其他文化背景下沟通应对自如。

🚩【小贴士】

留学生为何交白卷

近期,网上流传这样一段话。

一留学生来我国留学4年,主攻汉语,临毕业,参加中文晋级考试,题目很少,暗喜,再仔细一看,懵了,题目如下。

请写出下面两句话的区别在哪里。

(1)冬天,能穿多少穿多少;夏天,能穿多少穿多少。

(2)剩女产生的原因有两个:一是谁都看不上;二是谁都看不上。

（3）女孩给男朋友打电话：如果你到了，我还没到，你就等着吧；如果我到了，你还没到，你就等着吧！

（4）单身的原因：原来是喜欢一个人，现在是喜欢一个人。

留学生泪流满面，交白卷后回国了。

【思考题】 留学生为什么会交白卷后回国了？试题中每句话的真实含义是什么？

2. 加深理解，排除成见

要理解对方文化，首先要承认不同的个体及不同的文化之间存在着许多差异。认识到这种差异的存在及其特性，并积极接受这种差异，才能加深对其他文化的理解；其次要正确认知自己，消除优越感和种族中心主义的偏见，消除自我与环境相分离的状态，文化没有高低贵贱之分，要学会尊重对方的文化，不要以自身的文化标准来判断他人的行为；最后要站在他人的立场上看问题，要有"换位"意识，排除对异质文化各种成见的干扰，设身处地地站在他人的角度去理解文化差异现象。只有客观、公正全面地认知和理解异质文化，尽量使不同文化相融合，才能消除跨文化沟通过程中产生的种种文化因素障碍，促进沟通双方的交流与协作，减少由于文化冲突而导致组织关系不和谐的情况产生。

3. 求同存异，弱化冲突

在跨文化沟通中，各种文化之间的差异客观存在，这是我们进行跨文化沟通的前提。为了有效地进行跨文化沟通，避免无谓的价值冲突、无效沟通或沟通误会，正确对待文化差异是跨文化沟通的基本要求。要做到正视差异，求同存异，首先应该做到准确地诊断文化冲突产生的原因；其次要洞悉文化的差异以及文化多样性所带来冲突的表现状态；最后，在明晰冲突源、个人偏好和环境的前提下，才能够选择合适的跨文化沟通方法和途径。

具体来讲，在沟通实施前，沟通双方至少应当了解沟通双方文化的差异，并做好相关的心理准备，而且了解得越多、越详细越好。在沟通过程中，应尽可能地采取灵活的沟通措施，能够准确地找出双方的沟通障碍，并且要尽可能地把原则性和灵活性统一起来。在沟通结束后，应尽力总结沟通的经验和教训，从中探讨相关的沟通规律。

4. 取长补短，开放包容

坚持"属地原则"，即"入乡随俗"，以开放包容的心态，迎合沟通所在地的文化习惯。在进行跨文化沟通时，从有利于沟通的角度出发，可以有选择地在饮食、着装、礼仪等方面考虑迎合属地文化。属地文化的选择会使对方产生亲切感、建立友谊与合作关系。但同时要坚持"适度原则"，即跨文化沟通的过程中要做到既不完全固守，又不完全放弃本土文化，力求在本土文化和对方文化之间找到平衡点，要掌握"度"，"过"或"不及"都会给跨文化沟通造成障碍。

5. 认真倾听，讲究方法

认真地倾听是获得有效沟通的前提。在不同文化之间的人们进行沟通时，应认真倾听对方，不但能够表现出对对方的尊重，而且也有助于准确把握和了解对方的意思与态度。可以使用以下方法改善跨文化沟通的倾听技能，强化跨文化沟通的成效。

（1）沟通双方的彼此尊重，特别是尊重对方的文化及特殊的思想与情感表达方式。

（2）沟通过程中要有耐心。

（3）以一种友好和坦率的方式向对方提出问题，并充分考虑对方的文化特点。

（4）合理地使用各种非语言的表达形式。

（5）沟通过程应当注重信息的描述，而不是解释与评价。

【小贴士】

自我文化意识评估

通过对自我文化意识进行评估来帮助了解跨文化沟通的相关知识，具体内容如表 7-1 所示（请给出下列 10 个因素中每一个因素的定性评价，在后面的答案中填上最能代表自己情况的选项）。

表 7-1　自我文化意识评估

5—很符合，4—较符合，3—基本符合，2—偶尔符合，1—基本不符合

序号	问　　题	你的答案
1	当来自其他文化的人告诉我所在的文化怎样影响他们时，我倾听他们的诉说	
2	我意识到来自其他文化的人有能够带入我的生活和工作场所的新观点与新看法	
3	我向来自其他文化的人提供关于如何在我所在的文化中获得成功的建议	
4	即使在我所在的文化中其他人反对时我也对人们提供支持	
5	我意识到我所在的文化之外的人可能会被我的行为所冒犯，我问过人们我所做的或所说的事是否冒犯了他们并在任何必要的时候进行了道歉	
6	我意识到当我受到压力时我可能使自己和自己的文化变得正确而使企业文化变得错误	
7	我尊重上级，不管其来自哪里，我不会为了尝试和运用自己的办法而越过来自自己所在文化的某人的领导而与其交谈	
8	当我处于一个混合的公司之中时，我与每个人融合，我不仅仅与来自自己所在文化的人在一起，或只与来自主流文化的人在一起	
9	我不局限于用自己的固有方式来与主流文化之外的人共同工作，并招聘、选择和培训或提升他们	
10	当我所在的文化中的人开其他文化群体的玩笑，或以否定的口气谈论他们时，我让他们知道我并不喜欢那样	

自评答案及评分标准：对选择的答案分数进行统计，分数在 10～30 分表示自我文化意识较弱；分数在 31～40 分表示自我文化意识一般；分数在 40 分以上表示自我文化意识很强。[①]

---

① 王瑞永.管理沟通——理论、工具、测评、案例[M].北京：化学工业出版社，2014：197.

第三节　与不同国家人的沟通

🔍【小案例】

善于沟通的船长

时刻牢记"入国问俗，入乡随俗"；花点时间，学点沟通对象的母语；按照该国习惯，学会正确称呼对方；跟外商沟通前，每次都要考虑其文化背景、价值观及其对将要涉及的问题所特有的心理期待。

一、与法国人的沟通

法国人大都重视个人的力量，很少有集体决策的情况产生，这是由于法国人的组织机构明确、简单，习惯实行个人负责制，个人权力很大。在商务谈判中，也多是由个人决策负责，因此谈判的效率也较高。即使是专业性很强的洽商，他们也能一人决策。

法国人喜欢建立个人之间的友谊。谈判专家认为，如果你与法国公司的负责人或洽商人员建立了十分友好、相互信任的关系，那么你也就和他们建立了牢固的生意关系。同时，你也会发现他们是十分容易共事的伙伴。在实际业务中，许多人发现，与法国人不要只谈生意上的事，适当的情况下，与法国人聊聊社会新闻、文化、娱乐等方面的话题，更能融洽双方的关系，创造良好的会谈气氛。

法国人坚持使用法语。法国人具有一个人所共知的特点，就是即使他们英语讲得很好，也坚持在谈判中使用法语，而且在这一点上很少让步。

法国人喜欢严格区分工作时间与休息时间。法国八月是度假的季节，在此期间，全国上下各行各业的职员都会休假，这时候如果你想和他们做生意是徒劳的。法国人很注意生活情调，他们把在优美环境中的会面小酌、喝咖啡视为交友的好时光，也是一种令人舒心的享受，此时谈生意不合时宜。

法国人可不像中国人习惯于在餐桌上谈生意，这种习惯在法国会碰壁。

法国人的自我感觉很好，但一味奉承法国人反而会被看不起。因此，无论是对人还是对事，若能有根有据地指出其缺点、不足，反而能获得法国人的尊敬。

法国人要求别人赴约一定要准时，而自己却常常迟到。如果有求于法国人，自己应及时赴约；对方若迟到，不必感到意外，因为这种坏习惯为普通法国人广泛接受。另外应注意，在法国，越有身份的人参加活动时越晚出现，以此表明其身份。

与法国人交往，应注意穿衣。应根据不同的场合、活动选择合适的衣服。如果始终穿同样一套衣服多次参加很多活动，则会被小觑。

法国人喜欢追求完美,所以爱抱怨、发牢骚。对于这种好上加好的要求,我们可表示理解,如果真的不能做得更好,那就随他去——抱怨之后,他就会忘了一切。

【小案例】

法 国 老 板

康尼曾在一家法国制药公司担任人力资源部经理。法国老板对前台小姐罗斯总是迟到颇有微词,他找到康尼,要求她想办法"惩罚"一下罗斯。接到命令的康尼详细制定了一份严格的上下班时间规章制度。可是交到老板手中时,这个法国人连连摆手:"不行!不行!这是管理幼儿园小孩的方法,对员工怎么能用这种方法?"

康尼奇怪地说道:"既然要管理迟到,就需要统一的标准。没有标准,如何判断、管理和处罚?再者你的助手凯文迟到比罗斯厉害得多,没有制度,总不能随意地对一些人抡起大棒,对另一些人就视而不见吧?"

法国老板回答得非常干脆:"凯文你不能碰,他是我的得力助手。"

遇上一个来自崇尚自由、随意国度的,不喜欢条条框框的老板,康尼的上班时间制度最终只能静静地躺在抽屉里了。

二、与英国人的沟通

英国人不轻易与对方建立个人关系。英国人之间的交往比较谨慎,很难一见如故。他们不轻易相信别人,依靠别人。这种保守、传统的个性,在某种程度上反映了英国人的优越感。但是一旦与英国人建立了友谊,他们会十分珍惜并会长期信任你,在生意关系上也会十分融洽。

英国人注重身份。尽管英国是老牌的资本主义国家,但平等和自由更多地表现在形式上。在人们的观念中,等级制度依然存在。在社交场合中,"平民"与"贵族"地位仍然不同。例如,在英国上流社会,人们喜欢阅读《金融时报》;中产阶层的人阅读《每日电讯报》;而下层人则读《太阳报》或《每日镜报》。相应地,在对外交往中,英国人比较注重对方的身份、经历、业绩,而不是像美国人那样更看重对手在谈判中的表现。所以,在必要的情况下,与英国人谈判,派有较高身份、地位的人做代表有一定的积极作用。

对英国人来说,不事先约定而直接登门拜访是非常失礼之举。

英国人酷爱动物,虐待动物犯法,所以在英国碰到对方豢养猫、狗之类的宠物,"平等友好"地对待它们是良策,切勿表现出厌恶之情,更不可动手伤害。但英国人唯独忌讳大象,所以商品包装出现"象"字及其图案,绝对是下下策。

英国人认为 7 是个能带来好运的吉祥数字,而 13 则是个不吉利的数字,所以商务活动应避免 13 人参加,也不要安排在 13 日。

和英国人握手不能越过两人正相握的手去和第三人握手,因为这样交叉握手会被认为带来不幸。点火时也不可连续点三支烟,应该在点完两支后再重新点火为第三人点烟,否则也会被认为给其中某些人带来不幸。

英国人最怕自己被别人称老,这一点与我国截然不同。我们可以说"老张""老何",倒过来"张老""何老"更表尊敬之意,后者还特别适用于称呼德高望重的老前辈。这一思维定式已经无数次使国人在对外交往中遇上麻烦与尴尬。譬如，20世纪80年代一批中国留学生在英国格拉斯哥举办隆重的聚会，特别邀请了大学校长的母亲。当主持人特别表示感激老夫人光临晚会而提到"老太太"时，校长的母亲吓得脸色刷白，夺路而逃。

英国人得到馈赠的礼品必定当面打开，无论礼轻礼重，都会热情赞美，同时表达谢意。国人出访英国，务必入乡随俗，在客人走后再细看是何物被证明是不妥当的。

慎用"聪明"（clever）一词。英国人常把它用作贬义词。如果英国人用它评论你时，你就需要自省有何不妥之处；同样，也不要随便用它来夸奖英国人，因为这可能引起误解。

英国民族个性中有保守的一面，所以不易接受新事物。譬如，英商一旦习惯了我方某种品牌的商品，如果我方对其包装稍作改进，他就可能坚决不接受。

跟英国人交往，很多人会觉得他们矜持傲慢、寡言少语，其实这只是一枚硬币的一面，国人完全可以消除这层顾虑而主动与其交往。内向而含蓄的英国人寡言少语是出于对别人的尊重，怕影响了别人。

作为企业经营管理人员，同英国人在商务往来中还应注意：不佩戴条纹领带；免谈政治，包括英皇室、北爱和平、日不落帝国的消亡等问题，天气才是最安全的话题；向英国出口商品，忌用大象、人像作商标、图案。

三、与德国人的沟通

与德国人沟通要注重效率。德国人在世界上享有名副其实的高效率声誉，他们信奉的座右铭是"马上解决"，他们不喜欢对方支支吾吾，不喜欢"研究研究"或"考虑考虑"等拖拖拉拉的谈判语言。他们具有极为认真负责的工作态度和高效率的工作程式。德国人认为，一个谈判者是否有能力，只要看一看他经手的事情是否能得到快速有效的处理就清楚了。

与德国人沟通事先要准备充分。德国人的沟通方式比较特别，他们的准备工作往往做得十分充分，希望一切都尽量达到完美无缺，这么做十分符合他们的民族性格。对于如何交易、谈判的实质问题、中心议题以及要达到一个什么样的目标，德国人都会详细考虑，并拟订出一份完备的计划表，在谈判过程中按照这份计划表一步步地去实现。

与德国人沟通要重合同、守信用。德国人很善于商业谈判，他们讨价还价与其说是为了争取更多利益，不如说是因为其工作认真，一丝不苟的态度。他们严守合同信用，认真研究和推敲合同中的每一句话和各项具体条款。一旦达成协定，很少出现毁约行为，所以合同履约率很高，在国际贸易中有着良好的信誉。

【小贴士】

谈　判

马丁内斯建筑公司是西班牙东部一家不错的建筑公司。最近，公司合同订单量下滑，表明公司需要从本地市场向国际市场扩展。经过研究和商讨，公司主席迭戈·马丁内斯（也就是该公司创建人的儿子）认为最好的办法是收购名为THA的德国公司的一家分公司。迭戈选定了其公司在巴塞罗那分公司的经理——胡安·桑切斯代表公司去同THA谈判。和胡安·桑切斯同行的还有迭戈·马丁内斯的侄子、这次收购项目的经理米鲁尔·马丁内斯。

从踏入德国开始,胡安·桑切斯就感到和德国人打交道有些困难。THA公司的代表总让他感觉到压力。德国人只讲生意,他们根本不花时间来私下了解一下胡安·桑切斯,他们做生意的主要方式就是速战速决。

第一次会谈安排在上午9:00,胡安·桑切斯和米鲁尔·马丁内斯9:15到达会谈地点。胡安·桑切斯注意到THA公司的代表海尔格·施密特似乎在他们到来的时候有些恼火,她甚至连杯咖啡都没有准备。胡安·桑切斯不知道是什么让她不满。

当胡安·桑切斯提议上午先参观一下城市,而不是立刻开始谈判时,德国人提醒他马上着手商讨收购事宜的必要性。虽然胡安·桑切斯有些不悦,但他还是同意开始谈判。

德国人把建议书交给胡安·桑切斯。令胡安·桑切斯大吃一惊的是,合同中已经包括了所有的细节,但THA公司甚至连马丁内斯建筑公司的财务情况和其在莱比锡(德国城市)的地位都还没有进行调查确认。胡安·桑切斯希望先同他们签署一些灵活的协议,因为现在还不能确定以后合作中的一些问题。难道德国人不明白这些吗?如果THA公司完全值得信任,还要这种合同做什么?他把自己关于这个问题的想法明确告诉德国人。

胡安·桑切斯的情绪波动显然让海尔格·施密特不大舒服。但是,她明白他的想法,也决定让步,先签一个阶段性的合同。胡安·桑切斯对此感到比较满意,但最初的合同没有详细的技术细节让德国人颇感不适。

以后的谈判比较顺利。最后的合同约定:两年后双方会再次审查初始价格,并根据关于此公司真正价值的更新、更可靠的数据来对价格进行重新计算。虽然谈判出现了一些问题,但德国人有一点令胡安·桑切斯印象深刻,那就是谈判的组织分工周密。每当出现问题时,海尔格·施密特总知道该找谁解决。她知道哪些表格、报告应该送到THA公司的哪个部门。而另一方面,海尔格·施密特对胡安·桑切斯的散漫很不习惯,但同时很赞赏他的诚恳和务实。

【思考题】 与德国人应该怎样沟通?

四、与美国人的沟通

同美国人交往,赴约准时至关重要,早到要在门外等候,晚到要说明原因并致歉。有些国家的人习惯用故意迟到来显示自己身份的做法在美国绝对行不通。

美国人讲究实际,注重利益。美国人做生意时更多考虑的是生意所能带来的实际利益,而不是生意人之间的私人交情。美国人谈生意就是直接谈生意,不注重在洽商中培养双方的友谊和感情,而且还力图把生意和友谊彻底分开,因此显得比较生硬。美国人一旦签订了合同,就非常重视合同的法律性,所以合同履约率较高。在他们看来,如果签订合同不能履约,那么就要严格按照合同的违约条款支付赔偿金和违约金,没有再协商的余地。所以,他们也十分注重违约条款的洽商与执行。

美国是世界强国,美国人自信心很强,所以在谈判桌上往往会比较强势,常会使得谈判气氛紧张。在美国人面前过分谦虚往往只能招致对方怀疑自己水平、能力、实力不够。所以不能让谦虚这一传统美德成为我们被美国人小觑的原因。

在我国,还存在男尊女卑的封建意识,而美国人生而平等的观念深入人心,在交往中稍不注意,就会引起冲突。

与国内不同,在美国小费盛行。多数服务行业的工作人员靠小费谋生,因为工资很低,向侍者支付一定数量的小费,既是对其劳动的尊重,也是有教养的体现。

美国人性格外向,他们的喜怒哀乐大多通过言行举止表现出来。在谈判中,他们精力充沛、热情洋溢,无论是陈述己方观点,还是表明对对方的立场、态度,都比较直接坦率。如果对方提出的建议他们不能接受,也能毫不隐讳地直言相告。美国人常对中国人在谈判中的迂回曲折、兜圈子感到无所适从。对于中国人在谈判中用微妙的暗示来提出实质性要求方式,美国人会感到十分不习惯。

美国人比较温和、直率,结交很容易。首次见面可称"先生""夫人""女士""小姐"之类,认识之后一般就可直呼其名,不必在意其地位、职称、年龄的高低,甚至有的美国人还会主动要求对方用昵称称呼自己。如果我们套用国内的"王总""李主任""老张"之类的称法,美国人可能会认为你不愿意同他建立友谊。

在国内问别人年龄、收入、婚姻等往往是表示关心;在美国这些都是个人隐私,故在交往中回避这类问题为上策。

跟东方人交往,一般要注意建立长期且相互信任的人际关系,但若同美国人交往也用如此方式,美国人会认为你的产品技术等出了问题,是在试图通过拉拢私人关系做成生意,所以不必追求建立很密切的私人关系,还是公事公办为妙。

❋【小案例】

美 国 上 司

美国上司汤姆打电话给中国下属李延:"今天 10:30 我有时间,请你到我的办公室来!我给你半个小时谈加薪的问题。"

10:25,李延来到了汤姆的办公室,敲门进去,汤姆正在打电话。汤姆在 10:30 挂掉电话。

汤姆说:"我让你 10:30 来的,你来早了。"

李延心想:"我早来五分钟是表示我的礼貌。"

李延在谈加薪问题前汇报了十分钟的工作。在他还准备多讲五分钟的时候,汤姆打断了他:"今天是来谈加薪的,你汇报的工作与加薪有关吗?无关请别说了。"

李延心想:"这不是顺便吗?这样也避免了一来就谈钱啊!"

11:00,汤姆结束了谈话:"今天加薪的问题没有谈完,只能后面再找时间,你打乱了我的工作时间安排,我很不高兴。"

李延心想:"我才不高兴呢,这么没有人情味。"

五、与日本人的沟通

世界上多数国家流行握手礼仪,但如果一见到日本人就紧握其手行见面礼,却会使日本人在生理上产生厌恶感,日本人更希望外国人如同自己行鞠躬礼。日本鞠躬礼在弯腰深浅上有讲究,男女也有别。鞠躬时男士双手下垂紧贴两腿,女士则一只手压着另一只手下垂置于身前。

一般认为,以下三个要素有助于获得日本人的尊敬:地位、年龄和英语。中国人出差去日本,如果在本国公司已有较高的地位,则办事会较顺利;如果出访人员级别过低,则往往受不到重视。日本是个尊老的社会,年长者受到更多尊敬,出访人员的年龄也能帮上大忙,年龄过轻会给日本人"办事不牢"的感觉。东洋人崇尚"西洋",一口流利的英语会使日本人对你刮目相看。日本人的英语普遍相当差,一般国人的英语水平在日本便能鹤立鸡群。

日本社会等级森严,如果一群人在一起交换名片,应让职务高的人先交换。交换时应说出对方名字,加上"先生",千万不可接到名片后直接塞入口袋——这意味着你认为对方无足轻重。接名片时应鞠躬,接到后看完内容时再鞠躬。西方人习惯在会谈结束时交换名片,日本人则习惯于在会谈之始就交换名片。如果在交换名片之后再次同该日本人见面时忘记了其姓名,日本人会认为这是一种侮辱。送礼也要根据职务高低将礼品分成不同等级,如果常务董事与董事收到同样的礼物,那么前者会觉得这是送礼者对他的侮辱,而后者则会感到尴尬不已。

日本人颇以本国烹饪术为豪。同日本人吃饭,如果能从色香味的角度表示对菜品的欣赏之意,日本人会对你产生大大的好感;如果喜欢吃生鱼片、四喜饭之类典型的日本饭菜,则非常有利于搞好宾主关系。

日本人聚会喜欢唱歌,中国人参加聚会可大胆助兴表演,绝不会有因走调而被耻笑之虞;相反,在聚会时置身事外是很不合适的行为。另外,日本人微笑未必是表示快乐,譬如,一位日本女侍在你面前不小心打碎了一个杯子,她会一直对你笑——这表示她不好意思的态度。

日本人最爱面子。国人如果做了被认为有损其面子的事,或者说了不该说的话,甚至因不满而斥责日本人,那就无异于双方彻底断交。

性别角色在日本社会十分重要。如果国人出差去日本当着其夫人的面谈生意,则会使日本人感到尴尬;日本人来中国,如果中国女经理出面迎接会谈,则会使日本人感到无所适从。明智的做法是派级别相当的男性代表出席一切对日活动。

跟日商交往,重在建立一种长期的信赖关系,就事论事,操之过急则会得不偿失——真诚友好的关系远胜过单笔交易。

中国人对外谈判时,为了确保生意成功,往往喜欢先略做让步,以表诚意,但是在跟日本人交往时,这一习惯往往会事与愿违,因为在日本人眼中,首先做让步者即是弱者,也是对交往无诚意。因此如果有必要让步,也一定要使日本人先做相应的让步,这种针锋相对近乎固执的谈判策略反而能赢得日本人的尊重。

日本人远不像欧美人那样对待合同的态度严肃认真,他可能会经常对已实现的协议作出重新商谈的要求。所以合同签好并不意味着大功告成,中国商人与其合作要努力适应这种风格才不至于造成僵局。起草合同也应竭力用通俗易懂的语言说清楚合同内容,因为法律术语只能招致日本人的讨厌及猜疑,在谈判时带上律师更是绝对应避免。

【小案例】

我们不明白

【课堂训练】

观看中国电影《喜宴》、法国电影《天使爱美丽》、美国电影《辛普森一家》等的片段,体会不同国家的典型文化特征。

课 后 练 习

1. 案例分析。

扫描二维码,阅读案例原文,然后回答每个案例后面的问题。

2. 以某国为例,谈谈其风俗习惯及其对跨文化沟通的影响。

3. 比较一下不同文化对老年人的不同态度及其对跨文化沟通的影响。

4. 请你身边在我国的外国人谈谈中国文化中哪些习俗最使他们认同,哪些最不认同,说明原因,并请他们谈谈自身的文化特征。

参考文献

[1] 陶莉,蒋奇.职场沟通技巧[M].3版.北京：中国人民大学出版社,2024.

[2] 崔景茂,刘仁三,李学灵.沟通艺术[M].2版.北京：电子工业出版社,2024.

[3] 张向东.沟通技巧[M].北京：中国人民大学出版社,2023.

[4] 李丽霞,余文敏.商务社交礼仪[M].北京：电子工业出版社,2023.

[5] 刘新萍,肖兴辉,刘倩娜,等.沟通与礼仪[M].北京：中国人民大学出版社,2023.

[6] 王玉苓.商务礼仪案例与实践[M].北京：人民邮电出版社,2018.

[7] 王芳.公关礼仪与口才[M].北京：人民邮电出版社,2017.

[8] 孙玲,江美丽.商务礼仪实务与操作[M].北京：对外经贸大学出版社,2017.

[9] 高琳.人际沟通与礼仪[M].北京：人民邮电出版社,2017.

[10] 张永红.商务礼仪实践[M].北京：北京理工大学出版社,2017.

[11] 张铭.现代实用社交礼仪[M].北京：人民邮电出版社,2017.

[12] 孙淑艳,兰福.商务礼仪[M].北京：北京理工大学出版社,2017.

[13] 刘桂华,王琳.大学生实用口才训练教程[M].北京：人民邮电出版社,2017.

[14] 徐飚.沟通技巧[M].北京：电子工业出版社,2017.

[15] 张岩松.知书达礼——现代交际礼仪畅讲[M].北京：清华大学出版社,2016.

[16] 张再欣.现代商务礼仪[M].2版.北京：中国人民大学出版社,2016.

[17] 杨再春,陈方丽.商务礼仪实训教程[M].2版.北京：清华大学出版社,2016.

[18] 陈玉慧,唐玉藏.商务礼仪实训[M].北京：机械工业出版社,2016.

[19] 李慧茹,王瑞春.商务礼仪[M].北京：清华大学出版社,2016.

[20] 杨贺,杨娟,马静静.商务礼仪[M].北京：北京理工大学出版社,2016.

[21] 黄琳.商务礼仪[M].3版.北京：机械工业出版社,2016.

[22] 秦保红.职场礼仪教程[M].北京：中国人民大学出版社,2016.

[23] 龙璇.人际关系与沟通技巧[M].北京：人民邮电出版社,2016.

[24] 蒋红梅,张晶,罗纯.演讲与口才实用教程[M].2版.北京：人民邮电出版社,2015.

[25] 周璇璇,张彦.人际沟通[M].厦门：厦门大学出版社,2015.

[26] 张学娟.实用商务礼仪[M].北京：人民邮电出版社,2015.

[27] 徐汉文,张云河.商务礼仪[M].北京：高等教育出版社,2015.

[28] 刘康声.领导干部下达命令的艺术[J].领导科学论坛,2015(6)：3.

[29] 吕淑梅.管理沟通技巧[M].大连：东北财经大学出版社,2015.

[30] 陶莉.职场口才技能实训[M].北京：中国人民大学出版社,2015.

[31] 梁辉.有效沟通实务[M].北京：中国人民大学出版社,2015.

[32] 谢红霞.沟通技巧[M].2版.北京：中国人民大学出版社,2015.

[33] 张先勇.当场打动主考官：求职面试的128个成功法则[M].北京：石油工业出版社,2005.

[34] 王华.金融服务礼仪[M].北京：高等教育出版社,2014.

[35] 李元授.人际沟通训练[M].武汉：华中科技大学出版社,2014.

[36] 刘凤芹.沟通能力训练[M].北京：科学出版社,2014.

[37] 刘恋.沟通技巧[M].西安：西安电子科技大学出版社,2014.

[38] 王瑞永.管理沟通——理论、工具、测评、案例[M].北京：化学工业出版社,2014.

[39] 徐静,陶莉.有效沟通技能实训[M].北京：中国人民大学出版社,2014.

[40] 张昊民,马君.管理沟通[M].上海：上海财经大学出版社,2014.

[41] 王珊.商务活动组织与策划[M].北京：中央广播电视大学出版社,2013.

[42] 许宝良.商务礼仪[M].北京：高等教育出版社,2013.

[43] 杨汉东.紧扣"求""职""信",写好求职信[J].吉林省教育学院学报,2013(1)：141-142.

[44] 毛锦华,周晓.商务沟通与礼仪实务教程[M].北京：电子工业出版社,2013.

[45] 吴尚忠.说故事　学礼仪——常用公务商务礼仪趣谈[M].南京：东南大学出版社,2013.

[46] 付桂萍.做派：在商务活动中合乎情境地展示自己[M].长沙：湖南人民出版社,2013.

[47] 金常德.大学生社交口才实践教程[M].北京：北京大学出版社,2013.

[48] 张再欣.现代商务礼仪[M].北京：中国人民大学出版社,2012.

[49] 刘勇.人际沟通[M].西安：第四军医大学出版社,2012.

[50] 金常德.现代交际礼仪[M].大连：大连出版社,2012.

[51] 万文斌,郝素岭,陈明华.商务礼仪[M].北京：航空工业出版社,2012.

[52] 崔玉环,祝永志.商务礼仪[M].北京：高等教育出版社,2012.

[53] 卢新华,康娜.社交礼仪[M].北京：北京大学出版社,2012.

[54] 董乃社,刘庆军.社交礼仪实训教程[M].北京：北京交通大学出版社,2012.

[55] 卢如华,韩开绯.社交礼仪[M].大连：大连理工大学出版社,2012.

[56] 顾筱君.21世纪形象设计教程[M].北京：机械工业出版社,2012.

[57] 王振翼.商务谈判与沟通技巧[M].大连：东北财经大学出版社,2012.

[58] 杨丽彬.沟通技巧[M].北京：机械工业出版社,2012.

[59] 张建宏.社交礼仪与沟通技巧[M].北京：国防工业出版社,2011.

[60] 张建宏.现代商务礼仪教程[M].北京：国防工业出版社,2011.

[61] 关洁.个人形象设计[M].北京：中国戏剧出版社,2011.

[62] 张秋筠.商务沟通技巧[M].北京：对外经济贸易大学出版社,2010.

[63] 钟立群,王炎.现代商务礼仪[M].北京：北京大学出版社,2010.

[64] 王彤彤.职场礼仪[M].大连：大连理工大学出版社,2010.

[65] 徐汉文.商务礼仪实训[M].大连：东北财经大学出版社,2010.

[66] 吴新红.实用礼仪教程[M].北京：化学工业出版社,2010.

[67] 陈乾文.别说你懂职场礼仪[M].北京：龙门书局,2010.

[68] 关彤.社交礼仪[M].海口：海南出版社,2010.

[69] 杜明汉.商务礼仪——理论、实务、案例、实训[M].北京：高等教育出版社,2010.

[70] 杨海清.现代商务礼仪[M].北京：科学出版社,2010.

[71] 张华莹.浅谈形体训练的内容及常见的形体运动[J].运动,2010(9)：35-36.

[72] 未来之舟.销售礼仪[M].北京：中国经济出版社,2009.

[73] 卢海燕.演讲与口才实训[M].大连：大连理工大学出版社,2009.

[74] 崔佳颖.360度高效沟通技巧[M].北京：机械工业出版社,2009.

[75] 史振洪,朱贵喜.秘书人际沟通实训[M].北京：人民大学出版社,2008.

[76] 王慧敏,吴志樵,周永红.商务礼仪教程[M].北京：中国发展出版社,2008.

[77] 龙飞.小幽默大智慧[M].北京：海潮出版社,2008.

[78] 饶世权.谈谈职业形象[J].中国职业技术教育,2008(3)：38,44.

[79] 吴蕴慧,徐静.现代礼仪实务[M].上海：上海交通大学出版社,2008.

[80] 崔志峰.礼仪[M].北京：科学出版社,2008.

[81] 窦卫霖.跨文化商务交流案例分析[M].北京：对外经济贸易大学出版社,2007.

[82] 姜淑芹,张纹祯.跨国商务谈判中的跨文化交际[J].集美大学学报,2005(8)：62-66.